王新生

著

日本史

随笔

〔修订版〕

江苏人民出版社

图书在版编目(CIP)数据

日本史随笔(修订版)/王新生著. --南京:江苏人民出版
社,2023.6

(思库文丛·学术馆)

ISBN 978-7-214-28151-7

Ⅰ.①日… Ⅱ.①王… Ⅲ.①日本-研究-文集

Ⅳ.①K313.07-53

中国国家版本馆 CIP 数据核字(2023)第 102109 号

书　　　名	日本史随笔(修订版)	
著　　　者	王新生	
责 任 编 辑	李晓爽	
装 帧 设 计	周伟伟	
责 任 监 制	王　娟	
出 版 发 行	江苏人民出版社	
地　　　址	南京市湖南路 1 号 A 楼,邮编:210009	
照　　　排	江苏凤凰制版有限公司	
印　　　刷	苏州市越洋印刷有限公司	
开　　　本	890 毫米×1 240 毫米　1/32	
印　　　张	11　插页 4	
字　　　数	221 千字	
版　　　次	2023 年 10 月第 1 版	
印　　　次	2023 年 10 月第 1 次印刷	
标 准 书 号	ISBN 978-7-214-28151-7	
定　　　价	68.00 元	

(江苏人民出版社图书凡印装错误可向承印厂调换)

目 录

近代篇

战后篇

古代篇

日本人来自哪里——绳文时代与弥生时代

日本人来自哪里？源自日本列岛还是来自岛外？如果来自岛外，是从何方而来？学界至今没有定论。很多民间传说，包括秦始皇派徐福到海外寻找长生不老草药的故事，印证了中日两国"同文同种"的说法。但至少可以肯定的是，日本列岛生成年代较晚，不是人类的发源地。

人类历史首先从石器时代开始，石器时代又分为旧石器时代与新石器时代，旧石器时代的原始人使用比较粗糙的打制石器，过着采集和渔猎的生活。日本列岛火山较多，地震频繁发生，因而地表的变化较大，而且土壤酸性较强，人骨等遗物容易被溶解，所以保存下来的旧石器时代遗址以及遗物较少，距今时间亦较近，战前日本学界也认为列岛没有旧石器时代。

1949 年，业余进行考古活动的行商相泽忠洋在群马县岩宿土层中发现打制石器，经专家鉴定距今 2.4 万年前。其后考古学家对该遗址进行挖掘，又发现了敲打形、刮削形、尖状形、刀斧形等打制石器，并将其命名为"岩宿文化"，由此证明日本列岛有旧石器时代存在。

其后在日本列岛陆续发现 4 000 多处，但这些发现仍然只是将列岛的人类活动延长到 1.2 万年前到 3 万年前的旧石器时代后期，至于是否存在 3 万年前到 13 万年前的旧石器中期乃至 13 万年以前的旧石器前期，日本考古学界没有多大的信心。

2000 年日本发生了一起考古学的丑闻，一个叫藤村新一的人，既无考古专业知识，也没有经过科班训练，1981年刚一出道就发现了4万年前土层中的石器，1984年又发现了17万年前土层中的石器。在接下来的时间里，藤村的"业绩"更是突飞猛进，1994年在鲁迅留学的东北大学附近上高森旧石器时代遗址发现40万年前土层中的石器，1999年又在该遗址发现了70万年前土层中的石器，被誉为"上帝之手"。遗址所在地的居民异常高兴，迅速过起"猿人节"，借贩卖猿人物品发财。

整个日本国也沸腾了，忙不迭地将藤村的考古"业绩"搬入各种博物馆和中小学的教科书中。2000年10月22日凌晨，在仙台市以北50公里的上高森旧石器时代遗址，日本大名鼎鼎的"考古学家"藤村新一悄悄将几块石头埋在土中，然后飞快驾车离开现场。万万没有想到的是，事先掩藏在周围的《每日新闻》摄像机将其过程全部拍摄下来，面对媒体的一再追问，藤村不得不承认旧石器时代考古的造假行为。

其后专门成立日本考古学会特别调查委员会进行调查，结果宣布藤村新一参与的33处遗址考古全是假的。消息传出，各种博物馆纷纷撤出有关展品，出版中小学教科书的山川出版社等分别向文部省提出申请，要求修改有关内容。最大的出版社讲谈社也跟着倒霉，26卷本的《日本历史》还没有出齐就忙着修改第1卷《绳文生活志》，并许诺购买旧版者以旧换新。

直到2009年，能够确认土层的旧石器遗址或遗物属于从3.5万年前到1万年前的旧石器晚期。现在学界较为一致的看法是：从距今数10万年前到1万年前的"更新世"为地球冰河时期，海平面比今天低得多，日本列岛的北端及南端与欧亚大陆连在一起，主要是欧亚大陆东北部的原始人群为追逐野兽迁移到日本列岛,并在该地定居下来。后来冰川融化,海平面上升,大陆桥消失,定居日本列岛的原始人逐渐形成了最早的日本人——新石器时代的绳文人。

新石器时代是指人类社会出现磨制石器、陶器、农耕、畜牧业的生产食物时期,同时开始定居生活。在日本历史上,从距今1.5万年前开始进入新石器时代,这一时代持续到公元前3世纪,其最大特征是制造粗糙的陶器以及使用以弓箭为主的磨制石器,陶器的外部大多留有绳纹的痕迹,故称之为"绳纹(文)陶器",以这种陶器代表的文化被称为"绳文文化",这一时期称为"绳文时代"。

根据近些年来的考古发掘表明,至少在绳文时代中期以后,已经出现了种植葫芦、绿豆、谷物的原始农业。在一些绳文时代后期的遗址中,陆续发现了碳化米、大麦粒和米的压痕,甚至在北九州福冈市板付遗址中发现了水田遗址。水田置有调节水量的堰水栅、水沟以及田间小道。在该遗址发现的陶器残片上,有稻壳的压痕和100多粒碳化稻米痕迹,从而说明在绳文时代后期,已经开始了原始的农耕经济,其中稻米耕作以北九州为最先出现,因而有理由相信其来自中国大陆。

日本国立科学博物馆等机构研究人员2019年5月13日宣布,他们成功解读了日本古代绳文人的遗传信息,并推断绳文人和中国汉族拥有共同祖先。研究人员推断,绳文人祖先大约从3.8万年至1.8万年前从亚洲大陆来到日本。

大约在公元前3世纪左右,也就是中国大陆秦始皇统一中国前后,日本历史进入一个新的发展时期——弥生时代。在较短的时间内迅速普及水稻耕种以及金属农具,显然是受到外来移民及其文化的影响。

另一方面,从体形与身高上看,绳文人与弥生人具有较大差异。绳文人的平均身高为 150 厘米左右;为方脸庞,弥生人身高 160 厘米左右,为长脸庞。学界普遍的一种看法是,在公元前 3 世纪前后的绳文时代末期和弥生时代初期,中国大陆正值秦王朝统一及其迅速崩溃时期,为逃避战乱和秦朝苛政,居民纷纷外逃,引发多米诺骨牌效应的较大移民潮。

许多被称为"渡来人"的大陆居民主要通过朝鲜半岛移居日本列岛,家喻户晓的徐福率众多童男童女去海外寻找仙药的民间传说就发生在这一时期。

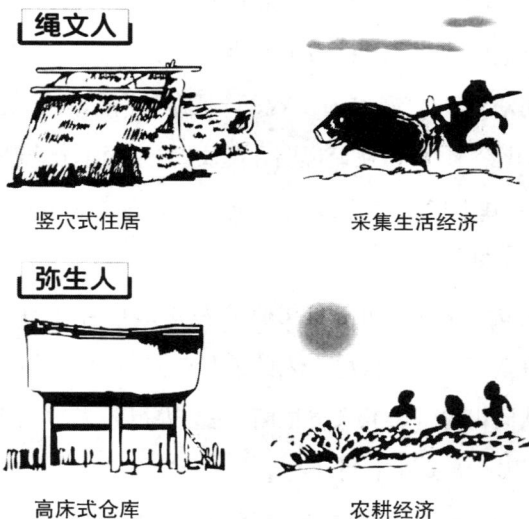

图 1　绳文时代与弥生时代不同的居住、经济,从竖穴式居住、渔猎经济到高地板建筑、农耕经济

据《史记》记载,秦始皇统一天下后巡游全国,公元前219年到东海边的琅琊山,当地有一位装神弄鬼的徐福,谎称海中仙山上有长生不老药,怕死的秦始皇中计,于是派其带礼物"入海求之"。两年后,惦记此事的秦始皇再次巡游到东海边,询问归来的徐福有没有找到仙药。不愧是跳大神的出身,徐福不慌不忙地欺骗秦始皇说,看见海上仙山了,但因海中大怪鱼的阻拦无法靠近。于是,秦始皇只好再次派遣大批携带弓箭的军士随同徐福"入海求神异物"。

三年后两人又在东海边相遇,胆大包天的徐福汇报说神仙认为送的礼物太轻,需要漂亮的童男童女和各类工匠等。残暴无比的秦始皇居然再次相信了徐福的鬼话,"遣振男女三千人,资之五谷、百工而行"。此后徐福一去不复返,秦始皇等不到药,只好一命呜呼了,秦王朝也很快灭亡,再没有人追究诈骗犯的下落。

徐福到底去了哪里?虽然正史中没有明确记载,但中国和日本的大量民间传说认为他去了日本列岛。据台湾学者彭双松在20世纪70年代的考察和统计,在日本各地的徐福遗迹有56处,主要传说有32件,古书记载有46项。

其中以最初登陆的九州岛佐贺县和最后定居的本州中部和歌山县居多,佐贺县金立市有50年一次的徐福大祭,和歌山县新宫市有徐福显彰碑,三重县熊野市有"徐福宫"神社及"徐福之墓"碑。1980年,和歌山举行了庆祝徐福到达日本2200周年的盛大活动。1994年担任日本首相的羽田孜公开承认自己是3 000童男童女的后代,在日语中,"秦"的读音与"羽田"相同。

更有甚者,原燕京大学教授卫挺生早在1950年就将徐福看作日本历史上的第一代天皇——神武天皇,其推理也不无关系。尽管日本人普遍认为神武建国是在公元前660年,但8世纪撰写的日本最早史书《古事记》及《日本书纪》无法杜撰更多的名字,只好将前16代天皇横跨1000年,其中13人超过100岁,最年长者143岁。在平均寿命只有30岁的绳文时代,保养得再好,恐怕也不会活得那么长久。

减去虚幻的时间,差不多与徐福登陆日本差不多。另外,从日本各地有关徐福的传说来看,徐福为躲避秦始皇的追杀,不断转移定居地的路线也与日本史书记载的神武天皇东征路线大致相同。尽管如此,多数日本学者认为当代日本人的来源是当地土著与大陆、北方、南方等地区移民混血的结果。

有趣的是,2019年7月中日合拍一部电影,名为《徐福:寻找永生的答案》。影片以秦始皇命徐福到日本寻找长生不老药、把中国文化传播到还未开化的日本、构成日本文化基础的传说为主题,日本女演员板野友美在片中饰演福住翔子,祖父生病住院时她偶然认识了同一所大学的中国留学生吴明。从祖父那里得知,自己的先祖其实是2300年前到达日本的徐福等人,

图2 日本三重县熊野市波田须町"徐福宫"神社的"徐福之墓"碑

之后翔子按照去世祖父的遗愿,在吴明陪同下一起探寻徐福在日本的足迹。

学界较为一致的看法是：从公元前 3 世纪到公元 7 世纪的千年时间内，共有百万大陆居民移居日本列岛，在当地社会中占有重要地位。例如日本在 9 世纪编写的一部家谱中，超过三分之一的贵族声称自己具有象征荣耀的朝鲜或中国血统。

尽管这些"渡来人"作为先进文化的载体，将大陆文化传播到日本列岛并推动了当地经济乃至社会的迅速发展，但其人数并没有达到民族迁徙的规模，因而不足以使日本列岛社会发展出现截然不同的断层。换句话说，文化接受的主导权仍然掌握在当地氏族贵族的手中。正因如此，无条件地全面接受技术性文化与有选择性地接受思想制度性文化就成为古代日本吸收外来文化的显著特色。

最新的研究也表明，利用石器和陶器进行渔猎生活的绳文人突然转化为使用金属工具进行水稻农业的弥生人，让"大量渡来人到达日本列岛，逐渐将绳文人驱赶到列岛北端"的观点很有说服力，但从古人遗骨的考古研究来看，难以确定弥生人的特定范围。因为在日本列岛发现的绳文人遗骨均具有共同的特征，很少出现具有共同特征的弥生人，多数的"渡来人"遗骨也集中在北九州及其附近地区。

考古学的成果也证实了上述说法。约九成左右的弥生人遗骨在九州岛北部和本州岛最南端山口县及其附近地区。可以想象的是，在弥生时代出现了对马岛，构成了朝鲜半岛和九州岛的"海上通道"，因而地理上与朝鲜半岛接近的北九州地区便成为"渡来人"遗骨的集中地。与其相反，尽管本州岛中部、关东、北部地区遗留的弥生时代遗址较多,但弥生人遗骨较少,而且其特征与绳文人接近。

即使在北九州地区弥生时代前期遗址——朝鲜半岛传来的石棺墓中,发现与绳文人近似的遗骨和拔齿风俗,因而可以推测,带来先进文化、金属工具、水稻种植技术的"渡来人"数量不是太多,弥生时代后期日本列岛的全部居民大约百万,移民最多不超过一成左右。由此看来,主要是当地的绳文人较快地接受外来文化的影响,使用金属农具种植水稻,饮食结构发生较大变化,因而身体特征也发生了较大的变化。

古坟时代——邪马台国与大和国

现在到日本旅游的中国人越来越多，而且逐渐出现针对特定历史事件的深度游，例如平安时代的京都、战国时代的遗址、明治维新的足迹等，甚至对远古时代也有所涉及，包括皇陵在内的巨大坟墓等。

从公元3世纪初到7世纪初，规模较大的坟墓在日本列岛到处可见，因而在日本历史上被称为"古坟时代"，这些坟墓与弥生时代的"坟丘墓"和奈良时代的不同。从社会形态上看，是从地域国家向统一国家过渡时期，因其遗址大多在称为"大和地区"的奈良县一带，所以也称为"大和时代"。

从古坟的形式和规模上看，可分早、中、晚三个时期。在从3世纪初到4世纪中期的早期古坟时代，古坟的形状大多为前方后圆形或圆形、方形等，其中最大的古坟为奈良县箸墓古坟，长达280米，随葬品多为铜镜、玉石、铁制农具等。

从4世纪中期到整个5世纪，为中期古坟时代。日本列岛大部分地区出现巨大的前方后圆坟，其中最大的古坟为大阪府的仁德天皇陵（亦称"大山陵古坟"），长486米，后面的圆部直径249米，高35米；前面方部宽306米，高33米，三重濠沟，其面积甚至超过埃及的金字塔或中国的秦始皇陵，需要2000人连续劳动16年方可造成。

图 1 大阪府堺市堺区大仙町仁德天皇陵(是否是仁德天皇存在争议,目前日本的历史教科书写作"大仙陵古坟",2019 年成为世界文化遗产)

另一方面,巨大古坟中的随葬品多为骑马用具和骑马作战用的武器,反映了大和政权为获得先进的生产技术和铁制工具而积极插手朝鲜半岛事务,并常常参与高句丽、新罗、百济三个朝鲜半岛国家之间的战争,结果使大和政权的军队学会了骑马作战,并将战马及其武器作为战利品带回国内。朝鲜以及中国的有关史料记载了大和政权派军队参与朝鲜半岛上发生的战争以及日本列岛的统一过程,例如高句丽王国的《广开土王(好太王)碑》上有"倭以辛卯(公元391 年)年来,渡海破百残"的字样。

6 世纪至 7 世纪初为古坟时代晚期,出现了各种形式的坟群,其规模较小。

为什么会出现古坟呢?

　　过去通常认为当时的日本统治阶级没有一个完整的思想体系或者价值观念治理国家，只好建造一些巨大无比的古坟象征自己地位的高尚、权威或等级。6世纪儒学以及佛教传入日本，包括大王在内的统治阶级可以借助儒学并通过具体的条文表示其身份等级，因而在古坟时代后期巨大前方后圆坟消失。

　　最新的研究指出，日本列岛出现前方后圆古坟与东亚局势密切相关。进入3世纪后庞大的汉帝国灭亡，中国进入魏蜀吴三国鼎立时代，朝鲜半岛三国和日本列岛不同地域的小国各自与大陆不同政权交往。东亚地区为统治者建造巨大坟墓源自中国的秦汉帝国，尽管三国时代中国大陆已经不再建造巨大坟墓，曹操甚至下令自己的坟墓为"薄葬"，但朝鲜半岛和日本列岛的统治者依然模仿其风俗，建造巨大的坟墓。但在形式上有所不同，例如日本的前方后圆古坟通常建在山丘顶部或交通要道等醒目之处，而且没有中国陵墓周围那些众多的附属建筑物等。

　　但在古坟时代仍然有许多未解之谜，例如天皇的传承、社会状况等，其主要原因首先是没有文字记录。直到公元8世纪前后日本人根据中国文字的偏旁与草书发明了片假名、平假名的字母，并与汉字组成日本的文字，开始出现史书。目前保留下来的最早史书是公元712年成书的《古事记》和公元720年成书的《日本书纪》，两书合称为"记纪"，均为记载日本神话和古代历史的重要书籍。尽管离执笔年代越近史书色彩越浓，但开篇部分是有关天皇家族的神话传说，神仙一大堆，不食人间疾苦，可信度并不高。

　　难以阐明古坟时代历史的第二个主要原因是不能大规模地学

**图 2　太安万侣撰《古事记》，记录从开天辟地到
推古天皇的历史**

术性考古。根据日本文化厅在 2001 年的调查，日本列岛共有
161 569 座古坟，但几乎均不能确定被葬者。根据《皇室典范》的相
关规定，天皇、皇后、皇太后、太皇太后的坟为陵，其他皇族成员的坟
为墓，均由宫内厅管理，共有 896 座，对其进行学术调查受到严格限
制，其主要理由是"保持陵墓的安静与尊严"。尽管进入 21 世纪后，
宫内厅受理了日本考古协会等 15 个学会团体要求调查的申请，也批
准了对少数古坟的学术考察，但仍然不能挖掘性调查。

　　好在中国史书中有一些有关日本列岛的记载，但史官们只是从
"万方来朝"的角度记述那些"蛮夷"，而且在尚未出现纸张的年代，
字数能少则少，节省刻竹板的工夫。例如 1 世纪班固在编写《汉书·
地理志》时就短短的一句话："夫乐浪海中有倭人，分为百余国，以岁
来献见云。"陈寿 289 年撰写《三国志》时，已使用蔡伦在百年前造出
来的纸张，所以《三国志·魏书·东夷传·倭人》(通称《魏志倭人
传》)就有 1 987 个字之多。

陈寿大量参考了皇帝诏书、魏使报告、倭国来使以及王沈编撰的《魏书》等史籍，详细地介绍了日本列岛的道里户数、风土习俗、行政制度以及魏倭两国通交等状况，史料价值极高。从中可以看出，在3世纪的日本列岛，有一个支配30个小国的邪马台国，卑弥呼女王通过装神弄鬼进行统治。

其居民大致可分为统治阶层的大人、平民阶层的下户、依附阶层的奴婢、奴隶阶层的生口，"尊卑各有差序，足相臣服"。立女王国内稳定，"卑弥呼以死，大作冢，径百余步"，属于较大较早的前方后圆古坟。其后经过混乱再立女王，显然是处在带有母系社会残余的政教合一式部落联盟发展阶段。

陈寿是四川人，到洛阳做官，既没有见过海，也没见过岛，实在搞不清楚倭国的方位和距离，只好"乍南乍东"，忽地"南渡一海千余里"，忽地"东南陆行五百里"，结果在历史上留下一大悬案。即，邪马台国到底在哪里？按其记载的方位来看是在九州地区，但按其记载的里程来看却是在奈良附近的大和地区。

这一桩公案从德川时代的新井白石、本居宣长等人开始，直到现在也没有得出统一的看法，著名推理小说家松本清张等人也来插一腿，结果原本就不清楚的史实更加扑朔迷离。当然，也不能完全怪罪陈寿，去倭国的使者可能晕船搞不明白东西南北，来大陆的使者故意装大以提高自己身份，甚至到10世纪《旧唐书》时，史官们还在抱怨那些来朝贡的日本使节"不以实对"。

大陆王朝奉行"来者不拒，去者不追"以及"厚往薄来"的外交方针，通常是热情接待来者，却很少派往使节，可能是谁也不愿意去那些没有油水且异常辛苦的地方。因此,从266年到412年的东西晋时代,中国史书中也缺少有关日本的记载,被日本学界称为"空白的4世纪"。显然这一时期日本列岛处在急剧变化甚至统一过程中的战争时期,没有多少闲暇和心情派遣使节到大陆朝贡。

根据中国史书《宋书·蛮夷传·倭国》记载,进入5世纪后,大和政权最高统治者——大王先后由赞、珍、济、兴、武5人担任。在他们执政时期,大和政权一方面通过插手朝鲜半岛各国之间的战事,保持自己在该地区的影响力,以获得必需的先进生产技术和以铁为中心的金属资源。

另一方面,大和政权不断派遣使节到中国大陆朝贡,获取在日本列岛与朝鲜半岛统治的权威以及先进的文化与生产技术。从公元413年到502年,13次遣使到东晋、宋、齐、梁各朝,要求给予册封。其中记载:顺帝升明二年(公元478年),倭王武遣使上表,声称"封国偏远,作藩于外,自昔祖祢,躬擐甲胄,不遑宁处。东征毛人五十五国,西征众夷六十六国,渡平海北九十五国。王道融泰,廓土遐畿"。

实际上,邪马台国的位置所争与日本历史的传承有关。因为邪马台国在中国史书中消失后再次出现的国家是大和(也写作"倭"或"大倭")国,其读音与邪马台相同,但地处日本中部地区的奈良。遂引起猜测,两者是否有继承关系?是两个不同的国家?还是邪马台国东征的结果?抑或是大和国西征的结果?卑弥呼女王是否是3世纪摄政的神功皇后?这些历史之谜形成的原因仍然是没有文字记载和相应的考古成果。

近些年来,对邪马台国的研究有新的进展。首先是以邪马台国为盟主的政治联合体具体形态,女王"卑弥呼,事鬼道能惑众,年已长大,无夫婿,有男弟佐治国。自为王以来,少有见者。以婢千人自侍,唯有男子一人给饮食,传辞出入。居处宫室楼观,城栅严设,常有人持兵守卫","自女王国以北,特置一大率,检察诸国,诸国畏惮之。常治伊都国,于国中合如刺史"。因此,在政治联合体中,邪马台国代表宗教权力,设大率的伊都国政治力、军事力较强,代表世俗权力。

其次,日本列岛还有其他政治联合体与大陆进行交流。尽管《魏志倭人传》详细记载了邪马台国的状况,但日本列岛与大陆的吴国关系最为密切,因为江南的水稻种植技术经由朝鲜半岛传入日本,刻有吴国年号铭文的铜镜在山梨县的鸟居原狐冢古坟、兵库县的安仓高冢古坟、京都府的上犭古坟等古坟中均有发现。

由于《三国志》以魏国为正统,只有魏书中有本纪和夷狄列传,因而日本列岛与吴国的交流很有可能不会出现在该书中。那么,向魏国朝贡的是北九州以邪马台国为盟主的政治联合体,可能有其他政治联合体向吴国朝贡。

另外有关邪马台国的地点,近来"畿内说"较为有力。奈良县樱井市的缠向遗址是3世纪突然出现且有百年历史的较大都城,箸墓古坟在其中。该地西临大阪湾,通过濑户内海可到朝鲜半岛及中国大陆,地理位置十分重要,另外还建有大运河,该地出土许多日本列岛各地的陶器,显然是一个物流中心。

尽管有人认为箸墓古坟是卑弥呼女王之墓,但难以理解邪马台国在3世纪整体迁移到该地,因而综合考虑起来,缠向遗址是其他政治联合体的都城,邪马台国在北九州的可能性较大,从象征王权的巨大前方后圆古坟出现顺序也可以看出这一点。

图3 坐落在九州佐贺县神琦市神琦町神琦车站前的卑弥呼女王像,封为"亲魏倭王"

箸墓古坟是3世纪后半期建造的,在此以前已经出现了不少形状相同的古坟,但规模要小得多。其后更是在大和盆地出现了诸多巨大的古坟,与此同时,包括北九州在内的西日本地区也出现了巨大的前方后圆古坟,可以想象在这些地区出现了政治联合的趋势。即3世纪后半期到4世纪中期,政治联合体的盟主古坟集中在大和盆地东南角,其后到5世纪初巨大古坟集中在大和盆地北部,5世纪后转移到大阪平原。

　　与其说这些古坟是当时的权力中心所在地，不如说是有意识地建在交通要道，以便吸引外国使节的目光，强化自己的权威。其中第一个能够确认的古坟所葬者是 6 世纪前半期建造的今城冢古坟（高槻市），为第 26 代的继体天皇（当时尚未称"天皇"，而称"大王"，暂且使用"天皇"词汇）。重要的是，继体之子的钦明之后，天皇出自"大王家"才成为政治惯例。

　　具体说来，公元 506 年第 25 代武烈天皇去世，没有继承者，大豪族们推举第 15 代应神天皇的五代远亲男大迹王为继体天皇，时年58 岁。非嫡系、高龄、身处偏远地带能够即位天皇，显然具有较强的政治能力和经济能力，同时说明此时能够继承王位的至少有两个王族集团。

　　正是在继体天皇的领导下，平息了北九州的"磐井之乱"，同时密切与朝鲜半岛百济国的关系，在百济推送的五经博士帮助下，积极引进儒学和佛教，产生了有名字的氏族，开始记录行政文书以及历代大王的业绩，从而使日本进入以文字记录取代以武力和古坟统治社会的时代。

圣德太子——飞鸟时代(上)

在古代日本历史里,中日交流是一个主要话题,其内容自然是日本列岛全面向大陆学习的过程,但也存在日本的统治者有一点小小的自尊心。例如在战前的日本教科书中,圣德太子得到很高的评价,因为在他执政时期给隋炀帝写了一封国书,其中写到"日出处天子致日没处天子无恙乎?"就是说,太阳升起来的地方的君主问候太阳落下去的地方的君主,身体还不错吧。其追求对等外交的心情跃然纸上,日本终于可以和大陆王朝平起平坐了!

以至于在近代印刷纸币时,圣德太子的肖像画前后 7 次出现在百元、千元、5 000 元、1 万元日元的版面上。即使到了战后,从 1958 年到 1984 年仍然占据最高面额的钞票,甚至其名字一度成为 1 万日元的代名词。

图1 1万日元上的圣德太子,在经济高速增长时期,说"圣德太子"表示 1 万日元

首先看一下圣德太子所处的时代及其出身。从日本历史的发展顺序来看,古坟时代之后是飞鸟时代,因王宫在今天奈良县南部的飞鸟地区而得名,时间是从公元 592 年到 710 年。古代此地为令制国(律令制基础上的地方行政区划,全日本分为 66 国)的大和国,因而从 4 世纪到 7 世纪称"大和政权",或称"倭国"。

当时日本最高的统治者不称"天皇",称"大王"(方便起见暂称"天皇"),而且其权力不强,甚至经常处于较大豪族苏我家族的影响和控制之下。苏我家族最初是从朝鲜半岛移居日本列岛的"渡来人",据说祖上是百济王国的大将,并广招具有较高文化和技术的移民为其服务,掌握了大和政权的财政大权。苏我家族还有一个屡试屡爽的重要招数,也就是嫁女儿给天皇,以外戚的身份挟天子以令诸侯。例如苏我稻目将两个女儿嫁给钦明天皇,所生之子先后成为用明天皇和崇峻天皇。

圣德太子的父亲是用明天皇,因出生在马棚里,因而其名字为"厩户",也因其十分聪明而称为"丰耳聪",圣德为后人所封。稻目之子苏我马子杀掉不听话的崇峻天皇后立自己的外甥女为推古天皇,第二年又立既是自己外孙、又是女婿的圣德太子为摄政,处理国家政务,时为 593 年。

图 2　圣德太子出生地(奈良县高市郡明日香村橘寺)

从史书的记载来看，圣德太子确实做了一番事业，但其改革在很大程度上来自大陆王朝的压力。因为 600 年派"遣隋使"到大陆，尽管再次开启中断近百年的大和政权与中国王朝之间的通交关系，但遭到隋文帝的批评。

根据《隋书·倭国传》的有关记载，倭国使节到达后，隋文帝命令官员询问其风俗，倭国使节回答说："倭王以天为兄，以日为弟，天未明时出听政，跏趺坐，日出便停理务，云委我弟。"隋文帝认为"太无义理，训令改之"。既然如此，只好加快内政改革的脚步。

首先建一个符合礼仪、较大的都城，显示中央政权的气魄。603年，从推古女王即位后所在的丰浦宫迁移到小垦田宫，作为国家权力的中心。该地面积较大，也是交通要道。宫殿坐北朝南，主要设施分为南北两大部分。进入南宫门，中间部分是宽大的"朝庭"，进行各种各样的礼仪活动，东西两侧是朝堂，是朝廷官员议事之处。

"朝庭"北面是称为"阁门"的大门，出入受到严格限制，里面是天皇工作生活的空间，大殿是处理政务的地方。不仅"朝庭"前面铺有石板的大广场，而且各个建筑也十分壮观，显然受到隋朝巨大王宫和华丽的典礼仪式影响。

圣德太子专门制作旌旗，以强化王宫典礼的庄严性，同时改变朝礼，进宫门时跪拜，然后步行进入"朝庭"，不用像过去那样"跪爬"前行。

其次，在 603 年制定冠位十二阶。即按照德、仁、礼、信、义、智的大小，分为十二个等级，并以紫、青、赤、黄、白、黑等色的浓淡装饰冠戴，分别按才能、功绩、忠诚等标准授予各级官员，冠位虽然只限本人一代，不能世袭，但如有功绩，可以升级。

该制度显然受中国和朝鲜品位制、官位制的影响，为打破过去的氏姓世袭制度、建立官僚体制、树立中央政府及天皇的权威奠定了基础。从某种意义上可以说，后来的律令位阶制继承了官位十二阶，但仍然具有很大的局限性，例如王族、大臣级贵族和地方贵族不在其列。

另外，在604年制定《十七条宪法》。其精神大多来自儒家学说以及佛教思想，例如"承诏必谨，君则天之，臣则地之"，"国靡而君，民无而主，率土兆民，以王为主"，"农桑之节，不可使民"等。尽管名为"宪法"，但无任何法律约束力，仅为官员的道德规范或行为准则。

经过一番努力后，圣德太子在607年派出小野妹子出使隋朝，并壮着胆子在国书中写着本文开头的那句话。脾气暴躁的隋炀帝当然不高兴，训斥负责处理外务的官员：以后再有这种无礼的蛮夷之书，不要让我看。

尽管如此，为教化日本列岛的居民，同时也因朝鲜半岛的紧张局势，隋炀帝派遣裴世清前往日本"宣谕"。由于国书的开头是"皇帝问倭王"，小野妹子不愿让日本朝廷看到，谎称在途经百济时被盗，差一点儿被治罪。但《日本书纪》中有这一封国书的记载，只是将"皇帝问倭王"改为"皇帝问倭皇"，可能是裴世清携带去的国书。

608年，裴世清和小野妹子等人经由百济抵达日本，圣德太子任命专事接待的官人，并派出盛大的装饰船队"设仪仗，鸣鼓角"迎接，其后在小垦田宫举行了隋使递交国书及信物仪式。

推古女王很高兴，十分谦虚地说道："我闻海西有大隋礼仪之国，故遣朝贡，我夷人僻在海隅，不闻礼仪，是以稽留境内不即相见，今故清道饰馆以待大使，冀闻大国惟新之化。"对此裴世清回答说："皇帝德兼二仪，泽流四海，王慕化之故，特遣行人来宣谕。"

历史也确实如此，《通志》里评论日本服饰受大陆影响的状况时指出："先时，其王冠服仍其国俗，至是始赐于衣冠，乃以彩锦为冠，饰裳皆施襈，缀以金玉。"

608 年裴世清归国时，圣德太子再次派遣小野妹子出使隋朝，同时派遣 8 名留学生、留学僧到隋朝学习。此次携带的国书不再使用"天子"一词，而是"东天皇敬白西皇帝"，没有听说隋炀帝有什么不良反应。

尽管圣德太子小心翼翼地寻求对等交往，但从两国使节的官位来看却未必如此。日本使节小野妹子官位是 12 个等级中的第五位大礼，后因对外交往有功升为第一位的大德。根据《日本书纪》的记载，隋朝使节裴世清是鸿胪寺的掌客，在《隋书倭国传》中记为文林郎。鸿胪寺掌客是处理番夷事务机构鸿胪寺典客署所属的官员，定员有 10 人，其品位为正九品。文林郎所属秘书省，撰写文史、检查旧事的属官，定员 20 人，其品位为从八品。

也有研究指出，607 年的遣隋使言道"闻海西菩萨天子，重兴佛法，故遣朝拜，兼沙门数十人来学佛法"，表明其目的是"朝拜""再兴佛法"的"菩萨天子"隋朝皇帝，因而派遣学习隋朝佛教的僧侣到大陆。"日出之处""日没之处"来自鸠摩罗什译的《大智度论》，当时东亚地区盛行佛教外交。

从五胡十六国到南北朝时代，中国大陆社会动乱不宁，佛教信徒急剧增加，为政者也以积极信奉佛教作为夺取政权、稳固统治的手段。向中原王朝朝贡的周边各国也纷纷派遣带有佛教色彩的使节到中国，争取获得更多的利益，例如疏勒国就向北魏的文成帝献上据说是佛祖穿过的袈裟。601 年，隋文帝以"菩萨戒佛弟子皇帝"的身份，命令在全国建立供奉自己神奇得到的舍利之塔，"菩萨戒"是作为菩萨修行者遵守的戒条，隋炀帝即位后也接受了该戒条。

601 年朝鲜半岛三个国家的使节朝贡隋王朝，乞求下赐舍利，在本国供奉。第二年，有两个朝鲜半岛的僧侣到日本，将其信息传达给日本，因而 607 年的使节才有那句"重兴佛法"称赞之语。大概引起隋炀帝不高兴的是"天子"之语，在中华帝国看来，"天无二日"，当时作为发展中国家的日本没有资格与大陆王朝平起平坐。也许日本使节所说的"天子"是佛教经典中"信奉佛教的国王"之意，既然遣隋使是朝拜佛教之国的天子，自己来自佛教之国，也可以自称为天子吧，这种说法否定了日本自尊自大的意识。

圣德太子是著名的佛教信奉者，亲自建造了两所寺院。587 年，围绕着王位继承人和是否选择佛教，掌握军事大权的物部氏与苏我氏发生军事冲突，战事初期前者占上风，后者几度退却。为鼓舞士气，苏我阵营的圣德太子取白胶木做一尊四天王像，放在自己的头上，发誓"今若使我胜敌，必当奉为护世四王，起立寺塔"，结果自己阵营中的迹见亦梼一箭射落敌方首领，主张引进佛教的苏我方大获全胜。于是，593 年圣德太子在摄津国难波（今大阪市天王寺区）建造供奉四大天王的寺院，即四大天寺，据说该寺至今保存着圣德太子的两把佩剑——七星剑和丙子椒林剑。

日本朝廷在594年颁布诏书,阐明以佛教为国教。595年,高句丽名僧慧慈到大和,圣德太子拜其为师。后来圣德太子经常在宫中讲解佛经,并撰写《三经义疏》等。斑鸠寺是圣德太子发愿的另一所寺院。601年,圣德太子在斑鸠之地(奈良县斑鸠町)兴建斑鸠宫。607年,在旁边建造斑鸠寺,又称法隆寺。该寺670年因火灾全部烧毁,现存的法隆寺(西院珈蓝)于7世纪末重建,以"梦殿"为中心的东院珈蓝在斑鸠宫的旧址上建成。

图3 法隆寺(斑鸠寺),近些年有许多考古发现

圣德太子在内政外交上的努力没有获得多少成效,不仅遭到有力氏族贵族的反对,同时也经常受到苏我氏的牵制,因而圣德太子晚年意志消沉,沉迷佛教,"世间虚假,唯佛是真"之语显示了其孤独的心态。不过其推崇佛教的结果使日本列岛出现较为灿烂的"飞鸟文化",而且从朝鲜半岛传入的纸、墨制造方法以及历法、天文地理等书籍,不仅改变了日本人的生活方式,同时对其思想意识的变化也产生了较大的影响。

目前日本学术界也有质疑圣德太子是否做过那么多事情,甚至怀疑历史上是否存在圣德太子这个人物的声音。有人指出,首先当时没有"太子"一词,继承皇位是大兄制,没有大兄称号的厩户皇子本来也不是天皇的候补者;史书只是记载"初行冠位",没有厩户皇子参与的字样;史书写道"皇太子亲自制定宪法十七条",但没有实施的记载,且当时没记的语言、文字,很可能后人将其作为圣德太子的业绩补录进去,因为既然没有实施,就没有必要记载。

遣隋使也在很大程度上是推古女皇的政策,如果是圣德太子所为,应该对小野妹子丢掉国书一事表示态度,但史书上没有任何记录;另外,《日本书纪》没有记述《三经义疏》,只有"请皇太子讲解胜鬘经"以及"皇太子在冈本宫讲解法华经"的记录,而且作为疏文内容的《维摩诘经》当时并不存在。

1999 年,日本学者大山诚一出版《"圣德太子"的诞生》一书,其后出版《圣德太子的真实》《天孙降临之梦》等研究成果,指出历史上厩户皇子确实存在,但作为信仰对象的圣德太子没有任何显示其存在的史料,是架空的人物。圣德太子最早在《日本书纪》中出现,与藤原不比等、长屋王、僧人道慈有关,《十七条宪法》是编纂《日本书纪》时创作的。后来光明皇后等人根据《三经义疏》、法隆寺药师像光背铭文等史料,以法隆寺为舞台创造了圣德太子形象。

但大多数日本学者认为《日本书纪》中有关圣德太子的记载有些夸张,也有后来人加以增补、润色的成分,但这个人物还是存在的。

"大化改新"的虚实——飞鸟时代(下)

过去通常将日本历史上的"大化改新"作为进入封建社会的政治变革,但现在日本学界很少使用"封建社会"一词,只是将"大化改新"看作从古代国家向律令制国家转化的起点,同时也怀疑后人将其过程进行了许多修饰。

简单地讲其过程如下:在公元 622 年和 628 年,圣德太子与推古女皇相继去世,苏我马子之子苏我虾夷专权,擅自决定两任天皇,并大兴土木,劳役国民,"以西民造宫,东民造寺"。643 年,苏我虾夷患病不起,但不经朝廷批准,就向其子苏我入鹿私授表示最高官位的紫冠,执掌国政。苏我入鹿"为人暴戾""威权过父",不仅派兵逼死圣德太子的儿子山背大兄皇子及其家族,而且征调"举国之民并百八十部曲",为其父子建造规模宏大的宫殿和陵墓。频繁的徭役征调造成民不聊生,大批劳动力不断往返旅途,不仅带来沉重负担,耽误农时,而且常常出现"卧死路头"的景象。

苏我父子的专横跋扈,既引起其他贵族的强烈不满,同时也给希望进行改革的反对势力提供了机会。这些改革势力以中大兄皇子与中臣镰足为首,他们经常求教于从隋唐归来的留学生或留学僧,详细了解隋唐政治制度和唐太宗巩固统治的各种措施,立志革新政治,建立以天皇为中心的中央集权体制。在加强国内统治的同时,应付东北亚地区国际形势的急速变化。

618 年,统一中国大陆的唐朝建立,在唐太宗李世民的治理下,出现了被称为"贞观之治"的强盛态势。在其压力下,朝鲜半岛三个国家均出现了为社会变革而进行的政变,而且相互之间不断征讨。641 年,百济的义慈王通过政变掌握国家权力,并对新罗发动进攻;642 年,高句丽的宰相泉盖苏文屠杀国王和大臣,与百济结盟对付新罗;感到压力的新罗向唐朝求救,644 年,唐太宗出兵进攻高句丽。从 4 世纪以来,一直插手朝鲜半岛事务的大和政权感到强大的压力。

中大兄皇子及中臣镰足等人很快制定了铲除苏我父子和实行政治改革的计划。645 年 6 月,中大兄皇子等人利用朝鲜半岛三国使者向大和朝廷进赠礼品之际,斩杀了苏我入鹿,并迅速争取原苏我氏族的旁系成员,迫使苏我虾夷及其本家自焚而亡。接着,中大兄皇子之母皇极女皇(历史上首次)让位给其弟孝德天皇,阿倍内麻吕任左大臣,苏我家族旁系的仓山田石川麻吕任右大臣,中臣镰任内大臣,僧旻、高向玄理任最高政治顾问的国博士,定年号为大化,同时派官员到地方任职、调查土地人口、维持秩序,为实行新政策做准备。

图 1　宫廷政变的舞台——奈良县高市郡明日香村的飞鸟板盖宫

646 年之初,新政权颁布了由四项条款组成的《改新之诏》:第一,禁止王族和贵族拥有土地人民,实施"公地公民制",向贵族支付俸禄;第二,设京师、畿内、国、郡、里等中央及地方行政组织,建立中央集权的政治体制;第三,编制户籍和账簿,施行"班田收授法",即按人头分配土地;第四,制定统一税收标准,税种有田调、户调、庸布、庸米、官马及仕丁等徭役。

另外,新政权还颁布了改革葬仪(主张薄葬、火葬)及婚姻(明确子女的归属)等旧风俗、完善交通(修官道)等的诏书,并废除品部、名代子代部、部曲以及臣、连、伴造、国造等职称,授予新的官位和官职。647 年,制定七色十三阶的新冠位制。649 年,增加到十九阶,并将大臣和贵族均纳入官僚体制内。650 年改年号为"白雉",并将都城迁到难波(今大阪市)。

直到 654 年,孝德天皇在位时期进行的上述一系列政治、经济、社会等改革被称为"大化改新"。但这些改革在很大程度上只是一种政治宣言,因为当时并未立即加以实施,例如贵族拥有的私有土地及其劳动者仍然保存了相当一段时间,直到 8 世纪初地方行政机构依然为"评"而不是"郡"等。其原因是皇位之争和出兵朝鲜半岛延缓了改革措施的实施,而且 720 年《日本书纪》成书时又将"改新之诏"做了新的润色。

654 年,孝德天皇去世,皇极天皇再次即位,称齐明天皇。因其大兴土木修建宫殿引起社会的不满,孝德天皇之子有间皇子准备趁机举兵,但被中大兄皇子所杀。655 年,朝鲜半岛的高句丽和百济联合进攻新罗,新罗向唐朝求援。唐朝在 660 年出兵,与新罗军队一道攻陷百济都城,并俘虏其国王。百济向大和政权求救,大和政权为恢复自己在朝鲜半岛的影响力,在中大兄皇子的主持下准备出兵朝鲜半岛。661年,齐明天皇去世,忙于出兵事宜的中大兄皇子没有立即继承皇位。662年,大和政权军队渡海在朝鲜半岛登陆。663年8月,在白江口与唐朝、新罗联军交战,惨遭失败,不得不败退国内。

由于担心唐朝、新罗联军对日本列岛的进攻,尽管中大兄皇子表示继续进行改革,但为获得大贵族对其国防政策的支持,被迫承认他们对土地及人民的占有,在此基础上大力加强西日本的防卫。大和政权不仅在北九州及其周边岛屿建筑堡垒,而且从九州到近畿,沿途建造了许多山城。667年,朝廷将都城从难波迁到内陆的近江(今滋贺县)。668年,中大兄皇子正式即位,为天智天皇。在朝鲜半岛上,唐朝、新罗联军668年消灭高句丽,但很快双方发生冲突,676年新罗驱逐唐朝军队,统一了朝鲜半岛。

图2　为防御唐军,日本朝廷在九州太宰府修建的水城遗址,始建于664年。由宽度大约为60 m的外护城河以及长度约1.2 km、宽度大约80 m、高度大约为9 m的两段式的土堡(城墙)构成

668 年，天智天皇命令中臣镰足编纂名为《近江令》的法令文书，将大化改新以来的改革内容法制化。670 年，做成最早的全国性户籍，将全国所有人口登录在册。虽然户籍制度有利于征兵和征税的进行，但也引起贵族们的强烈不满。

671 年，天智天皇去世，围绕皇位继承，在其弟大海人皇子和其子大友皇子之间进行了一场被称为"壬申之乱"的内战。逃到东日本并得到该地贵族支持的大海人皇子占据优势，很快就打败了未能取得西日本贵族支持的大友皇子，后者兵败自杀。673 年，大海人皇子在飞鸟净御原宫即位，为天武天皇。

为建立以天皇为中心的中央集权体制，天武天皇不设大臣，亲自执政，重用皇后、皇子及皇族成员，任命皇子担任各行政机关首脑及地方行政长官。同时，通过加强军事组织及其力量的方式强化天皇权力，并将各级贵族录用为不同等级的官吏，形成一套完整的业绩评定和提升职务制度。

天武天皇进行的其他改革措施还有：675 年，废除天智天皇时期制定的以氏族为单位的"民部"；681 年，制定《飞鸟净御原令》，同时改变私修史书的做法，由官方编修国史；682 年，制定向官吏支付俸禄的准则；684 年，制定"八色之姓"，规定贵族的等级；685 年，实施包括皇族在内的冠位制。

686 年，天武天皇去世，其皇后即位，为持统天皇。689 年，开始实施《飞鸟净御原令》，并在 690 年完成全国户籍的编制工作。规定每户 4 名成年男子，其中征兵 1 名，每 50 户为 1 里，从而形成国、评、里、户的一套地方行政体系。692 年，向全国派遣班田使，开始实施大规模的班田收授制度。

694年,朝廷迁都藤原京(今奈良县橿原市)。该城既有皇宫,又有皇城,是日本历史上最早的京城。697年,持统天皇让位于其孙文武天皇,自己同中臣镰足(因天皇赐姓而改为藤原镰足)之子藤原不比等一道主持编制《大宝律令》,并在701年完成了这部律令齐备的法典,从702年开始实施。同年向大陆派出中断30多年的遣唐使,向唐朝报告自己拥有独自的律令、国号为日本、君主为天皇、年号为大宝等事项,以显示双方地位的对等性。

718年,元正天皇命令藤原不比等修改《大宝律令》,当时为养老年间,所以新的律令被称为《养老律令》。但因其内容与大宝年间制定的《大宝律令》基本相同,所以放置近40年之后才加以实施。至此,律令体制基本形成。

战后日本学界对"大化改新"存有许多置疑,首先是20世纪50年代的"郡评之争"。"改新之诏"将地方行政组织规定为国、郡、里,但当时的考古文物或家谱等史料中不是"郡",多为"评"。有学者认为改新之诏时用的是"评",《日本书纪》作者根据当时的《大宝律令》将其置换为郡",两个字的训读相同。21世纪前后在难波宫遗址和藤原宫遗址发现的木简证明,700年以前的木简均记为"评",701年以后的木简均记为"郡",可以说明以《大宝律令》为界,其前为"评",其后为"郡"。

与上述置疑相关,随着对《日本书纪》研究的进展,20世纪60年代"大化改新"是否存在也成为一大问题,因为当时并不存在诏书里提出的事情。其背景是明治维新100周年之际,日本学术界颇为关注日本历史上几次改革,例如"大化改新"、建武新政、明治维新等事件。当时学者对"大化改新"的否定较为流行,甚至在名称上以"乙巳之变"代替"大化改新"。

1977年镰田元一的论文《评的成立与国造》发表后,"大化改新肯定论"成为学术界的主流,特别是20世纪末诸多木简的出土进一步强化了肯定论。但随之而来的问题是,即使存在成为"改新之诏"的原诏书,但两者是一个什么样的继承关系仍有较大疑问,甚至有人怀疑"大化"这个年号是否存在。因为大宝元年使用干支表示纪年,也不存在其后的"白雉""朱鸟"年号,"大宝"应是最初的年号。

另一方面,即使怀疑"改新之诏"的是否存在,但"乙巳之变"后各种改革纷沓而来却是不争的史实,例如645年向东国派遣国司、636年改革旧有风俗、649年"天下立评"、迁都难波宫、官位十九阶等。特别是2000年前后飞鸟宫、难波宫等地出土的木简,显示地域统治的行政机构形成,已经难以全面否定"大化改新",只是仍不能确认这些改革是否因"大化改新"而来,还是因白江口战役失败带来的结果。与此同时,"乙巳之变"的推动者所设计的中央集权制国家在较长时间内尚未完成,至少公地公民制度到天武天皇时期才得到初步成果。

另外,也有学者认为利用朝鲜半岛三国使节觐见时间实施政变不符合常识,一般不在外交仪式中发生内争,因为这样一来则暴露国内不和的情况。除此之外,三国使节如果是暗杀者虚构的话,作为外交政策决定者的苏我入鹿不会没有任何察觉。也有学者指出作为"大化改新"功臣的中臣镰足也有许多不明之处,作为《日本书纪》的编纂者,中臣镰足之子藤原不比等为巩固自己的政治地位,较多地夸大了其父在"大化改新"过程中的作用,不仅推动了日本历史的发展,而且也成为强大的藤原家族创造者。

风化的遣唐使:从律令国家到王朝国家

中国的史书通常将遣唐使评价很高,作为中日文化交流最具代表性的事件,日本不仅频繁向大陆派遣使节表示进入以大陆中国王朝为核心的朝贡体系,而且派遣为数甚多的留学生、留学僧,似乎"全盘唐化"了大陆的制度与文化,使日本历史出现飞跃式发展。甚至有人将遣唐使比喻为明治维新时日本政府派出的岩仓使节团,通过学习西方的工业文明与宪政体制等,从而推动日本迅速成为世界性强国。

其实历史比想象要复杂得多,从结果上看也没有那么重要,而且对日本历史产生的影响反而出人意料。简单地讲,从大陆移植的制度性文化没有扎根下来,保留下来的都是技术性文化。而且在唐朝之后,中日走向了不同的发展方向。即隋朝发明的科举制使中国社会逐渐变成尚文的文化,也就是说文官的作用越来越大。日本恰恰相反,土地私有基础上的庄园制,出现了武士阶层,逐渐走向尚武的道路。

从日本历史的时代划分来看,遣唐使涉及三个时代,即飞鸟时代(592—710 年)、奈良时代(710—794 年)和平安时代(794—1192 年)。实际上,分别是天皇政权所在地区,即所谓的京城,最初在奈良南部的飞鸟地区,然后是平城京所在的奈良,最后是现在的京都,当时称平安京。

圣德太子执政时期派过数次遣隋使及留学生,这些使节和留学生见证了隋朝的灭亡和唐朝的兴盛,因而是遣唐使的始作俑者。618 年,唐朝建立后,很快出现国力强盛、各方来朝的局面。623 年,曾派往隋朝留学的惠日上书天皇,认为"唐律令齐备",应派遣使者及留学生加以学习,天皇采纳其建议。

从 630 年至 894 年的约 260 年间,日本共任命过 20 次遣唐使,其中 4 次因故停止,实际成行 16 次。在 16 次中,3 次是送唐客使,1 次是迎入唐大使,真正的遣唐使为 12 次。另外,以 7 世纪末为界分为前后两期,前期一般由两艘船组成,乘员约 250 人,后期船只增加到 4 艘,乘员超过 500 人。

遣唐使节团成员有大使、副使、留学生、留学僧、水手、医师、护卫等,但到长安或洛阳的使节仅几十人,多数留在大陆沿海地区。从中也可以看出,所谓遣唐使,除进行正常的外交活动外,正如木下宫彦在《日华文化交流史》中指出的那样:"遣唐使往返时,皆携多数留学生,大概迎送留学生乃日本遣唐使的重要任务之一。"

留学生、留学僧在唐朝逗留时间较长,深受大陆文化的影响,且回国后积极加以传播。据中国学者统计,遣唐使节团总人数 5000 余人,其中接近半数是具有一定专门技艺的学者。尽管日本学者强调当时日本没有加入唐朝的册封体制,但赴日的唐使不多,可见唐朝是将其看作朝贡的藩国。

前四次遣唐使如同圣德太子时代一样,争取对等地位,甚至向唐朝示威。630 年,舒明天皇任命最后一次遣隋使犬上御田锹为第一次遣唐使出使中国。623 年,唐太宗派遣高仁表随日本使节到日本，却因外交礼仪之争"不宣朝命而还"，有日本学者推测是因为舒明天皇拒绝接受唐朝的册封所导致。653年，第二次遣唐使在确认日本与百济同盟关系的同时顺访唐朝，结果唐朝"不承认其为正式的使节（堀敏一语）"。所以日本在654年重新派遣使团，团长为曾经留学隋朝的高向玄理，其头衔是比"大使"规格高的"押使"，但因病死在唐朝没能回国。659年第四次遣唐使"以道奥、虾夷男女二人，示唐天子"，但因唐朝即将对百济发动战争，使者被扣留两年。

接下来的三次遣唐使带有刺探情报的任务，因为663年唐朝、新罗联军在朝鲜半岛白江口大败日本水军，日本担心唐朝进攻日本本土。确实，指挥白江口战役并驻守百济的唐朝大将刘仁轨在664年派郭务悰等人赴日，日本借口送还使节团，在665年派出第五次遣唐使（送唐客使）参加了唐高宗泰山封禅大典。667年第六次遣唐使（送唐客使）中途返回，显然是观察朝鲜半岛的局势。669年第七次遣唐使祝贺唐朝平定高句丽。

701年，天皇朝廷完成律令体制的主要法典《大宝律令》，同时派出中断30多年的第八次遣唐使，向唐朝报告独自的法令、国号为日本、君主为天皇、年号为大宝等事项。此时日本的律令体制已经完善，那么其后的遣唐使从唐朝学到了什么？日本学者认为遣唐使带有浓厚的文化使节的色彩。

当时造船及航海技术不甚发达，特别是在8世纪日本与新罗关系紧张，遣唐使不得不由海路从九州岛直接到达中国的长江口沿岸登陆，因而风险较大，据说遇难率接近50%。

中央高级贵族子弟的生命比较重要，通常不参加留学活动，所以留学生基本出身地方贵族家庭，学成回国后大多官运不佳，鲜有居高位者。例如首屈一指的刑律专家大和长冈最高官职为从四位下的右京大夫，声名显赫的书法家桔逸势最高官职是从五位下的但马权守，死后才追赠为从四位下。像在唐朝官至光禄大夫兼御史中丞、北海郡国公的阿倍仲麻吕以及回国后官至右大臣的吉备真备实属凤毛麟角，仅此二人而已。

实际上，日本最后一次成行的遣唐使团是在838年，也是规模最大的使团，有600余人组成。本来此次使团在836年出发，但因暴风雨损失一艘船只，100多人不幸遇难。第二年3艘船只出发时再次受挫。第三次出发时副使小野篁称病拒绝参加使团（为此被流放海岛），改由藤原丰并担任副使。3艘船只回国时也遭受许多困苦，又有一艘船只遇难。

因此，半个多世纪后的894年，朝廷任命菅原道真为大使，准备再次派遣唐使团时，鉴于海上航路的危险，同时又收到入唐僧中瓘通报"大唐凋敝"的书信，于是停止派遣唐使团。在中国大陆，875—884年爆发了大规模的黄巢

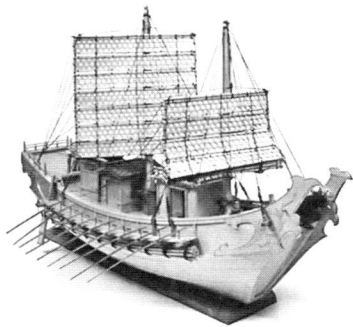

图1 遣唐使乘坐的船，帆为竹片编成，无风或逆风时水手划船，为保障安全，还带有弓箭手担任护卫，因而船员较多

农民起义,严重地打击了唐王朝,其后各地军阀割据。因此,对于日本来讲,派遣使团的必要性大大降低。

在唐朝东渡日本的中国人中最值得一提的是鉴真和尚。鉴真是扬州地区著名的佛教律宗权威和授戒大师,应日本朝廷的邀请,在 743—748 年曾五次计划东渡,均因风暴或人祸没有成行。特别是在鉴真第五次东渡时,因风暴漂流到海南岛,千辛万苦回到扬州,双目失明。753 年,日本遣唐大使藤原清河邀请鉴真一同赴日,尽管藤原清河乘坐的船被风暴吹到安南,后又回到长安,客死他乡,但鉴真却成功到达日本。

鉴真在日本不仅为众多信徒授戒,而且也使律宗在日本成为一个独立且有影响的教派,更是中日文化交流的佳话。直到今天,鉴真和尚在奈良的唐招提寺仍然是中国观光客络绎不绝的朝圣地。

尽管从表面上看,以遣唐使为代表的中日两国之间连续 200 多年的频繁往来,对日本政治、经济、社会、文化等均产生了巨大的影响。例如日本的律令体制以及建立的中央集权制国家。在经济制度方面,日本的班田制基本上学习中国的均田制,税收也是"租庸调制";中央政权和地方政权也是模仿的唐朝的行政体制,其法律也基本上是从唐朝学过去的,甚至它也学过中国的科举制度,也设置了中央的大学和地方的国学,按照成绩任用官员。

但这些制度性的建设都没有在日本扎下根来,例如班田制实施不到半个世纪就崩溃了,很快变成了土地私有,变成了庄园制,变成了领主制;以天皇为核心的政治体制后来也慢慢变成了藤原家族控

图 2　唐招提寺金堂，该寺建于 759 年，唐招题寺意为"学习唐律道场"。1998 年该寺成为世界文化遗产

制的摄关政治，然后又变成了上皇执政的院政政治，最后变成武家政治，即武士掌权的幕府统治；其律令也变成家法、地方法、家川等。

至于作为中国政治制度核心基础的科举制度，日本一开始也没有用心地学，虽然设置了大学和国学，但无论学习怎么样、成绩如何，都不影响贵族的等级，因为存在世袭的"荫位制"。说起来，日本人不学习科举制度的原因，大概因为当时日本氏姓贵族的势力非常强，有严格的等级制度，不希望外来者打破这种等级制度。仔细想来，这也是制度性文化没有为日本人接受的基本原因。

与其相应的是，国家体制的变化。具体说来，尽管日本学术界承认通过编纂、实施模仿唐朝体系性法典形成日本的律令制国家，但强调 10 世纪以后过渡到王朝国家体制。所谓律令国家体制是指，尽管在中央集权式的政治结构基础上，以个别人身支配作为统治民众、征收租税的原则,但实质上维持其结构的是当地统治民众、征收租税的地方行政。到 9 世纪后半期,律令体制出现破绽,因而从 10 世纪初开始,呈现为向地方政权大幅度委任统治以及从个别人身支配向土地课税原则的方式转换,这种新型的统治体制是王朝国家体制。显然,这种政治体制与大陆国家是完全不同的。

那么,只剩下技术性文化了。实际上,遣唐使的主要任务就是寻求日本没有的经典与汉书,留学生或留学僧回国后首先将自己带回的书籍编写目录报告朝廷。例如 838 年最后一次渡海的遣唐使团中有请益僧(短期访学)圆仁和留学僧圆载,入唐后正值“会昌废佛”,圆仁去天台山巡礼的要求没有得到唐朝的许可,不甘心空手而归,故拒绝与遣唐使一道回国,独自一人去五台山巡礼,并将充满艰苦的旅行写成《入唐求法巡礼行记》。后进长安学习密教,入唐近 10 年后携带大量书籍回国。

在遣唐使的队伍中,留学僧的人数超过留学生,其中有著名的“入唐八大家”,而且成为大师的就有五位,即“传教大师”最澄、“弘法大师”空海、“慈觉大师”圆仁、“传灯大师”圆载以及“智证大师”圆珍。最澄 804 年来唐游学八个月,搜集数百卷佛经,回国后创建天台宗。空海亦在 804 年到唐朝习密教,回国创真言宗,并担任天皇朝廷管理寺院的最高职务大僧都。

日本的建筑、绘画、音乐、雕刻、文学甚至史学,也受到唐朝的极大影响。例如平城京(今奈良)、平安京(今京都)均仿造唐长安城。8 世纪奈良时代留下的代表性建筑物有东大寺法华堂、正仓院、唐招提寺等,代表性雕塑有东大寺法华堂执金刚神像等,代表性绘画有鸟毛立女屏风——《树下美人图》等，均具有盛唐文化影响的痕迹；唐朝书法深受贵族喜爱并加以学习，嵯峨天皇、空海、橘逸势作为最有名的书法家，被称为"三笔"。

唐朝宫廷礼仪也受到朝廷重视，嵯峨天皇时甚至编纂了以唐朝为标准的礼仪书《内里式》。政府官员多为擅长唐文化的文人、学者，宫廷时常举行咏汉诗的宴会，因而出现了许多优秀的汉诗集，如《凌云集》《文华秀丽集》《经国集》等；世界最早的长篇小说《源氏物语》明显受到唐朝著名诗人白居易的影响；《古事记》等史书不仅体裁上模仿中国《史记》，甚至不少段落显然来自后者。尽管如此，这些技术性文化在制度性文化的约束下迅速发生变化，即从短暂的"唐风文化"转向"国风文化"。

说到底，所谓的"遣唐使"不过是带有国营执照的书贩子，也就是尽可能地将更多的中国典籍带回日本，史学、文学、宗教学自然而然地发展起来。因此，有充分理由认为，即使在盛唐时期，日本的"拿来主义"仍然是"日学为体，唐学为用"，不能简单地结论为"从日本减除中国，还剩下什么？"

藤原家族与摄关政治

世界历史上最早的一部长篇小说是日本的《源氏物语》，据说其主人公光源氏原型是藤原道长，而且与作者紫氏部关系暧昧，两人经常在宫里传递小纸条，"叩窗何之急""骚扰恐无期"。那么，现实中的藤原道长是什么样的人物？为何具有那种令人羡慕的命运？恐怕还得从藤原家族与"摄关政治"说起。

图1 京都府宇治市的《源氏物语纪念馆》，该地为紫式部的出生地，也是平安时代贵族的别墅区

藤原家族的始祖为中臣镰足，贵族子弟，曾担任过掌管神道祭祀的官员，对大力推行佛教的苏我家族不满，因而在645年与中大兄皇子发动铲除苏我家族的"乙巳之变"，实施"大化改新"，任内大臣，去世前封正一位的大紫冠，并由天皇赐姓藤原姓。其子藤原不比等，官至右大臣，参与编纂《大宝律令》及《养老律令》。与此同时，不

比等将两个女儿分别嫁给文武天皇及其子圣武天皇,对朝政拥有较强的政治影响力。

藤原不比等受到重用还有一个血统的因素。持统女皇的父母是天智天皇(中大兄皇子)与苏我家族旁系石川麻吕的女儿,此时的苏我家族已经元气大伤,难以承担辅助皇室的作用,持统女皇只好选择藤原不比等作为重臣,因而不比等之妻是石川麻吕弟弟之女。可以说,藤原家族也继承了苏我家族的血统。

720年,藤原不比等去世,天武天皇之孙长屋王成为政界的最高首领。729年,藤原不比等的四个儿子设计逼死时任左大臣的长屋王,破例立其姊妹光明子为圣武天皇的皇后,掌握朝政。737年,日本全国流行天花,四兄弟均染疾去世,而且藤原家族分为武智麻吕的南家、房前的北家、宇合的式家、麻吕的京家,相互之间也有争斗。京家没有太大的发展,式家、南家曾一度兴起,但很快在权力斗争中衰落下去,北家崛起。

北家传四代到藤原冬嗣,天皇任命其为相当于书记处的藏人所首领——藏人头,并将其女嫁给皇太子。833年,皇太子即位为仁明天皇。842年,冬嗣之子良房废皇太子恒贞亲王,将政敌流放,将女儿嫁给皇太子,即后来的文德天皇。857年,良房成为太政大臣;第二年,年仅9岁的外孙即位为清和天皇,成为事实上的"摄政"。866年,正式"摄行天下之政"。880年,良房之子基经担任太政大臣。887年,宇多天皇颁诏规定"万机巨细,百官总已,皆关白于太政大臣"。"关白"本来是"禀报"之意,但后来逐渐转化为官职。天皇幼年时辅政者称"摄政",天皇成年后辅政者称"关白","摄关政治"得以形成。

其后两代藤原北家连续打败外姓政敌,巩固家族的摄关地位。传至藤原道长一代,与其侄伊周产生争斗。道长的姐姐是一条天皇的母亲,伊周的妹妹定子是一条天皇之后。天皇听母亲之言,在995年任命道长为右大臣的"内览",即可事先阅览向天皇提出的公文。道长将自己的长女彰子也嫁给一条天皇,竟然同时出现两个皇后。由两个才女分别侍候,即《枕草子》的作者清少纳言侍候定子,《源氏物语》作者紫式部侍候彰子,两个死对头,成就两部文坛传世之作。

当时贵族女性穿着厚厚的12层衣服,描眉染齿,站立被视为不雅,因而天天坐在围有卷廉的草席上,禁止吃任何肉食,平均身高140厘米,平均寿命27岁。定子24岁时因难产去世,胜方不言而喻。藤原道长将次女妍子嫁给三条天皇,三女威子嫁给后一条天皇,四女嬉子嫁给后朱雀天皇。

1016年,道长成为摄政,几个外孙轮流当天皇,政敌利用"此世即我世,如满月无缺"的诗句指责道长专权。尽管通称道长为"御堂关白",但其从未担任过关白,摄政也只是一年,大部分时间是通过"内览"的职务控制政权。道长的儿子赖通最为强势,26岁担任摄政,28岁成为关白。但盛极必衰,摄关政治逐渐退出历史舞台。

藤原家族控制的摄关政治持续200多年,嫁女儿给天皇只是手段之一,但带来的社会影响却很大。在平安时代,贵族们通常实行一夫多妻制,但结婚后妻子仍然生活在自己父母家,丈夫晚来早走(据说道长是第一位夫妇同居者)。生育的子女由外祖父照顾,并聘请优秀的家庭教师,努力将女孩培养成精通琴棋书画、魅力十足的女性,

**图2　位于京都府宇治市的藤原道长别墅——平等院凤凰堂，
现为著名的观光点**

以期嫁入宫中且得到天皇或皇太子的宠爱，生下皇子，光宗耀祖。

　　当时对女孩的基本标准是：首先你必须勤习笔墨。其次你应练
习弹奏古琴，使技艺超出他人。另外，你应该熟记《古今和歌集》20
卷中的所有诗歌。当时的日本贵族非常喜欢中国的大诗人白居易，
大概是因其《长恨歌》中道出一个至理名言，"遂令天下父母心，不重
生男重生女"。无论如何，藤原家族的嫁女行为至少完善了日本的
假名文字（据说僧人发明了片假名，女性发明了平假名），并成就了
不朽的女性文学作品。甚至作为男性的纪贯之也忍不住冒充一下，
使用平假名撰写了《土佐日记》。

　　当然，藤原家族成员众多，政治能力较强，能够在诸多权力斗争
中获胜，也是摄关政治的一个重要原因。除此之外，还有一些制度
上的因素。不消说，这些制度也是由藤原家族成员参与制定的。首
先是参与制定律令、修国史、公家日记，藤原始祖中臣镰足参与了
《近江令》的编纂，据说其子不比等也参与了编纂《飞鸟静御原令》。

藤原良房参与编纂《贞观格式》，藤原基经参与编纂《日本文德天皇实录》，这些书籍一个主要内容是年中行事、公事情报等"先例"，以便在后来的政务处理中有效地提出解决方案，即所谓的"勘先例"；另外，私撰史书式的公家日记更是培养后人政务处理能力的重要工具，能够掌握这种公事故实资源的藤原家族是稳固家族在统治阶层地位的重要因素。

作为规则的制订者，其重要性和利己性自不待说。

其次，"身内政治"与"官司请负制"也是藤原家族控制天皇朝廷的制度性保障之一。所谓"身内政治"是与天皇具有血缘和姻亲关系的贵族，以天皇为核心，占据政治中枢、坐拥高级官位的皇族、皇亲、贵族联合构成的政治形态。所谓"官司请负制"是指特定权力机构由某一氏族或家族垄断，并将其作为家业传与后代，形成世袭，也称为"荫位制"，从而使藤原家族成员坐拥高官厚禄。

平安时代官位分为 30 级，三位以上各分为正、从两级，正四位到从八位分上下，然后是大初位上下，少初位上下。太政大臣为正、从一位，左大臣、右大臣、内臣为正、从二位，大纳言为正三位，中纳言为从三位。这些官员为公卿，平安时代有 20 人左右。藤原道长时，藤原家族成员约占公卿的八成以上。

正一位贵族有位田 80 町步，食封 300 户，还有各种免费供应物品及 100 名服务人员。官职还有特权，例如太政大臣有职田 40 町步，食封 3 000 户，服务人员 300 名。按照今天的币值计算，正一位的贵族官员年收入接近 4 亿日元。三位贵族官员的年收入为 7 000 万日元，比现在的首相还要高。

经济基础的变化也是摄关政治形成的重要条件。8 世纪私有庄园开始出现，有势力的庄园主开始争取"不输"特权，即利用各种借口向朝廷申请免除庄园的赋税。到 10 世纪中期，随着国司对地方统治权的加强，国司批准具有"不输"特权的庄园迅速增加。其后庄园主又开始争取"不入"特权，即国家检田使、征税使等官员不得进入庄园，甚至不承认天皇朝廷在庄园里拥有的司法权和警察权。这种"不输不入"特权将庄园主变成领主，庄园也变成该领主的私人领地。

另一方面，庄园主们为获得"不输不入"特权，通常是将自己的庄园进献给中央大贵族或大寺院，奉其为"领家"，并交纳一部分租税。如果"领家"认为自己的权势仍然不足与国司相抗衡，则将庄园进献给更有权势的贵族，奉其为"本家"。于是"本家"成为更高一级的领主，从而形成一种领主等级土地所有制。

由于藤原家族在中央政权中最有政治影响力，因而也成为最大的"本家"。正是由于"不输不入"庄园的兴起，中央政府对地方的统治大幅度地委托给国衙，原则上可以管理一个国内的所有土地与民众。这种状况使得以太政官机构为中心的律令国家逐渐弱化，王朝国家体制形成，同时也开创了郡县制向封建制过渡的先河。

平安时代，从五位下以上官员为中高级贵族，共有 250 人左右。对于他们来讲，最有油水的职位是"国守"，即地方最高级别的行政长官，相当于中国的省长、省公安厅长、省财政厅长、省法院院长，因而"外快"多到不可胜数。但 250 人竞争 66 个"国守"位置，激烈程度可以想象，只有走藤原家族的"后门"才有可能。另外，中央行政机构还有 80 个相当于"国守"的位置，但仍有 100 名五位以上贵族失

业,虽有固定年薪,不至于饿肚皮,但失去宝贵的社交机会,于家族
不利。因此,需要巴结藤原家族,结果"摄关家"门庭若市,财源
茂盛。

藤原赖通没有女儿,其弟的女儿嫁给天皇也没有生儿子。1068
年,与藤原家族没有血缘关系的后三条天皇即位,开始采取对藤原
家族不利的政策。1086 年,白河上皇开"院政",严厉实施禁止庄园
令,进一步打击了藤原家族。虽然摄关政治持续到江户时代末期,
但藤原家族大权旁落。

图3 祭祀藤原家族创始人中臣镰足的春日大社主殿,著名的
观光地

道长之后第七代藤原家族分为近卫、九条、鹰司、二条、一条等
"五摄家",没有太大的政治影响力,特别是在战国时代,甚至沦落到
以批改和歌、连歌和抄写古籍为生。不过有时也会发挥某些作用,
例如丰臣秀吉特地成为近卫家养子才登上了"关白"的宝座。但直

到江户时代末期,在 137 家公家中,96 家出自藤原氏。在能够担任
朝廷大臣的 17 家公卿贵族中,14 家出自藤原氏,另外 3 家出自
源氏。

即使在明治维新以后,"五摄家"也位列最高的公爵等级,直到
麦克阿瑟进驻日本,贵族制度才得以废除。战时三任首相的近卫文
麿服毒自杀也许象征了这一点,尽管其外孙细川护熙在 20 世纪末当
过短暂的首相,但其下台后烧制的陶瓷器价格昂贵还是显示了其贵
族血统。直到今天,藤原氏的后裔每年一度在奈良春日大社(祭祀
藤原氏先祖中臣镰足)聚会,联络感情,其组织名称为"藤裔会"。正
因如此,有人称,日本不仅有"万世一系"的天皇家族,也有藤原家
族,应称为"万世二系"才对。

武士的起源与武家政权

武士、武家政权、中世、武士道,读日本历史时会经常遇到的词汇。那么,武士是如何起源的? 武士的出现是否作为中世的开端? 武家政权是如何形成的? 武士道到底是什么样的价值观念? 尽管书店里有新渡户稻造撰写的畅销书——《武士道》,但只是众多"武士道论"的一种。

图1　1899年出版的新渡户稻造《武士道》。他作为基督教徒,与美国教友结婚,该书在西方世界影响较大

有关武士的起源,通常有三种观点。一个观点是"在地领主说",即私有土地的开发领主成为对抗地方政权的武装大庄园主,平安时代中期出现在处于边境地带的关东地区。武士的出现,取代作为古代统治阶级的贵族与宗教势力,将日本社会带入中世发展阶段,也就是封建社会。其次一个观点是"职能说",即最初在京城以军事为专业的下级贵族或下级官员,受朝廷派遣到地方,将私人庄园的武装组织起来,变为专业的武人,最后演变成为平氏和源氏两大武士集团;另外一种观点是"国衙军制说",即武士来自国家军事制度。这种观点目前在日本学术界较为流行,下面基本按其思路加以介绍。

首先看看军人的起源。日本有史书可考的军人是 3 世纪到 7 世纪的古坟时代专门有以武力为大王服务的氏族集团,例如大伴氏、物部氏等,从名字上可以看出是伴随大王身边手拿兵器的家伙。在 7 世纪中期大化改新后,实施模仿唐朝府兵制的军团制度,成年男性均服兵役,每个国组成一个 1 000 人的军团。8 世纪末外来压力减弱,而且农民出身的士兵素质低下,结果军团制被废除,新设"健儿制"。也就是实施志愿兵制,由擅长骑马射箭富裕农民组成,每个国20 到 200 人不等,负责国府的警备和地区的治安。

上述军制因土地制度发生较大变化而衰落。大化改新时期日本模仿唐朝均田制实施班田制,按照人口平分土地,但实施不久就趋于崩溃,主要原因是人口增加后土地紧缺。为鼓励开荒,天皇朝廷宣布"三世一身法",规定新开垦的土地可传三代,而后归公。该措施收效不大,因为随着归公期限的到来,土地会重新变为荒地。

因此,朝廷颁布"垦田永世私财法",即根据身份地位,开垦一定数额的土地可永久私有。

这些土地作为私有财产慢慢变成庄园,所有者成为领主。为保护自己的财产,这些领主或者武装庄民,或者雇佣武人,逐渐出现舞刀挥棒的军人。另一方面,贵族们拼命嫁女儿给天皇,于是皇子皇孙成群。为了维持他们生计,赐姓降为臣籍,发放地方做官。任期届满也不回京城,开垦或圈占土地,除自己演练武艺外,更是养兵自重,遂成为一方诸侯。

由于这些私人武装之间经常发生冲突或者对抗地方政府,朝廷颁发"追捕官符"给国衙,国衙设置"国押领使"作为军事长官,率领庄园的私人武装对叛乱者实施镇压,这就是所谓的"国衙军制"。这些私人武装成员因镇压叛乱有功受到奖赏,并封给贵族称号,成为武士阶层的母体。武士不仅担任各级官吏,也拥有自己的土地,逐渐在地领主化。

其后逐渐按照血缘、地缘、主从关系结成武士团。首先是按照族长、儿子、家人、下人、随从的顺序,组成一个小型军事组织机构。族长为武士团首脑,儿子、家人是武士,下人、随从是侍侯武士的农民。其后为扩大自己的势力,各个庄园的武士联合起来,逐渐形成地域性(国)的武士集团,受"国押领使"的指挥。

由于平氏、源氏经常被朝廷任命为"追讨使"出征地方,平息叛乱,因而终止了国衙军制。无论是平氏,还是源氏,都是天皇的后代,是不同的天皇赐姓给他的子孙后放到地方为官。其背景强大,逐渐成为武士团的最高首领。

　　最初平氏占据关东地区,也就是今天的东京及其周边地区,势力很大,10 世纪初家族内部发生战争,平将门把家族其他成员打败,自己称天皇,结果被朝廷军队打败。11 世纪初平氏家族再次出现叛乱者,朝廷派源氏家族成员前往镇压,结果源氏家族成为关东地区的最大势力者。与此同时,平氏家族的另外一支在关西地区(今天的京都附近)成为武士团的首领,形成东西两大武士集团。

　　几次地方武士的叛乱使中央贵族和各级官府认识到地方武士的厉害,于是将他们作为自己的侍卫和国府之兵,天皇也是如此。特别是到 11 世纪末,天皇为打击藤原家族,实现天皇亲政,自己退位作为上皇,另辟院厅处理政务,也就是历史上的"院政政治"。其力量基础就是设置"北面武士"和"武者所"等机构,即任命源、平武士团为护卫。

　　院政政治在武士的支持下持续了百年,但显然是引狼入室,养虎遗患。最初源、平两大武士集团卷入皇室的争斗中,但很快直接对决。最初平氏家族获胜,几乎将源氏家族成员全部杀掉,只是将几个男孩流放地方。其中 13 岁的源赖朝被流放伊豆半岛,长大成人后联合地方武士集团起兵反对平氏政权。经过苦战,最后彻底打败平氏。

　　1192 年,天皇任命源赖朝为征夷大将军,正式成立武家政权——幕府,因其设在关东地区的镰仓,因而称为"镰仓幕府"。征夷大将军的来源是在奈良时代朝廷为扩大统治疆域,派军队征讨本州岛北部的少数民族,通常率领一军为征夷将军,率领三军是征夷大将军,最初是临时任命,战事结束后收回。武家政权成立之后,尽管天皇朝廷政权还存在,但征夷大将军和幕府成为统治日本的最高权力者和权力机构。

那么，幕府是怎样统治整个日本的呢？设在镰仓的幕府中央机构有统率"御家人"的"侍所"、处理行政事务和财政事务的"公文所"、相当于司法机构的"问注所"等，其长官均由源赖朝的亲信担任。对地方的统治是将军派遣自己的亲信也就是"御家人"到各地任国的"守护"和庄园的"地头"。守护平时的职责为监督区域内的御家人定期到京都或镰仓担任警卫、逮捕谋反者和杀人犯，行使警察权；战时的职责是率领任职国的御家人为将军作战。地头的职责是督促土地耕种者向领主或国衙缴纳租税，同时也负有镇压庄民反抗以及追捕强盗、维持治安的任务。

由此可见，镰仓幕府的统治基础是"御家人制度"。御家人是在源平战争中同源赖朝结成主从关系的武士，即其家臣。本来这些武士是各地的在乡领主，源赖朝为得到他们的长期效忠，明确承认并保护他们原有的土地所有权，另外根据战功授予新的领地。为此，御家人要无条件地服从主君源赖朝，并在战争中为其出生入死，从

图 2　镰仓时代的武士

而形成主君赐予并保障武士的地位与财富、武士向主君付出忠与死的主从关系。

1860年，明治维新前夕山冈铁舟撰写了《武士道》一书，从神道、儒教、佛教融合的视角论述中世以来的武家思想，使"武士道"一词的最早出现在公众眼中。可是，武士道也有不同的时代特色。镰仓幕府专门制定称为《御成败式目》的武家法规，由51条组成。"成败"

是处罚的意思,"式目"是法令的意思。这一法规以简单易懂的语言概述了行政、司法的规则以及武士应遵守的行为准则和道德规范,其中要求各级武士严守自己的职责,向公背私,不得越权妄为等;在群雄争霸的战国时代,旧主、新主更替频繁,武士们从自身利益出发,强调"为自我献身",而不是"为主君尽忠"。

室町幕府尚未建立时足利尊氏就制定了显示其执政方针的《建武式目》,由 17 条组成,其内容包括禁奢侈,行俭约;镇暴行,止贿赂;戒官员缓怠,选贤者为吏;京中空地归还原主;受理贫弱之辈的诉讼;兴办专营金融借贷的土仓等,实际上也是武士应遵守的道德规范。

虽然武士道一词在江户时代正式出现在典籍之中,但和平年代传统武士被迫转型为行政官吏,要求具备治民才干,原始武士道改造成新的"士道",文武兼修、重义轻利成为武士的道德规范。因此,主张以死效忠的《叶隐》(山本常朝著,成书于 18 世纪初)列入禁书,只能在民间秘密流传。

明治时代初期,由于武士阶层解体,无人提及武士道,但甲午战争中,日军实施旅顺大屠杀,被西方媒体报道为野蛮民族。作为其辩护,新渡户稻造在1899 年用英文出版《武士道》一书,向西方世界展示日本民族的"优秀特质",阐明也具有与西方基督教传统类似的优秀的道德体系,这一体系就是"武士道",其内涵是"义、勇、仁、礼、诚、名誉、

图3 武士装扮的福泽谕吉,其出身于下级武士家庭

忠义、克己"等。

由于新渡户稻造的《武士道》是写给外国人看的，当时日本国内就有人也写了相同的书，批评新渡户稻造的观点，这就是大名鼎鼎的哲学家井上哲次郎的《武士道》。

大规模对外侵略战争时期，日本军部大肆鼓吹《叶隐》主张的武士道，其目的是鼓励士兵甚至平民为天皇献身，形成法西斯武士道精神。战后，新渡户稻造的《武士道》自然又重新成为日本武士道的主流，其肖像还印在 1984 年版 5 000 日元的纸币上。

进入新世纪以后，或许日本政府也觉得武士道终究不太符合时代潮流，于是明治时代的女作家樋口一叶取代了新渡户稻造，登上5 000 日元的纸币，反而现实中日本正在追求军事大国化。

最后是武士与中世的关系。过去的通说是将镰仓幕府成立的1192 年到室町幕府灭亡 1573 年作为中世，其中以南北朝为界，分为中世前期和中世后期。这种政治史式的划分既有别于天皇朝廷统治的古代，也有别于即使同样的武家政权但为中央政权支配的近世。

平安时代末期，朝廷的统治遭到在地领主（武士）的反抗而陷入危机，源赖朝利用保障原有领地的方式与在地领主结成主从关系，通过向庄园派遣地头的手段将大部分在地领主纳入幕府的政治体制。室町幕府时代守护大名通过军事指挥权与截留领地半数收入扩大权力，同时将朝廷土地的国衙领地转化为大名领地，形成"大名领国制"，其后进一步独立化成为战国大名。

有学者批评上述观点过于政治化，如果考虑到庄园公领制，实际上从 1100 年开始的院政时代进入中世时期，甚至有学者主张中世开始于 900 年左右平安中期。至于中世与近世的界限,也有不同的观点,织田信长进入京都的 1568 年、"太阁检地"实施以及丰臣秀吉统一日本的 1590 年、德川家康成立江户幕府且幕藩体制形成的 1603 年等。

实际上,"中世"一词来自欧洲史学。1906 年,西洋史学家原胜郎的《日本中世史》最初使用这一词汇,主张日本也像西欧那样具有封建社会,其背景是经过甲午战争、日俄战争后的日本民族自豪感急剧增长。战后有关封建制的讨论更为激烈,但有学者提出中世未必是完整的武家政权,而是武家、公家、寺家构成三足鼎立、相互补充的"权门体制"。尽管该学说受到较多的批判,但直到 21 世纪初仍有学者坚持其观点。

确实如此,从平安时代中期开始,寺院的不满、武士的兴起、寄进庄园的增加,相互之间的矛盾与冲突,作为摄关政治最鼎盛时期的藤原赖通也难以下手,只好推给天皇加以处理。天皇动用武士才将寺院的骚乱、关东地区的叛乱平息下去,这也是"院政政治"形成的社会基础。

因此,按照最新版《岩波讲座·日本历史》的解释,1068 年后,三条天皇即位,既是中世社会的开端,也是权门体制的起点。无论如何,"院政体制"标志着武家正式走上历史舞台,因而进入了一个崭新的时代。

后醍醐天皇与南北朝时代

日本是世界上唯一使用君主年号的国家,2019 年明仁天皇退位,皇太子德仁即位,成为历史上第 126 代天皇,因而也是平成时代的结束,令和时代的开始。从理论上讲,从第一代神武天皇在公元前 660 年即位以来,天皇家族一直是日本列岛的最高统治者,真可谓"万世一系"。延续如此之长的时间也是世界上绝无仅有,其中一个很重要的原因是权威与权力的分离。

尽管权威与权力都是影响力,但其性质截然不同。权威不带有强制性,通过门第、血统、言行等影响他人改变行为;权力带有强制性,可以对那些不服从者给予惩罚且带来损失。亚里士多德说过,"权威与权力分离得越彻底,权威保持的时间越长",也许这是天皇家族一直保持下来的基本原因。

纵观日本历史,天皇也不尽然全是权威性人物,在历史上也曾权倾一时,甚至为恢复权力而去武力斗争。1221 年,后鸟羽上皇为夺回权力曾发动倒幕的"承久之乱",但不堪一击,不仅天皇换人,包括后鸟羽上皇在内的 3 个上皇均被流放到荒岛上。

当然,反抗幕府最为不屈不挠的是后醍醐天皇。后醍醐天皇在历史上属于皇族中的另类,因为在武人掌握政权成为社会共识之后,其恢复皇权行动在当时也被看作"谋反",由此导致数百年的皇位正统之争,甚至在战后初期出现了争夺皇位的平民人物。

尽管天皇家族成员没有姓氏,只有两个字的名字,而且从 10 世纪第 70 代后冷泉天皇开始,历代天皇的名字均带有"仁"字。但从后鸟羽天皇到后龟山天皇之间的 8 代天皇却没有该字,其中包括后鸟羽天皇及其子孙顺德天皇与仲恭天皇、后宇多天皇的 2 个儿子后醍醐天皇与后二条天皇、南朝的另外 3 位天皇,例如后鸟羽上皇的名字为"尊成"、后醍醐天皇的名字为"尊治"等。

后鸟羽天皇是源平之争中最后沉海自杀的安德天皇的同父异母之弟,作为安德天皇的外祖父,平清盛没有打算立尊成为天皇,所以没有给他起带"仁"的名字。崇拜后鸟羽天皇的后宇多天皇也没有给自己的两个儿子起带"仁"的名字,期望他们能够像后鸟羽天皇那样具有推翻幕府的信念和行动。

天皇带"后"字的谥号较多,大体上有三种类型,一是父子关系,例如一条天皇与后一条天皇;二是居住同一地方,古代日本人相信死魂会传给活人,所以皇太子继位后很少入住前天皇宫殿,而是将自己的住处作为新宫殿。木质房屋寿命 30 年,经常需要在旧宅地上盖新房,前天皇的谥号同时也继承下来;三是工作类似或志向相同。后醍醐天皇属于第三种类型,希望自己像 10 世纪末的醍醐天皇那样亲掌大权,没有摄政、关白,于是打破死后追赠谥号的惯例,生前亲自决定为"后醍醐"。

当然,后醍醐天皇反抗幕府也有资本——身强力壮,子女众多。1318 年,后醍醐天皇即位,正值 31 岁大好时光,已有 17 个皇子和 15 个皇女。人多势众,欲望自然就大,而且深受大陆宋朝朱子学"大义名分"的影响,追求君臣之道。即天皇是最高统治者的君主,将军只是为天皇服务的臣下,因而应该恢复天皇直接统治天下的局面。

另外,自己的儿子不能直接继承父辈皇位也是后醍醐天皇倒幕的原因之一。尽管"承久之乱"后朝廷仍然是上皇主持院政,但幕府决定皇位的继承以及主持院政的上皇。但围绕皇位及皇室所属庄园的继承,皇室逐渐分为持明院系及大觉寺系两派。两派协商决定轮流出任天皇,幕府也表示不再干预皇位的继承。

1308 年,持明院系的花园天皇即位,立大觉寺系的后醍醐为皇太子,十年后让位。最初三年由后醍醐天皇的父亲后宇多法皇(进入寺院的天皇)实施院政,其后亲自掌权,录用政治人才,利用幕府权威下降、"恶党"(强盗)盛行之机秘密进行武力倒幕活动。

图 1　后醍醐天皇(1288—1339 年)

为达到推翻幕府的目的,后醍醐天皇无所不用其极,首先解散传统的合议体制,采取恐怖的专制制度,而且重用异端佛教人物。该宗派信奉"男女交合淫欲极端便成佛",其举行的"无礼讲"经常是男女裸体饮酒欢乐,但其中的一个重要工作是祈祷佛力降伏幕府。因此,后醍醐天皇更多的是利用"无礼讲"这种秘密结社的形式进行倒幕活动,但幕府很快嗅到其中的味道,将天皇的两位宠臣逮捕,并流放到佐渡岛,时为 1324 年。

后醍醐天皇毫不灰心，再接再厉，再加上数次立自己儿子为皇太子的计划均被幕府拒绝，更是怀恨在心。反正儿子多，用起来方便。先是派两个儿子到佛教圣地延历寺发动僧兵反对幕府，计划再次泄密，被迫逃出京都。恍惚之间梦见大树下有面南的空椅，自己圆梦为"楠木"，并得知附近有一"恶党"首领楠木正成。晋见天皇后，楠木保驾心切，遂以游击战的方式对幕府开战。但幕府很快抓到后醍醐天皇，这一次毫不客气地将其流放到海岛上，数名近臣被斩首，持明院系的光严天皇即位，时为1331年。

尽管如此，各地武士的反幕府运动开始高涨。在荒岛上闲待了近一年的后醍醐天皇寻求机会逃到伯耆（今岛根县），并集结了许多武士。镰仓幕府在1333年派大将足利高氏前往镇压，但其在路上反戈一击，转而支持后醍醐天皇。结果镰仓幕府灭亡，后醍醐天皇回到京都，废光严天皇，重登皇位，改元"建武"，实施新政。

新政不到三年便告失败，其原因是权力过于集中，听信后宫谗言，赏赐严重不均。重要的政务完全由天皇本人决定，并亲自签发每份土地所有权证书，难以做到客观公正，有些费力不讨好；其次，赏赐不均，对朝廷公卿贵族赏赐较多，对立有战功的武士却赏赐较少，其做法引起武士的强烈不满；更为重要的是，武士拥有绝大多数军事力量，并控制着地方统治权力，正所谓尾大不掉；另外，后醍醐天皇还计划大兴土木，修建内宫，为此广征赋税，引起民众的不满。

足利高氏反戈一击使得后醍醐天皇倒幕成功，后醍醐天皇将自己名字中的"尊"字赐给足利高氏，成为足利尊氏。但尊氏希望担任征夷大将军的要求遭到后醍醐天皇的拒绝，双方最终翻脸，经过几次较量,尊氏占领京都。尊氏废黜后醍醐天皇,另立持明院系的光明天皇即位,1338年正式得到"征夷大将军"的称号,开创室町幕府。

在此之前的1336年,被废黜的后醍醐天皇男扮女装坐着牛车逃出京都,在奈良南部的吉野山组成另外一个朝廷,并声称自己拥有真正的三件神器(镜、剑、玉),因而是皇室正统,从而形成南北朝对峙局面。尽管最新的《岩波讲座·日本历史》没有出现"南北朝"的字眼,建武新政后直接进入室町时代,但南朝在历史上地位还是不能忽略的。

年轻时的后醍醐天皇精力旺盛,多才多艺,执政后专心公务与诉讼,也是书法家、茶道师、音乐家、学者、艺术家、收藏家。但长年的奔波严重地损害了其健康,南朝建立三年后的1339年,后醍醐天皇刚过50岁就去世了。作为对手的足利尊氏对其也十分敬重,特意修建著名的天龙寺,祈祷冥福。

该寺在著名的造园大师梦窗疏石提议下建造,因为后醍醐天皇为其弟子。作为临济宗大师,梦窗疏石修建的该寺庭园作为古京都的一部分,在1994年成为世界文化遗产。

图2 天龙寺庭园

但战后日本学界基本上对后醍醐天皇及其实施的新政持否定性评价，即认为其具有独裁性君主性质，是违背历史发展潮流的政策，这种观点基本来自佐藤进一在 1965 年出版的名著《南北朝的动乱》。

最初两年南北朝尚有战事，但南朝的大将相继战死，后醍醐天皇去世后，南朝失去与北朝对抗的实力。但因足利尊氏兄弟争权夺利，南朝又坚持了数十年。幕府成立之初，将军足利尊氏作为最高的统治者执掌恩赐、军事大权，其弟足利直义行使政务实权，但两人因统治理念的差异而发生冲突。前者主张尽快建立全国性武家政权，后者希望在协调的基础上渐进统一，足利兄弟之间的矛盾后来发展成全国性的动乱，并轮流与南朝合作。

足利家族内部混战的背后是武士家族结构的变化。在从过去的分割继承制向单独继承制过渡过程中，以家族关系为基础的"惣领制"逐渐瓦解，由此产生了以地缘为基础的武士团，相互之间为争夺地区的主导权而战。即使在武士家族内部也是如此，从而使整个社会处在不稳定状态。直到第三代将军足利义满 1368 年执政后，采取各种措施成功地削弱了称霸一方的守护大名势力，并将各地武士编入幕府任命的守护大名之下。在逐步巩固幕府统治的同时，使南朝丧失了抵抗幕府的社会基础。

1392 年，足利义满呼吁南北朝统一，并得到南朝的积极反应。南朝后龟山天皇回到京都，将象征天皇权威的三件神器交给北朝的后小松天皇，长达半个多世纪的南北朝对立基本结束。但幕府并没有履行两派皇室轮流出任天皇的约定，而是以不断让南朝皇族成员出家为僧的方式使其不能继承皇位,甚至派遣刺客暗杀,结果引起南朝皇族的怨恨和反抗,成为室町时代始终难以稳定的一个原因。

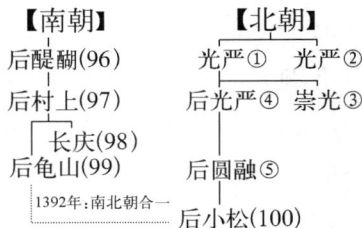

图 3　南北朝皇位传承

尽管后醍醐天皇没有达到自己毕生追求的目标,但其历史影响深远。其中之一便是天皇彻底告别权力,成为最高的权威性精神领袖。即使在近代《大日本帝国宪法》中,规定天皇拥有各种最高权力,实际上,正如这部宪法制定者最初设想的那样,"天皇离政治越远越好"。

另外一个历史影响是正统之争。最初提出南朝正统论的是江户时代水户藩主德川光国主导编写的《大日本史》,其理论根据便是拥有三件神器。由于明治天皇属北朝系统,因而在近代初期,无论官方还是民间,均主张两朝并立论。

1911 年,政府为压制社会主义者,捏造了暗杀天皇的"大逆事件",但主犯幸德秋水在法庭上辩护说,当今天皇是窃取神器的篡位者子孙,因而刺杀明治天皇无罪,结果引起轩然大波。狼狈不堪的政府只好动员天皇出面,裁决南朝为正统,北朝历代天皇不列入皇位系谱,仅享受皇室待遇。

受其影响,战争结束后的 1946 年,昭和天皇在新年致辞中宣布自己是人而不是神,结果引出许多皇位竞争者,主张自己是南朝天皇的后代,有充分的理由继承皇位。其中最具影响的是名古屋杂货店经营者熊泽宽道,提出不少史料证据,占领军也推波助澜，媒体大肆炒作，追随者众多。最终闹上法庭，结果不了了之。

概括地讲，天皇在历史上也曾亲自执政，但时间较短，大多以精神领袖的权威性人物存在，关键时候也能发挥作用。例如明治维新时作为倒幕的旗帜、战争结束时能够顺利地向盟国投降等，直到今天仍对日本社会发挥着较大的影响。

首先，从理论上讲，天皇家族具有 2600 多年的历史，一直延续下来，已经深入日本人的意识和行为，各种大事均与天皇家族息息相关，例如日本高速增长时期有四次繁荣，除一次以奥林匹克运动会命名外，其他三次均以古代天皇家族的神话命名，例如神武景气、岩户景气、伊奘诺景气等。正因如此，包括战后初期及最近的多次民意测验，结果表明赞成保留天皇制的日本民众均高达 80％以上。

其次，目前实施的《日本国宪法》明确规定，天皇是日本国的象征，是日本国民整体的象征，是实际上的国家元首，如接受外国使节的国书等。

第三，天皇及皇室成员的一举一动均起到社会表率的作用。皇宫里到现在仍有水田和养蚕室，天皇每年要插秧和割稻，皇后要养蚕缫丝。天皇出席各种纪念活动，特别是大地震发生后，天皇和皇后都要赶赴当地，握住一个个灾民的手慰问和鼓励他们，场面十分感人，普通民众觉得天皇是值得尊敬、依靠的对象。

第四，执政者们也会有意识地利用天皇权威加强自己政权的合法性和稳定性,例如安倍晋三内阁大张旗鼓地举行天皇即位仪式,并且在天皇即位致辞中用"遵照宪法"取代上次天皇致辞的"守护宪法",反映了安倍首相迫切修改宪法的心情。

室町时代:日本文化的形成

日本史学大家内藤湖南曾说过,研究日本历史知道室町时代之后就完全可以了,因为以前的日本完全如同外国一样。"应仁之乱以前的事,我们只会觉得和外国历史一样,而应仁之乱以后的历史才是与我们的身体骨肉息息相关的。"因为日本现在的生活方式、传统戏剧、社会文化大多源自室町时代,例如建筑、花道、茶道、水墨画、能剧、狂言剧、庭院,包括食吃的酱油、砂糖、馒头、豆腐等,都是从这时开始出现,确立日本文化核心的北山文化、东山文化在此时形成,而且这一切又与室町时代的两个将军相关。

室町时代又是一个特别混乱的历史阶段。室町幕府共有 15 代将军,年纪轻轻死于非命者居多。第一、二代将军尊氏、义诠掌权时处在南北朝混战时期;第三代将军义满东征西讨外加阴谋诡计,终于统一日本,赢得 235 年整个室町时代唯一的稳定时期;第四代将军义持终止与明朝的关系,在其子第五代将军义量酗酒死亡后再次任将军,但未选择后继者便去世。已经出家为僧的义教抽签当上将军,但这位高级别和尚却喜欢搞恐怖政治,弄得人心惶惶,最后为家臣所杀。

义教长男义胜 7 岁当将军,天性顽皮,10 岁坠马而死,其弟义政继任将军,当时也只有 7 岁,执政时间较长。但先是将将军职位让给其弟义视,后又传给其子义尚,为争夺将军职位展开十年内战。第

11代将军为义视之子义植,但很快为义澄所取代。义辉任第13代将军,擅长剑道,为恢复将军权威而常插手大名之间的纠纷,结果为京都恶霸袭击而死,搏斗中曾斩敌数十人。义辉堂弟义荣为第14代将军,织田信长进京都,拥立流亡中的义昭为15代将军,但义昭暗地里联合其他大名反织田,1573年被织田所废,室町幕府最终灭亡。义昭流亡地方,后以僧人身份回到京都,去世时享年61岁,是历代将军中最高寿者。

无论从政治、经济上看,还是从社会、文化上看,室町时代确确实实是日本历史上的转折时期,处在中世前期向中世后期过渡,自然混乱异常。具体地说,政治上武家政治彻底取代公家政治,经济上领主制彻底取代庄园制,社会上从分割继承制向单独继承制转化因而导致家族关系迅速向地缘关系过渡,文化上融合贵族文化、武家文化、大陆文化、平民文化的日本传统文化逐渐形成。与其相伴的是京都公武统治者骄奢淫逸,政治混乱,中层的武士领主们相互争夺地盘,混战不已,下层平民百姓却穷苦不堪,灾害连连,不断起来斗争,进一步加剧了社会的动荡。

中国改革开放之初,日本的动画片风靡华夏大地,其中有一部《聪明的一休》,剧中与一休演对手戏的就是第三代将军足利义满。为衬托一休的聪明,动画片中的将军十分愚蠢,实际上,义满是室町幕府15个将军里面最有能力的政治家。不仅因其将府邸迁往北小路室町而被称为"室町殿",其后成为专指将军的称呼,后世也因该地名将其时代称为"室町时代",而且权力之大前所未有。作为武人,义满继平清盛之后第二个成为太政大臣,作为幕府将军则为第一人；不仅得到"准三后"（仅次于太皇太后、皇太后、皇后）的待遇，而且死后获得朝廷颁发的"太上天皇"尊号，直到今天日本学术界仍然争论足利义满是否具有篡夺皇位之心。

足利义满的丰功伟绩至少体现在四个方面。一是南北朝的统一，南朝天皇回归，北朝天皇执政，为控制天皇，将其子软禁在寺院里作人质，这就是一休故事的来源。据考证，该故事是根据后世的传说、演义而形成，两人甚至没有打过照面；二是利用各种手段打败各地的大名，统一了日本，真正树立了幕府的权威；三是积极推动与明朝的官方关系，不仅"称臣入贡"，

图1　后小松天皇之子一休宗纯铜像，在一休创建的酬恩寺附近车站。因1975年到1982年连续播放的296集动画片《聪明的一休》而闻名世界

而且进行"勘合贸易"；四是创造了北山文化，因义满在京都北山山庄建造豪华的将军府邸而得名。其特色是公家文化与武家文化的相互融合，以及大陆禅宗文化的深刻影响。这一特色在很大程度上是武家文化贵族化的结果，因为足利尊氏将其开创的幕府设在京都，从中体现了足利家族对宫廷贵族生活的追求。

集中体现北山文化的建筑物是金阁，为传统贵族统治时代结构复杂的宫殿式风格与禅宗寺院简洁实用的书院式风格相结合的产物，书院式风格是指建筑物中配有悬挂字画的壁龛以及书架、书桌的房间。金阁最初为北山山庄的佛殿，三层楼阁式建筑，一层是平

安时代朝廷贵族的寝殿式风格，二层是镰仓时代的武家住宅式风格，三层是禅宗的书院式风格，西侧有水阁式建筑。足利义满去世后，北山山庄改名为"鹿苑寺"，后来因金阁而称为"金阁寺"。

图2　金阁寺中的金阁，该寺属临济宗相国寺派系。1950年烧毁，1955年再建，1994年成为世界文化遗产

　　尽管禅宗是由中国大陆传到日本的宗教，但在日本形成了自己的风格。中国禅宗注重心性，即直指人心、见性成佛，日本禅宗崇尚自然，即坐禅苦修、言传意会。铃木大拙写有《禅与日本文化》，讲的是禅宗与日本方方面面的关系，例如禅与艺术文化、禅与武士道、禅与茶道等等。在日本，禅宗被称为"武士的宗教"，其视死如归、生死一如思想对武士的忠孝、武勇和不畏生死的精神影响很大。

　　"五山制"在足利义满执政时期得到完善，也就是在京都和镰仓分别规定五个寺院为禅宗最高寺院（京都为六个寺院，义满将自己建造的相国寺放在第一位，临济宗大本山南禅寺作为最高规格对待）。"五山"寺院的禅僧精通中国文化，不仅将禅宗精神融入水墨画、建筑物中，而且还创作了大量的汉诗、日记、语录、文章等文艺作品，被誉为"五山文学"。前者的代表作有如拙的《飘鲇图》、司文的《寒山拾得图》、永保寺开山堂等，后者的代表人物有绝海中津、义堂周信等。

在民间艺术"猿乐""田乐"的基础上，出现了称为"能"的艺术形式，其高度程式化的情节通过音乐、舞蹈、诗歌、服饰等表现出来，讲述古代武士、鬼魂和冤妇的故事。演出时演员带有各种面具，其动作缓慢而有节奏，"我孤独寂寞，似苇叶飘零，与溪水相约，定将随它而去"，具有某种禅宗精神的台词吸引了将军与权贵。能最初经常为建造寺院募集费用，因而在寺院的保护下结成剧团"座"。其后逐渐形成观世座、宝生座、金春座、金刚座四大能剧团。观世座的著名演员观阿弥、世阿弥父子受到将军足利义满的支持，不仅写有许多剧本和《风姿花传》《花镜》等理论书，大大提高了能的艺术性，而且观世座的艺术风格成为能剧的主流。

在建筑物方面，代表性作品有池泉回游式的庭园"西芳寺"，其林中小径、木屋及流水的形式反映了追求空寂、幽静的禅宗精神。

尽管室町幕府第八代将军足利义政在职期间基本不务政事，而且也爆发了几乎将京都化为灰烬的"应仁之乱"（本来内定义政之弟义视为下一代将军，但义政之妻日野富子生子义尚后推翻先前决定，立义尚为下一代将军。掌握幕府实权的细川胜元、山名宗全因双方矛盾而分别支持一方，明争暗斗，其他幕府高级官员和各国守护也因家族内外矛盾加入进去，最后形成两大武装集团，终于在

1467 年爆发长达十年的大规模内战），但这位热衷于艺术与娱乐的将军不仅在京都东山建造了具有特色的府邸，同时也推动形成了著名的东山文化。虽然这一文化带有浓厚的武家文化色彩，但在大陆文化、传统文化、地方文化的影响下，同时融合了贵族文化以及平民文化，逐渐形成了流传至今的日本民族文化。

北山文化最为著名的代表性建筑"银阁"是传统文化与禅宗文化结合的典范，原为东山山庄的佛殿。该两层楼阁建筑当初称为"观音殿"。上层是禅宗风格的潮音阁，下层是书院风格的心空殿。足利义政死后，银阁寺成为禅宗的慈照寺。具有用木板隔出不同的房间、地板全部铺有草垫、装饰天花板、透明度较强的拉门等特征的书院式建筑成为延续至今的日本式住宅建筑。

图 3　银阁寺中的银阁，与金阁、西本愿寺飞云阁并成为"京都三阁"

具有禅宗特色的庭园在此时大量建造，例如在书院式住宅和禅宗寺院中，以岩石、沙砾构成的枯山水式庭园或者青翠花园、曲径通幽式庭园均体现了"山水草木悉皆成佛""枯淡幽寂、简素闲静""无心""宗法无门、千径相连、悟得此道、达天通地"的禅宗精神，其代表性建筑有大德寺的大仙院、龙安寺的石庭等。

另一方面，禅宗强调与大自然统一的主张适应了日本的传统，在庭园艺术上巧妙地与自然环境融为一体的建筑风格也是东山文化的一个重要特征，被称为"借景"的这一特征至今仍影响着日本人的生活方式。

在这一时期，日本的绘画艺术有了较大的提高。曾游学明朝的雪舟创造了日本水墨画的技法，其代表性作品有《四季山水图卷》《秋冬山水图》《天桥立图》等。另一方面，狩野正信、狩野元信父子在水墨画中融入传统的大和绘技法，形成了被称为"狩野派"的日本画流派。其强烈的装饰风格通常以金色为背景描绘四季变化中的大自然，由此构成的山水壁画异常精美，光彩夺目。

被视为日本传统文化代表的茶道以及花道也在这一时期逐渐奠定基础。村田珠光首创在简朴的茶室中追求心静的清寂之茶，经武野绍鸥的传承后，战国末期的千利休确立了融入禅宗精神的茶道艺术。花道为插花艺术，由佛前供花而来，多用于装饰书斋、客厅，逐渐演变成一种欣赏艺术，并渗透到平民生活中。

平民文化在室町时代末期也兴盛起来，例如出现了穿插在能剧幕间演出的滑稽戏"狂言"。与能注重歌舞不同，狂言则着重模仿，其题材也大多来自民间，并使用日常会话，因而深受平民的喜爱。由于以连歌为职业的连歌师云游四方，其内容也逐渐生活化，因而在民间流行开来。另外也出现了一种图文并茂的民间故事书《御伽草子》，其中《一寸法师》《浦岛太郎》等流传至今。

为什么在政局不稳、社会混乱时期反而出现了文化的繁荣？其中有几个方面的因素：

首先，也许正是社会混乱，生命无常，刺激了人们对精神与文化的追求，正如在能剧、狂言、茶道、花道、庭园等艺术中体现出来的孤独、寂静之意境那样；

其次，足利家族追求时尚，特别是两位幕府将军的大力推动，出现了北山文化与东山文化。尽管北山文化优美华丽，东山文化简练质朴，但均受到公家文化、武家文化、禅宗精神的影响与融合，并渗透到民众文化中，成为今天日本人日常生活的基础，因而日本史学界一般将北山文化、东山文化通称为室町文化；

第三，大陆文化的影响，宋元时期中国大陆王朝与日本没有官方关系，但双方的商人、僧人往来频繁，特别是僧人，他们带去大陆的朱子学、禅宗与饮茶习惯，对日本影响很大。正是在这些因素的推动下，充满禅宗意味的建筑、庭园、茶道、能剧与狂言等日本独特文化发展起来。

战国时代与战国大名

对于国内的电子游戏爱好者来讲，日本京都的任天堂耳熟能详，虽然该厂家是诞生于 1889 年的老企业，但与时俱进的风格很强，20 世纪 70 年代以后开发的以电脑为依托的电子游戏机风靡世界。也许冷兵器比较适合电子游戏，以日本战国时代故事做游戏内容的软件不少，以至于中国的青少年谈起那段历史也是眉飞色舞。

在日本历史上有一段时间称为战国时代，笼统地讲是从 15 世纪末到 16 世纪末，由于幕府的权威坠落，地方上的最高长官守护大名从半独立的地位演变为割据一方的战国大名，为扩大领地，相互之间征讨，战事不断。尽管当时的公卿贵族在日记中记述"如战国一样"，而且在江户时代的畅销书《日本外史》里也曾出现"战匡"一词，但真正将其作为日本历史的一个时代是在明治维新近代史学形成以后。

从绝对时间上看，学术界对战国时代的起止年代尚有争议。过去一般将应仁之乱开始的 1467 年作为战国时代的开端，但该事件之后幕府的权威尚存，因而目前较为主流的观点是 1493 年的"明应之变"，当时幕府最高官员（管领）细川政元与八代将军之妻日野富子联手赶走十代将军足利义植，扶植足利义澄为十一代将军，自此以后将军成为畿内地区控制者的傀儡，而且细川政元彻底平息了领地上的农民骚乱也是一个时代终结的标志。

至于战国时代的结束时间众说纷纭,最早为织田信长推举足利义昭进京都做将军的 1568 年或室町幕府灭亡的 1573 年,持该观点者大多主张其后划为安土桃山时代,即织田信长与丰臣秀吉的织丰时代,但也有主张到丰臣秀吉统一日本的 1590 年或 1600 年决定德川家康夺取天下的关原之战,甚至还有 1615 年消灭丰臣家族的大阪之战、1637 年德川幕府镇压岛原叛乱等,因侧重的历史事件不同导致观点相异。

内藤湖南所谓"日本史自应仁之乱后"的观点对后来的历史学影响甚大,除去外来影响之外,也是政治、经济、社会、文化等领域的断层。当时的军事物语《应仁记》诉说"佛法王法均灭",即包括权门体制(公家、武家、寺家等三种政治势力相互补充且制约平衡的政治体制)在内的所有体制均在那场内战中崩溃了。

和辻哲郎在战后初期也指出,"应仁之乱后日本的统治阶层进行了更替",但也有学者认为划时期改变是在战国时代结束。例如 1953 年安良盛昭发表的论文《太阁检地的历史性前提》,不仅普及了"战国大名"这一概念,而且提出丰臣秀吉之后才为封建社会的冲击性观点。但在最新版的《岩波讲座·日本历史》有关这一时期的论述中,已不见"战国大名"的字眼,而是被"地域权力"所取代。

如果这样的话,其重点在于战国时代带有浓厚的"下克上"色彩,即身份低甚至无名之辈取代身份高的人做某个地区甚至整个日本的统治者。除冷兵器时代战场激烈画面的刺激之外,能够以武力、智力甚至是阴谋诡计达到地位迅速上升的目的机会非常多。由此，人们感到命运的无常，也是人们热衷战国时代的主要原因。

如同前述，战国时代割据一方的统治者称"战国大名"，而战国大名是从守护、守护大名发展而来。镰仓幕府时期，将军派遣其亲信御家人到地方最高行政区划的"国"做守护，从其名也可以看出是保卫一方水土的安全。守护平时的职责为监督区域内的御家人，定期到京都或镰仓担任警卫，逮捕谋反者和杀人犯，行使警察权；战时的职责是率领任职国的御家人为将军作战。在镰仓时代，尽管朝廷任命各国的国司，但守护可以向国衙的官员下达命令，因而也具有较强的行政权，后来逐渐演变成一国的实际统治者。

到室町时代，守护的权力逐渐增大，可以调查处理有关领地纠纷或领地继承以及执行幕府诉讼案件裁决，有权以"兵粮米"的名义征收公家领地、庄园和寺院领地的半数税收，可获得任职国的半数土地。结果，庄园、公家领地也成为蚕食的对象，承包其任职国内上缴幕府的年贡以及在其管辖区域内征收土地税、房税及其他赋税，而且守护身份可以世袭，因而称为"守护大名"。

在室町时代末期，由于幕府将军的权威骤然下降，于是守护大名变成了割据一方的战国大名。"战国大名"与"守护大名"不同。守护大名是幕府任命的，虽然在其管辖区域内有一定的独立性，但终究要受到幕府的制约。战国大名是独立于幕府统治体制之外，以军事力量为基础，将其管辖的区域变成独立王国，而且相互之争，扩大自己的领地。

　　具体地说,在室町幕府时期,将军和守护大名是相互对立,又相互依赖的关系。尽管双方存在矛盾和冲突,但是幕府要依靠守护大名,维持自己在日本的统治地位。守护大名也是要依靠幕府的权威,对地方进行统治。但应仁之乱后幕府的权威一落千丈,所以各地的大名就不再承认幕府的权威,纷纷独立。但这样一来,大名的家臣或者地位更低的人便纷纷加以效仿,一有机会也会取代大名的位置,这就是当时流行的"下克上"。

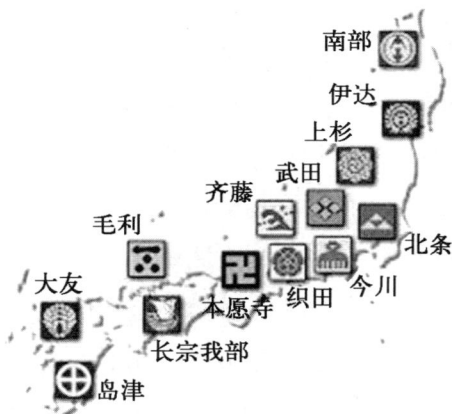

图 1　战国时代初期主要大名及其家徽

　　归纳起来,战国大名主要来源于两种,一个是原来的守护大名,趁着混乱宣布独立,但是这种情况大多发生在日本比较偏远的东北、关东和九州地区,数量比较少。

　　大多数战国大名来自守护大名代理或家臣,他们凭借自己的武力或者是权术,排挤或者杀掉守护大名,跻身于战国群雄之列。这种状况大多发生在经济比较发达的中部地区,例如织田信长、丰臣秀吉乃至德川家康等均属于"下克上"的人物，都是通过武力或者权术取代高位者，自己上升到大名或者更高的位置。

当然，还有极少数是由一些来历不明者转化而来，工商业者甚至是一些流浪者，因为手段非常高明，也可以成为战国大名，例如美浓国的斋藤道三和武藏国的北条早云。

战国时代最有名的人物是织田信长、丰臣秀吉、德川家康以及他们的传奇人生。织田家族是守护代理的家臣，丰臣秀吉更是贫穷农民家庭出身，德川家康稍好点，是小藩藩主的儿子。三个人的性格决定了他们戏剧性的命运。织田脾气暴躁，心直口快，结果最后遭到暗杀身亡。丰臣诡计多端，性格无常，虽然当上最高统治者，但家族未能善终。从小做人质、特别能忍耐的德川家康，以小城之主获得天下，并开创延续 260 多年的幕府。

有人比喻，如何让杜鹃鸟叫典型地反映了三人的性格。织田是用威胁的方式，如果不叫就杀。丰臣是引诱鸟叫，给你好吃的。德川是等待鸟叫，就是比耐心。德川家康的墓地东照宫，墙壁上有三只猴子，分别是捂耳朵、捂眼睛、捂

图2　战国三雄——织田信长、丰臣秀吉、德川家康

嘴巴，意思就是捂耳朵的不听，捂眼睛都不看，捂嘴的不说，最后得到了天下。

战国大名为了巩固自己的统治，为了在相互之间的战争中能够

获胜,都在自己的领地内实施改革。特别在土地制度方面,将管辖区域内的一部分土地作为自己的直辖领地,派官员去管理。另一部分则以封地的名誉奖赏给自己的家臣,得到封地的这些家臣必须绝对服从自己的主君,按照封地的大小建立相应的军事队伍,一旦有战争就跟随主君去作战。

与此同时,战国大名允许原有领主保留自己的领地,但在形式上已经变成战国大名赏赐给他们的封地,纳入到战国大名的家臣行列,同样对主君保持忠诚,承担军事义务。这样一来,战国大名就成为自己管辖区域内最高的土地所有者,原有的庄园制彻底崩溃。

战国时代的战争发生较大变化,即火枪的利用以及兵农分离基础上强化家臣团的控制能力。首先,火枪的利用使攻城成本大大提高,如果时间过长需要兵农分离,否则将耽误种植庄稼或者收获农作物,另外也要征集农民去运送军事物资。因此,在200多年的战国时代,数百次较大的战役(日语中称"合战")均在农闲季节进行。

最令人难忘的战国故事是甲斐(今山梨县)大名武田信玄与越后(今新潟县)大名上杉谦信之间的战争。两人均为战国名将,有勇有谋,甚至几乎完成统一大业的织田信长也甘拜下风。1552年,内部稳定后的上杉谦信开始向关东地区扩张。武田信玄之父信虎为甲斐国主,1541年信玄将其父驱逐出境,经过十年苦战,终于将信浓(今长野县)控制在自己手中,但与越后霸主谦信迎面相撞。在接下来的十多年的时间里,两人以川中岛为舞台,上演了五次精彩的混战局面。特别是在 1561 年的第四次决战中,谦信在大雾之中单枪匹马闯入信玄大营,砍伤信玄,砍死信玄之弟。

图 3　长野市八幡原史迹公园的武田信玄与上杉谦信

实际上,到 16 世纪中期,有实力的战国大名开始统一的步伐,其行动首先是为"挟天子以令诸侯"而率大军上洛(进京觐见天皇、将军)。1560 年,远江国(今静冈县)大名今川义元借上洛为名率 25 000 军队进入织田信长的尾张国,夜宿桶狭间时被织田率领的 3 000 军队击败,今川被杀。

1567 年织田借口美浓国斋藤家族的内乱占领其地,1568 年织田奉天皇和足利义昭之邀率兵进入京都,废黜幕府十四代将军足利义荣,扶植义昭为十五代将军。1570 年,织田打败近江国浅井长政和越前国朝仓义景的联合军队。幕府将军义昭不满傀儡地位,联合部分战国大名反抗织田。1573 年,织田打败其联军,同时将足利义昭驱逐出京都,室町幕府正式灭亡。

1575 年,织田与德川家康联手在三河国长篠城与武田胜赖进行决战,以火枪与栅栏相结合的战术打败武田的强大骑兵,排除了关东地区的劲敌。1582 年,织田在甲斐的天目山彻底打败武田胜赖,全日本统一过半。同年,织田派遣部下丰臣秀吉进攻备中高松城,但陷入重围。织田率军前往救援,途中停留京都本能寺时,家臣明智光秀叛变,经过激战后被迫自焚而死。

"本能寺之变"后,秀吉与作战对手毛利氏讲和,然后率军回京都,打败明智光秀,迫使其自杀。1583 年,秀吉在近江打败柴田胜家。1585 年,秀吉进军四国,迫使长宗我部氏投降。1587 年,秀吉南征九州,岛津义久投降。1590 年,秀吉率军出征关东地区,包围小田原城,消灭后北条氏,并使东北的伊达政宗臣服,同时平息奥羽地区的叛乱,至此统一大业终于完成。

丰臣在侵朝战争中去世,其近臣分为两大集团。1600 年 9 月,拥戴丰臣之子秀赖的石田三成联合小西行长、毛利辉元等大名率 8 万西军东征,德川家康率 10 万东军迎战,两军会战美浓国关原。因西军出现倒戈者,东军大获全胜。1603 年,德川家康从天皇处获得征夷大将军称号,并在江户(今东京)建立幕府。

为彻底消除隐患,1614 年,家康借口秀赖铸造的方广寺大钟所刻"国家安康,君臣丰乐"之文是诅咒自己,于是在同年 10 月发动战役,攻打大阪城,但未能达到目的。1615 年 4 月,再次发动战役,20 万大军对战 10 万大军,为战国时期最大规模战事。最终攻陷大阪城,丰臣秀赖及其母自杀身亡,丰臣家族彻底消亡,次年家康安心去往他界。

　　在战国时代，社会阶层之间自由流动，农民可以去做武士，武士也可以回头做地主，但到丰臣执政时期开始将人们分为士、农、工、商四个阶层，到德川时代进一步固定化，使人们失去了更换身份的机会和途径，也许令人怀念战国时代的，正是这一点吧。

江户时代的参觐交代

在日本学术界，通常将安土桃山时代和江户时代合称为"近世"（最初出自经济史学家内田银藏 1903 年的《日本近世史》），欧美国家称之为"前近代"，意指在这个时期已经孕育了许多近代因素，甚至有日本学者直接将江户时代看作是近代国家的雏形（大石学《新江户时代》，吉川弘文馆 2014 年）。至少在马克思的目光中，江户时代的日本是一个典型的"封建社会"，其独特的国家统治和社会管理方式产生了意想不到的后果，其中一个现象就是"参觐交代"制度。

尽管"封建社会"这个词汇目前在学术界很少使用，但在江户时代高级统治者是层层分封的强权式领主——大名和旗本。大名是与幕府将军结成主从关系、领地收获量在 1 万石（每石约 150 公斤）以上的武士，当时有 260 到 300 家，其义务是如有战事，则按照 1 万石出 200 名军人的规格出兵跟随将军作战。

大名的领地称为"藩"（明治以后的统一称呼，当时为"领分"），因而大名也可以称为"藩主"。在领地内设有以大名为最高统治者的行政机构与组织，由大名的家臣担任其职务。由于大名的家臣与将军没有主从关系，称为"陪臣"，也称为"藩士"。这些地方高级官员的俸禄很少有超过 1 万石，基本上持有数百石或数十石的领地，并从藩领取以大米支付的俸禄。

尽管幕府将军名义上是日本最高的统治者，但其经济基础仍然是直辖领地的收入,只不过其领地要大得多,约占全日本土地的四分之一,另外还掌握了大城市的工商业税收与对外贸易的利润。与将军结成主从关系的直属武士为旗本和御家人,其俸禄不满1万石,前者可以觐见将军,后者没有此等资格。根据1722年的调查,旗本5 025人,御家人17 399人。旗本及御家人从将军那里获得的领地称为"知行地",但有时也会支付相当于一年份俸禄的大米。

因此,从整个江户时代来看,作为统治阶层的武士逐渐从获得领地向领取俸禄转化,因而有学者置疑比起封建领主的身份来,武士们更像是行政官僚。即使那些贵为藩主的大名也因减封(减少领地面积)、转封(领地转移道其他地方)、参觐交代等,很难自行其是,更多地采取模仿前任的"前例主义"或观看邻居的"效仿主义",不像威震一方的主君。

尽管大名在领地上具有高度的自治权,即独立的行政权、司法权、财政权,也不用向幕府交税,但从理论上讲,将军有权决定大名的领地及其规模,可以通过减少领地或转封领地的方式给予惩罚。江户时代共有15代将军,每次新将军即位时都要颁发认可大名领地的证明书,最初三代将军实施"武治",依靠强大的军事力量颁布"一国一城令",即一个藩只能保留一座供大名使用的城堡,同时正式实施"参觐交代"制度。

"参觐"是大名到江户拜见将军,"交代"是大名回领地传达幕府指令。但近些年来日本书籍多将"参觐"写成"参勤",一种说法是制度化地拜见将军如同上下班一样,另一种说法是电脑不太容易拼写"觐"字,另外"交代"也写为"交替"。在江户时期,规定大名一年住在江户，一年住在自己的领地，妻子及继承家业的儿子留在江户做人质，即参觐交代制度。

实际上，参觐交代并不是江户时代特有的制度，应该说源自镰仓时代，当时御家人定期到镰仓觐见将军或到京都担任守卫任务。室町幕府时期，部分守护大名住在京都，领地由守护大名的代理管理，也有部分大名定期到京都觐见将军。织田信长建立安土城后，专门建造住宅给前来觐见的各地大名，丰臣秀吉更是在大阪、京都提供宅邸让大名之妻居住。关原之战后，大名为向德川家康表忠心，特地到江户觐见，家康仿照秀吉建造宅邸，让大名将自己的妻子、儿子或主要家臣的儿子住在其中。

1635 年，第三代将军德川家光修改《武家诸法度》，明文规定所有大名都要定期"参觐交代"。西日本的大名每年 3 月底到 4 月初到江户去参见将军，东日本的大名这时候要回领地，第二年东日本的大名到江户，西日本的大名再离开江户。

江户时代大名分三种类型，德川家族的大名为亲藩大名，可以继承将军职位，但不担任幕府高级职务；关原之战以前跟随德川家康的大名为谱代大名，是将军的亲信，领地较小但任幕府重要职务；关原之战后臣服德川家康的大名为外样大名，领地较大但离江户较远，而且也不能担任幕府高级职位。上述规定只是针对外样大名，1642 年幕府命令谱代大名也要进行参觐，但在江户和自己领地居住的时间分别为半年，交代的时间为每年 6 月或 8 月。

根据 1804 年出版的《武鉴》记载，在全部 264 家大名中，隔年参觐的大名有 175 家，半年交代的 27 家，常住江户的 26 家（以亲藩大名为主),担任老中等幕府高级官员而不需参觐交代的大名21家,要塞地区担任警备而不能按期参觐的大名有12家等。例如,担任长崎警备任务的福冈藩和佐贺藩的大名每两年在江户居住100天,对马藩的大名每三年在江户居住4个月,松前藩的大名每5年在江户居住4个月等。

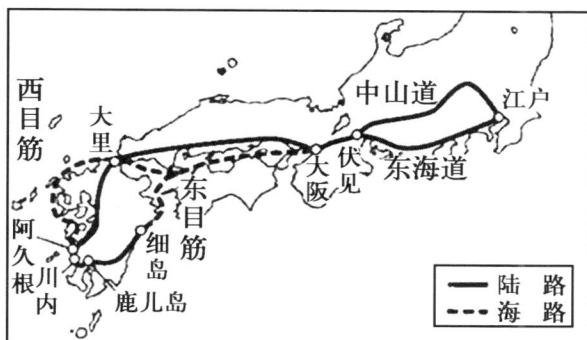

图1 西部大名参觐交代路线,萨摩藩在九州的路线分为西道与东道

传统的观点认为,幕府将军规定大名参觐交代是为了让其消耗财力,以至于无法对抗幕府,而且继承人在江户长大,从精神上难以与领地一体化。从最新的研究结果来看,参觐交代确实需要莫大的费用。由于距离江户的路途远近不一,参觐交代需要花费领地收入的5%到20%,再加上在江户居住的费用,大约占到领地收入的50%到75%。例如,庄内藩大名酒井家在1702年到1706年,领地收入的82%消费在江户。

另外,按照领地的规模组成相关队伍。根据1721年的规定,20万石大名的队伍应有骑兵15—20名、步兵120—130名、般运工

250—300 名。但后一项要求并不十分严格,作为一场政治性表演仪式,大名们为炫耀自己的门第,相互争强斗胜,故意扩大参觐交代队伍规模,并雇佣一些玩杂耍的艺人表演,以壮声势。例如,最大的百万石大名加贺藩(今石川县)前田家在五代藩主时参觐队伍曾高达 4 000 人,不仅吃喝物品全部自带,甚至洗澡桶、洗澡水也是从藩城金泽运送。因此,参觐队伍中半数是搬运物品的壮工。

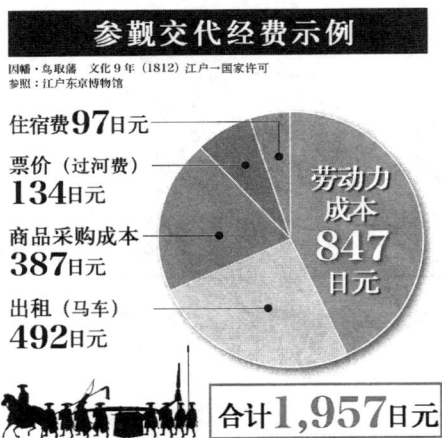

参觐交代经费示例

因幡·鸟取藩 文化 9 年(1812)江户→国家许可
参照:江户东京博物馆

住宿费**97**日元
票价(过河费)**134**日元
商品采购成本**387**日元
出租(马车)**492**日元

劳动力成本**847**日元

合计**1,957**日元

图 2 参觐交代所需费用明细

从结果论上看,参觐交代花费了大名的大部分财力,但这并非幕府的初衷。因为在正式规定参觐交代时,也强调了随员不能太多。另外,大名财政破产也不能承担跟随将军出兵作战的军事义务。显然,参觐交代制度的形式意义大于实际意义,只不过是大名表示自己臣服将军而已。

距启程日期半年前开始准备,提出预算、组织队伍,预约路途中的食宿,尽量避免与其他大名撞车。需要按照向幕府提出的到达时间行动,还要考虑路途中的意外状况。为节约经费,每天行走时间大约 6 到 9 个小时,行程大约 30 到 40 公里,有时为了赶时间,每天的行程需要 50 公里。

通常在自己领地范围内,大名为了显示威严,衣着华丽,队伍庞大,一旦出了自己的领地,便更换普通衣服,队伍也减半。即使如此,平民遇到也要规避,骑马者下马。遇到亲藩大名必须下跪,其他大名让路即可。只有信使和去接生的产婆才可以穿越参觐交代的队伍,否则格杀勿论。为了通知队伍的到来,以便行人提前让路,亲藩大名的先锋大声喊叫"退下""退下",而其他大名的先锋则是喊叫"让开""让开"。

通过其他大名的领地时,当地的大名派使者送上礼品,外地的大名也要回送礼品。如果两个大名在途中相遇,都要走下轿子互相鞠躬致歉。途中住宿时特别需要注意安全,侍卫整夜武器不离手,读书熬过通宵。通过关卡时打开轿窗,守关人员清点人员及武器,详细报告幕府。进江户时换上华丽的服装,补充队伍人员,以便壮大声威。进城后的第一件事情是觐见将军,接下来安排在江户一年的生活。

图 3   参觐交代队伍(模型)

在江户时代后期,由于藩主的继承者生在江户,在江户长大,因而即使成为藩主,回领地的意愿并非强烈。例如,幕末时期的会津藩主松平容保作为美浓高须藩第六子生在江户,12岁时成为会津藩主容敬的养子后,并没有到领地去,只是从在江户的高须藩邸迁往同样在江户的会津藩邸。实际上,即使藩主不在领地,家臣也完全可以应付藩政。例如,幕末时期长州藩主毛利敬亲不拘一格提拔有能力者,而且对家臣的任何建议均说"好",因而得到"好好先生"的绰号。

日本在外国的压力下被迫开国后的1862年,幕府下令参觐交代三年一次,在江户的时间为100天,大名的妻子和长子可回领地,同时减少在江户的家臣数量,其目的是让各藩大名强化军备对抗外来势力。1864年,幕府希望再次恢复旧有的参觐交代制度,但许多大名并不服从。1867年,随着"大政奉还",该制度消亡。

客观地讲,参觐交代制度产生了意想不到的效果,对日本历史发展起到某些积极作用。首先,参觐交代推动了江户文化向地方传播的过程,因为大名们每隔一年住在江户,其后将江户的文化、生活方式普及到自己的领地,例如江户的学问、知识以及茶道、浮世绘、能剧等艺术。

另外,为了提高自己领地的文化水准,大名也聘请一些江户的文化人,到自己的领地上去教书或者研究,推动了自己领地上文化水平的提高。这样一来,在整个日本就出现了一个同质化社会,也就是相同发展水准的社会。

如同前述,在260年的江户时代,没有战争,武士们基本转化为治理社会的官僚，或者是教书育人的文人。虽然江户时代名义上是锁国，但和荷兰与中国有贸易往来，有关世界的局势还是知道的。因此，当外来压力出现时，这些官僚和文人会很快作出反应，而且幕藩体制也会发生变化。

第二个效果也是因为大名们天天在路上奔波，并与路途上的居民进行交流，这样推动了各地居民慢慢产生一种认同意识，即民族主义观念。也就是说，我们是一类人，都是日本人这么一种观念。日本学术界目前比较强调在江户时代已经有一种民族主义的意识，这样一来，在外来的压力下，比较容易建成一个近代国民国家，正如开国短短 15 年之后就出现了明治维新的大变革。

另外第三个效果也非常重要，因为这么多的人在路上不断地流动，实际上完善了日本列岛的交通网和服务业，特别是江户、大阪、京都等城市的发展，推动了商品经济的兴盛，冲击了自给自足的自然经济，也就形成了国内统一市场，对日本近代能够迅速地过渡到工业化时代，是一个有利的条件。

幕府将军为控制各地的大名，实施参觐交代制度，但产生了意想不到的效果，反而对社会的发展甚至对进入下一个历史阶段起到推动作用。可见，事情的发展往往与最初的愿望背道而驰。

近

代

篇

"黑船来航"——日本的开国

在当今日本,每年夏天都要举行各种各样称为"祭"的狂欢节,例如在神奈川县三浦半岛和静冈县伊豆半岛的最东端——黄须贺市和下田市每年举行的纪念开国庆典。特别是在2003年,在横须贺市举行了纪念开国150周年的盛大化装游行,扮演当年强迫日本开国的美国海军将领佩里最受欢迎,到哪里都是喝彩一片,仿若民族英雄。外籍记者大惑不解,上前询问,日本人答复很简单:"比人给我们带来了近代文明。"

尽管目前日本学术界争论江户时代是否存在真正意义上的"锁国",当时确实有四个窗口对外交往,即通过对马藩与朝鲜半岛交往,通过松前藩与北海道的阿依努族交往,通过萨摩藩与琉球王国交往,通过长崎与荷兰人、中国民间商人交往,甚至形成了小型的"华夷秩序"。但笔者认为,这仍然是一种锁国体制,因为一方面幕府垄断了对外交往与贸易的活动,另一方面,也禁止日本民众出海乃至海外的日本人回国。

欧美列强对日本也感兴趣,其中美国最为强烈。说起来,目的也非常简单,一是为捕鲸船寻找避风港口,一是到远东地区贸易也需要中继港口。19世纪中期,欧美各国相继爆发工业革命,工厂或写字楼经常加班到深夜,需要大量的润滑油和燃油,而鲸鱼炼成的油脂是主要原料。当时在捕鲸船上加工鲸油,需要大量的燃料和淡水,而且长达一年的航海也需要补充包括食品在内的船员生活用品,活跃在北太平洋海域的美国捕鲸船需要日本港口提供其物品。如果在海上遇到暴风雨,还需要救助漂流民。

与此同时,19 世纪中期,美国的领土已经从大西洋沿岸扩张到太平洋沿岸,当时其人口 1 500 万,日本 3 000 万,中国两亿,是极好的贸易伙伴。横渡太平洋的最佳路线是沿美国西海岸北上,经过白令海峡,沿千岛群岛南下,通过津轻海峡或对马海峡到上海附近,因而日本也是难以避开的中继地。

在佩里到达日本之前,已经有美国人到过日本。1791 年,有美国商人和两艘船在纪伊大岛登陆。1797 年,荷兰被法国占领后,美国人打着荷兰的旗号到长崎贸易,到 1809 年一共到达 13 次。1835年,美国总统派遣特使到东亚与中国、日本接触,为此组成东印度舰队,但使节死在中国。1837 年,美国商船为送还日本漂流民到达浦贺,但遭到炮击。

1846 年,美国东印度舰队司令率两艘军舰到达浦贺,要求通商,遭到拒绝。1846 年和 1848 年,美国捕鲸船员两次遇难漂流到北海道,均送到长崎。1849 年,美国军舰到长崎接美国遇难船员。1851年,美国总统以开国与通商为目的派遣东印度舰队司令为特使前往日本,因内部纠纷解除其职务。1852 年,佩里接受海军部长的训令,可以为完成对日使命行使最大的自由裁决权。

实际上,在佩里得到任命的两年前,即 1851 年 1 月就向海军部长提出独特的远征日本基本计划,也就是完成任务需要四艘军舰,其中三艘为蒸汽动力,以便让日本人认识到军事势力的差距。如同对待中国人那样,对日本人采用恐吓的手段比友好的手段更有用。考虑到荷兰人的阻碍因素,应避开在长崎进行交涉。为此,要求组成拥有 13 艘军舰的舰队。

1852 年 7 月,长崎荷兰商馆长向长崎奉行提交书信,声称美国为与日本签订条约,决定派遣一支由佩里率领的较大舰队,丕载有陆战队员。接着荷兰东印度总督写给长崎奉行的亲笔信也到达,提出如何对应美国的方案,即开放长崎港的对外贸易,在长崎驻扎外国领事,允许建筑商馆,同时允许外国人在江户、京都、堺、大阪、长崎等地进行贸易。

接到荷兰的两封信后,幕府首席老中阿部正弘发给谱代大名传阅,并询问负责海防的官员如何对应,但均回答不能签订通商条约。长崎奉行还提出荷兰人的信息有时不准确,幕府决定增加浦贺的兵力。但该决定并没有通知浦贺负责治安的官员,只是在口头上向外样大名萨摩藩的岛津齐彬进行了传达。

1852 年 11 月,58 岁的佩里司令兼遣日大使率舰队从美国东海岸出发,经过大西洋、南非的开普敦、印度洋、香港到上海,汇合部分军舰后,经琉球在 1853 年 7 月 8 日到达浦贺。在当时日本人看来,美国的四艘军队不仅体型巨大,而且涂成黑色,冒着黑烟,十分恐怖,称之为"黑船来航"。

佩里态度强硬,并擅自测量海岸附近水文地质,强调只能在浦贺附近递交国书,而且要求级别较高的官员接受国书。最大限度避免开战的幕府被迫做出让步,7 月 14 日佩里率 400 名全副武装的海军陆战队在久里滨登陆,在临时搭起来的建筑物内向幕府官员递交国书,但得到的回答是事关重大,不能轻易答复,加之将军有病,不便议大事,明年长崎再议。充满紧张气氛的会见不到半个小时结束,甚至茶水也没有招待,作为全权代表的浦贺奉行甚至一句话也没有讲。

图1 佩里舰队人员登陆递交国书

美国舰队并没有立即撤离,而是深入江户湾,并为美国独立日放数十发礼炮。尽管事先通知了幕府,江户官员也出了安民告示,但仍然在江户城引起混乱。美国舰队撤离后10天,幕府第12代将军德川家庆连咽下最后一口气。继任的第13代将军德川家定体弱多病,难以承担大任。老中们也没有什么主意,只好广开言路,征求各个大名甚至民众的意见,过去不能参加幕政的外样大名高兴不过,但众说纷纭,有条件地开国者有之,更多的是反对开国者。江户幕府建立以来第一次征求社会各界的看法,结果自此以后"公议舆论"成为一种趋势,反映了幕府权威的严重下降。

另一方面,幕府为准备与美国的战争加强海防建设,命令相关的藩建造炮台,同时废除建造大船的禁令,鼓励各藩建造军舰。幕府带头,首先修建了浦贺造船所,并向荷兰订购了军舰,甚至将曾漂流到美国的中滨(约翰)万次郎升格为旗本,专门讲述美国的事情。正在忙乱之中,1853年2月,性急的佩里率七艘军舰再次来到浦贺,后来又增加了两艘补给舰,给幕府到来极大压力。由于双方均没有采取敌对行动,因而舰队所在的浦贺港成为人山人海的观光地。

谈判的地点选择在横滨,双方互相宴请,据说日方宴请美方的费用每人相当于今天的50万日元。即使如此,美国人抱怨既没有吃到肉,量也不够。佩里送给将军的礼品有缝纫机、蒸汽火车模型、电报机、照相机、手枪、望远镜等140件。日方回赠的物品有丝绸、漆器、陶瓷器、火枪、大米和鸡等,特意让相扑选手搬运,表示日本人的强壮。

谈判的最后结果是日本为美国开放两个港口——下田与箱(函)馆,签订了由12条组成的《日本亲善条约》(《神奈川条约》)。佩里率舰队到北海道考察箱馆,遭到拒绝,转赴伊豆半岛的下田,与幕府官员签署了亲善条约相关细则的《下田条约》,指定玉泉寺和了仙寺为美国人休息的地方,并划定了美国人散步的范围。佩里回美国后向议会提交了航海日记《日本远征记》,四年后去世。

佩里两次到达日本留下来两个至今学术界难以确认的插曲。佩里第一次到达日本时曾赠给幕府官员两面旗帜,其中一面为白色,美国人解释为投降时用;佩里第二次到达日本时曾炮击江户湾东侧的洲崎,双方发生冲突,日方死伤300人,俘虏了三艘美国帆式军舰。在岩仓具视的书中也记录了1869年设立东京招魂社(靖国神社)是为祭祀自"黑船来航"及"戊辰战争"中为国捐躯者。

实际上,佩里只是完成了迫使日本开港的任务,开国的事情则由美国首任驻日领事哈里斯加以实现。哈里斯本是商人,曾被任命为中国宁波的领事,《日美亲善条约》签订后被任命为驻日领事。1856 年 7 月到日本,因两国条约的文本不同,幕府拒绝其任职,争论半个月后终于住进下田玉泉寺,升起美国国旗。幕府拒绝其进江户,哈里斯只好不断纠缠下田奉行,双方签订包括领事裁判权在内的《下田协约》。

图 2　最初的美国领事馆所在地(静冈县下田市玉泉寺)

　　鉴于英法联军在中国进行第二次鸦片战争,美国军舰在 1857 年 7 月进入下田港,幕府终于同意哈里斯进江户觐见将军。哈里斯借机向幕府高官施加压力,声称英法联军结束大陆的战事后将面向日本,如果日美签订通商条约,可成为其他国家的样板,而且美国尽力斡旋避免出现过激事态。

　　1858 年 1 月,双方达成妥协,但天皇迟迟不批准,签约推迟。同年六月,美国军舰密西西比号进入下田港,带来英法联军即将进攻日本的消息。幕府当机立断,在美国军舰上签署《日美友好通商条约》及《贸易章程》,日本正式开国。哈里斯升任美国驻日公使,办公地点也搬到江户,但仍然在寺院(善福寺)里行使职责。

尽管幕末时期留下的版画将佩里刻画为恶魔,但两位美国人迫使日本开港与开国导致了日本的迅速转化。先是下级武士浪人们盲目排外的"尊王攘夷",引发的两次局部战争导致其观念发生变化,转向"尊王倒幕",通过一场不大的内战更换了政权。明治新政府积极学习西方,大力推进殖产兴业、文明开化、富国强兵的近代化事业,在不到30年的时间内打败了清朝帝国,因而对过去的"恶魔"充满感激之情。

自然,美国人更是怀念。

当年跟随佩里远征日本的少尉预备军官比尔兹利47年后作为退役海军少将旧地重游,抱怨说没有看到纪念佩里的文物,毕业于哈佛大学法学院的司法大臣金子坚太郎立即呼应。树碑纪念的呼声得到两国的强烈反应,天皇也捐款资助,第一届内阁总理大臣伊藤博文写了碑名:"北米合众国水师提督伯理上陆纪念碑。"翌年即1901年,在佩里第一次登陆的久里滨举行了盛大的落成典礼,佩里外孙弗雷德里克·罗杰斯少将率三艘美国军舰参加。

图3　佩里最初登陆处的纪念碑(神奈川县横须贺市久里滨)

哈里斯也是一样，就是时间稍微长了一些。时隔 70 年之后的 1925 年，美国企业家沃尔夫访问下田玉泉寺，认为应该树立一个纪念碑，因而向日本著名的企业家涩泽荣一寻求帮助。涩泽给予大力支持，两年后落成，87 岁高龄的涩泽花了两天的时间赶到下田，并在揭幕典礼上致辞时提及哈里斯登陆下田时日记里的自问话"开国真的对日本好吗?"涩泽认为"从封建专制到立宪国家，从资源贫乏到产业贸易旺盛，都是哈里斯的恩惠"。

太平洋战争时期，日美开战，自然有日本人看这两块碑不舒服，结果均遭到破坏。战争结束后以美军为首的盟军进驻日本，两块碑很快恢复原状。因为压力很大，至少在签署投降书的密苏里战列舰上飘扬着两面美国国旗，其中一面曾经出现在佩里来航时的旗舰上。

水户藩、水户学与明治维新

自从马克斯·韦伯的《新教伦理与资本主义精神》在中国出版以来,学界对思想文化在社会发展中作用关注多了起来,在日本历史研究中,也更多地关注近世思想文化对明治维新的影响。

在近世初期,德川幕府重视儒学,特别是朱子学,用其作为强化统治的思想基础。因为朱子学强调作为"理"的规范与名分,以君臣关系(忠义)和家族关系(孝行)维持社会秩序,因而作为官方的意识形态十分合适。幕府创始人德川家康重用藤原惺窝和林罗山,特别是后者掌管文教 50 年,著名的汤岛圣堂学问所由其所建。其子孙世世代代世袭学位所的大学头,歌颂为权者。也许作为正统,其学术研究有所停滞,因而也分为新井白石代表的京学派、山崎暗斋代表的南学派、福冈的贝原益轩等。

与此同时,出现批判朱子学的儒学者,其先驱者为中江藤树。与学问、知识先行的朱子学,中江推崇知行合一乃至行先于知、批判现实并加以改革的阳明学,其门生熊泽蕃山因批判现实政治被幕府处分,幕末在大阪叛乱的大盐平八郎也是阳明学的信徒。

相对于朱子学、阳明学,主张直接回到孔孟古典加以施教的是古学,其代表山鹿素行的《圣教要录》,公然批判朱子学,为此躲避到赤穗藩。其后,伊藤仁斋、荻生徂徕发展了古学。

古学重视实证性研究,受其影响,兴起寻求日本古代精神的国学。该学派按照契冲、荷田春满、贺茂真渊、本居宣长的传承得到发展，在幕末演变成为以日本为中心的排他性复古主义，与攘夷思想结合在一起。

从某种意义上讲，水户学就是在上述诸多学说和思想的影响下形成的，而且因为其特殊地位，很快成为幕末运动的旗帜。

水户藩（地处古常陆国，今茨城县）主最初为佐竹氏，但 1600 年关原之战没有站在德川家康一方，因而转封东北地区，1602 年家康的第五个儿子入主水户藩，但次年病死，由家康第十个儿子赖宣继承藩主，1609 年赖宣转封骏河，1619 年再次转封纪州，成为纪州德川家始祖。水户藩由家康第 11 个儿子赖房继承，成为水户德川家始祖。纪州藩、水户藩与尾张藩均为德川家族成员的领地，是可以继承将军职位的"御三家"。到德川时代中期，将军家族人丁不旺，为防止将军后继无人的局面出现，将军一族分出三家——田安、一桥、清水，称为"御三卿"，不仅地位比"御三家"低，而且领地较为分散，不是独立的藩，其主要功能是为幕府以及"御三家"提供继承人。

水户藩主是"御三家"中唯一无须进行参觐交代、常年住在江户的大名，而且为提高其地位，表面上的领地收获量（35 万石）高于实际收获量，而且江户生活费用较高，因而财政一直吃紧，第二代藩主德川光国为修《大日本史》也耗去相当金钱，尽管为"水户学"的形成奠定了基础。

光国是赖宣的第三个儿子，18 岁读到《史记·伯夷传》深受感动，立志精于学问。1661 年 28 岁时父亲去世，成为水户藩第二代藩主。执政后兴修水利、整顿佛寺神社、建造大船三次到北海道探险。1665 年招聘明朝遗臣、实学派儒家的朱舜水到水户，本来计划开设学校，因经费匮乏而作罢。1690 年将藩主职务让给养子纲条,过隐居生活。

　　光国认为自己生在武士之家,但太平盛世不能建立军功,也可以通过书籍流传后世。1657 年在江户府邸设史局,编纂史籍。当时成员四名,均出自林罗山门下。光国成为藩主后,修史事业加快步伐。1672 年史局改名为"彰考馆",来自《春秋左传》的"彰往考来",人数也增加到 50 人左右。1701 年光国去世时,完成本纪 67 册,后妃、皇子、皇女传 40 册,列传 5 册,共 112 册,《大日本史》基本部分形成。

　　为获得必要的史料,从 1676 年开始,将编写成员派往各地调查。为得到书籍收藏者的同意,光国亲自写信,除支付费用外,还赠送水户藩的土特产。通常各地的领主非常欢迎这些学者造访,给予高规格的招待,也有少数因书籍宝贵或其他原因加以拒绝。

图 1　《大日本史》编纂地

　　除《大日本史》外,还编纂了诸如文学、天文、日历、算数、地理、神道、古文书、考古学、兵学、目录学等书籍。为编书事业支付的费用据说达到水户藩收入的三分之一，进一步加剧了藩财政的压力甚至危机。同时这种四处寻找资料的足迹，后来形成了各种版本的《水户黄门》传说。即光国到处微服私访，惩恶扬善，深受民众欢迎。实际上，光国基本没有出关东地区的范围，作为最接近将军的藩主，地位太高，不能直接称呼其名，地名加上光国的朝廷官位中权纳言（黄门），因而成就了其形象。

1537年，彰考馆总裁安积澹泊去世后，修史工作暂告一段。学界通常将这一阶段成为"前期水户学"，即站在"大义名分论"的立场上，编纂从开天辟地到南北朝结束的历史，而且提出对后世影响甚大的"南朝正统论"。

后期水户学开始于第六代藩主治保，以彰考馆总裁立原翠轩为中心重新修史事业，但此时财政困难，俄国船只出现在北海道，农政方面也需要改革。翠轩弟子藤田幽谷在1791年撰写标志后期水户学的《正名论》后，因带有批判藩政的内容，不仅被免去编修的职务，而且在编修《大日本史》方面与翠轩产生对立。翠轩宣布取消幽谷的弟子身份，但在1803年被幽谷剥夺修史工作。在1807年幽谷担任总裁职务。在幽谷主导下，后期水户派的中心人物有会泽正志斋、藤田东湖等人。

1824年，英国捕鲸船在水户藩海岸停靠，请求给予淡水与食物，幕府原封不动地接受其要求，但幽谷派认为这一对策过于软弱，藩内攘夷思想流传，会泽撰写将尊王攘夷思想理论体系化的《新论》，对幕末的攘夷运动带来巨大影响。

1829年，成为第九代藩主的齐昭是抱有大志之人，深受《新论》

影响。1837 年创建藩校"弘道馆",彰考馆总裁会泽正志斋为校长。
藤田东湖讲解以《古事记》《日本书纪》等建国神话为基础的《道德》,
探讨日本固有的社会秩序,名义上阐明弘道馆教育理念的"弘道馆
记"为齐昭所写,但操刀者为藤田。另外,藤田在"弘道馆记述义"中
提出尊皇思想,将其作为水户学的核心思想,其中"尊皇攘夷"一词
是首次出现。

图 2 水户藩校弘道馆

齐昭提拔年轻的下层武士,进行大刀阔斧的藩政改革,者如全
面丈量土地、武士的领地化、农村救济、军事训练、神佛分离等政策。
这不仅遭到藩内上层武士的反对,还使得幕府在 1844 年以改革过度
为由令齐昭辞去藩主职务、软禁,改革派成员也遭到软禁处分。

五年后,幕府允许齐昭可以参与藩政,特别是 1853 年"黑船来
航"后,应幕府首席老中阿部正弘的邀请参与幕政,就海防事业提出
建议。作为强硬的攘夷主义者,齐昭铸造许多大炮及一艘军舰献给
幕府。因此,与后来担任幕府大老且主张开国的井伊直弼发生冲
突,特别是在将军后继人选问题上更是针锋相对。齐昭自然推荐自

己的儿子、一桥家的庆喜，不仅未能如意，反而遭到报复，幕府将其软禁在江户宅邸。

1858 年 6 月，幕府在没有得到天皇敕许的情况下与美国签订通商条约。同年 8 月，朝廷下密诏给水户藩，要求御三家和各藩协助幕府进行改革，公武合体，实施攘夷，史称"戊午密敕事件"。水户藩本来就存在改革派与保守派之争，围绕"密诏"，改革派又分为两派，主张将密诏散发各藩的"尊攘激进派"及将密诏还给朝廷或交给幕府的"尊攘慎重派"（以会泽正志斋为首）。

幕府要求将已散发的密诏收回并交还朝廷，但"尊攘激进派"加以阻止。幕府大怒，且断定密诏是水户藩的阴谋，于是在 1859 年 8 月下令将参与密诏的水户藩藩士处以剖腹、处死、下狱、流放等刑罚，令齐昭在水户藩永远蛰居（第二年去世），藩主庆笃软禁在家。尽管其后水户藩做出决定，将密诏交给幕府，但"尊攘改革派"与"尊攘慎重派"为此发生武力冲突，"尊攘激进派"遭到镇压，该派一部分成员前往江户暗杀了井伊直弼（樱田门外之变），密诏却留在了水户。

藤田东湖、会泽正志斋等少壮派到江户请愿并得到成功，因而趾高气昂，大力推进改革，被反对派讥讽为"天狗党"。如同前述，因密诏问题，改革派分裂，激进派遭到压制。1862 年，朝廷开始主导政局，幕府被迫应付，在此背景下，激进派掌握藩政，并受到德川庆喜的重用。但部分激进派成员在 1863 年占据藩内的筑波山，以武力推动攘夷。藩内保守派联合部分慎重派组成"诸生党"，逐渐掌握藩政，幕府决定镇压，"天狗党"转战各地，最终失败，首领以下 300 多人被处于极刑，在水户的家族成员也遭到残酷报复。

　　1868 年，明治新政府成立并爆发"戊辰战争"，"天狗党"获得朝廷的支持，开始报复"诸生党"成员及其家族。悲剧的是，作为幕末尊王攘夷先锋的水户藩因为不同政治集团之间的激烈斗争，人才丧失殆尽，在明治新政府中没有实力者。仔细想起来，作为德川时代"御三家"之一的水户藩，首先提出尊王观念，已经决定了其分裂的命运。

　　尽管如此，水户学仍然受到赞扬，明治天皇下赐光国、齐昭正一位官职，后来祭祀两位藩主的常磐神社建成时，又下赐神社的社号、神号，神社也列为特别官房神社。在经过 249 年岁月的 1906 年，402 卷组成的《大日本史》献给明治天皇。天皇特意下赐费用，建造彰考馆文库，保存为编修史籍所需的文书，并提升水户德川家的爵位，与宗家、五摄家并列为公爵。

图 3　偕乐园，第九代藩主德川齐昭建造，取自《孟子·梁惠王上》中"古之人与民偕乐，故能乐也"。园内 3 000 株梅树最为特色，与冈山县的后乐园、石川县的兼六园并列为日本三大著名庭园

　　无论如何，水户学对幕末时期的武士阶层产生了巨大影响，但前

期水户学与后期水户学存在差异。简单地讲,前期水户学在皇统万世一系的历史中寻求日本国家体制的独特性,强调君臣各自义务的基础上的对天皇忠诚。后期水户学在幕末的特殊背景下,强调相对于欧美国家的独自优越性,更多重视臣下对君主的义务,具有急速政治化的趋势。受其影响,武士阶层的共识是国体论基础上的对天皇忠诚、具有统一国防政策的强大国家、提倡作为国家宗教的神道教。

但如何实现这一目标,因各自立场的不同,主张也有相当差异。大致可分为幕府主导的国政改革、和平过渡政权后由朝廷主导的国政改革、武力倒幕后由朝廷主导的国政改革。水户藩的慎重改革派是第一条路线,肥后藩的横井小楠为第二条路线,水户藩过激改革派和长州藩的吉田松荫为第三条路线。显而易见,无论是哪条路线,均出自水户藩,特别是成为最终选择的第二、第三条路线,是水户学将在将军之上的天皇展现在改革者的面前。

目前日本学界认为,如果研究近世思想应具有三个问题意识,即为何日本的儒学所走之路与中国不同、为何在天皇权威逐渐显现的同时日本人也具有了自我认同、读书会在江户时代各个思想流派形成过程中的作用等。

明治维新的背景与过程

2018 年是明治维新 150 周年,国内也开了许多研讨会,话题仍然是较为传统的中日两国比较,为什么近代日本成功了,历史上一直作为老师的中国不仅落后了,而且还被这个曾经的学生打败,签订了丧权辱国的《马关条约》,赔偿战费两亿两白银,同时将台湾及其附近岛屿割给对方。本来还割让了辽东半岛,只是俄国人眼红,联合法国、德国干涉,清朝又出了 3 000 万两白银的"赎辽费"。

如果从结局上看,似乎近代中日两国走的路径不一样。双方都是在西方压力下被迫打开国门,鸦片战争 20 年后清朝官僚开始搞洋务运动,办近代企业。甲午一战惨败,方知政治体制有问题,戊戌变法,百日维新,革新派失败,对外通商 60 年后的辛亥革命才更换了政权,但此时的世界已经发生了较大的变化;反观日本,开港通商仅仅 15 年就进行了一场规模不大的内战,建立了有志于近代化的新政权,通过国家的力量推进工业化、文明化,半个世纪不到便成为世界强国之一。日本学术界通常将这 15 年称为幕末,如果继续到明治时期,则统称为幕末维新时期。

由此看来,作为后发型的近代化国家,首先进行政治变革是一条必要的途径。那么,日本为何在短短 15 年内完成了更换政权的事业呢?归纳起来,大致有两个主要因素,一个是江户时代政的统治结构——双重二元政治结构,一个是尊皇思想的出现。

所谓的双重二元政治结构是指有两个最高统治者,一个是权威型的人物朝廷(通常称公家)天皇,一个是权力型的人物幕府(通常称武家)将军,尽管将军掌握最高统治大权,但从理论上讲是由天皇任命的,尽管在这个问题上天皇没有任何发言权,倒是将军不高兴的话可以更换天皇,但终究天皇是最高的精神领袖。

需要强调的是,虽然权威与权力均是影响力,但是性质不同的影响力。权威不带由强制性,依靠门第、血统、见识等影响他人改变言行。权力带有强制性,是可以对不服从者给予惩罚的影响力。

尽管幕府将军与各藩大名具有名义上的主从关系,但德川家族之所以掌握全日本的统治大权是因为其领地大得多,直辖领地加上直属武士(御家人、旗本)的领地约占日本全部土地收获量的四分之一,拥有的武士自然就多,因而有实力对那些有野心的大名采取措施。尽管将军换人时重新颁发对大名领地的认可书,大名换人时也要上报将军,但除参觐交代以外,大名在自己的领地上完全独立,既不用向幕府交税,也不用在藩政方面征求将军的意见。

在江户时代,最初三代将军对那些外样大名通过减封、转封的形式削弱其实力(长州藩主毛利家族因为在关原之战中站错了队,从十个国减少到两个,从而留下了 260 年后长州藩加以报复的口实),或者趁其没有继承人而剥夺其领地。谱代大名们也经常转来转去,以便发挥他们监督外样大名的作用。四代将军之后实施“文治”,允许通过“养子”的方式继承藩主的地位,260 多个大名的格局基本稳定下来。

总而言之,这种双重二元政治体制在锁国的状态下维持着微妙的平衡,但一旦有外来压力则很容易解体,"黑船来航"恰好起到这个作用。

从1853年"黑船来航"到1868年明治新政府成立的15年时间,大致可分三个阶段,即幕府试图恢复强权统治阶段、强藩协调基础上公(朝廷)武(幕府)合体阶段、中下级武士主导的尊王攘夷转向尊王倒幕阶段。

"黑船来航"对日本的冲击可想而知,佩里离开日本10天后,第十二代将军德川家庆去世,五个月后德川家定继任第十三代将军,其身体病弱,难以承担国务。幕府常务最高长官首席老中阿部正弘将美国总统的国书翻译成日文,广泛征求天皇、大名、旗本甚至普通民众的意见。

本来不能参加幕政的亲藩大名及外样大名很是高兴,但没有什么好的主意,且趁机与幕府唱反调,民众的建议更是五花八门,其中各种见解相互对立,根本形不成同意的对策。该举动一方面打破德川幕府建立以来的惯例,实际上大大降低了幕府的权威。另一方面,这种在"合议制"基础上决定国政的"公议舆论"成为其后甚至明治政权成立后政府决策的惯例。

日美签订通商条约需要天皇的敕准,但孝明天皇反对开国,拒绝批准条约。1858年6月就任幕府非常设最高长官职务大老的井伊直弼在没有敕准的情况下与美国等五个西方国家签订通商条约,结果引起极大的反对声音。

井伊一不做二不休,干脆搞了一个"安政(年间)大狱",将反对开国的前水户藩主德川齐昭等人处以禁闭,将舆论领袖吉田松荫、桥本左内等处以死刑。结果引起强烈的反弹，以 17 名水户藩和 1 名萨摩藩的浪人(失去藩籍的武士)为核心的暗杀集团在 1960 年 3 月在江户城樱田门暗杀了井伊直弼，严重地打击了幕府的权威，试图恢复幕府强权统治的第一个阶段结束。

图 1　樱田门外之变(电视连续剧截图)

在开始讲述第二个阶段之前，需要阐述明治维新发生的第二个主要因素——尊皇思想，该思想不仅与幕末政局关系密切，而且对近代国家建设也带来重要的影响。

尽管天皇存在 2600 多年，但在明治维新之前，知道天皇的日本人比例并不是很多。江户时代水户藩第二代藩主德川光国召集优秀学者(包括明朝遗民朱舜水)编纂《大日本史》，该项工程持续时间很长，延续到近代。开始时重视实证性较强的学术性，但后来逐渐探讨国家的应有状态，在幕末时期成为舆论的主导者。

特别是在 1825 年，作为编者的会泽正志斋撰写了提供给藩主的建议书《新论》，主张在国际关系急速变化的状态下应通过开国达到国家富强，并提出超越身份制提拔人才，进而建立以天皇为中心的国家体制。这一思想不仅成为藩主德川齐昭积极参加幕政的基础，也影响到幕末时期各藩的改革派。尽管齐昭的动机是利用天皇强化幕府的支配能力，但尊皇思想却成为反对幕府的政治意识形态，即在外来压力的冲击下与"攘夷论"结合在一起，成为"尊王攘夷思想"。

也许正是因为最早出现尊皇思想，在幕府与美国等西方国家签订通商条约两个月后，天皇下密诏给水户藩，要求其推动幕府进行改革，实施"攘夷"。幕府得知消息后，要求水户藩返回诏书给朝廷。作为"御三家"之一，水户藩犹豫不决，藩士们分为保守派和尊攘派，尊攘派又分为激进派和稳定派，难以决断。直到 1860 年初做出返还诏书给朝廷的决定后仍然遭到激进派的阻扰，激进派随即发动了"樱田门事件"。尽管诏书最后留在了水户藩，但尊王攘夷已成为全国性的行为。

接下来，幕府老中安藤信正等人希望通过朝廷的权威恢复幕府的统治力，积极推动朝廷与幕府联合对应时局的"公武合体"，因而奏请皇女和宫下嫁将军家茂。孝明天皇以和宫已有婚约加以拒绝，幕府再三请求，并约定时间实施"攘夷"行动。于是，和宫在 1861 年 12 月进入江户。但两个月后，水户藩武士又实施了一次针对安藤的暗杀活动（坂下门之变），虽然没有成功，但幕府主导的"公武合体"失败，有实力的大名登场亮相，最积极的则是萨摩藩最高权力者岛津久光。

萨摩藩主为实力较强的外样大名，领地收获量 90 万石，而且通过与琉球的贸易获得较大的利益，因而养活了高达藩内人口三成多的武士，第十一代藩主岛津齐彬将养女嫁给第十三代将军家定，齐彬去世后藩主为异母弟久光之子忠义，因而久光成为藩内最高统治者。

仗着兵强马壮，1862 年 5 月，久光擅自带兵进入京都朝圣，甚至肃清了萨摩藩在京都实施暗杀活动的浪人（寺田屋事件）。然后带着敕命进江户，推动幕府进行改革，包括德川庆喜为将军监护人、将军到京都觐见天皇、会津藩主松平容保为京都守护等内容。同年 9 月在回程途经神奈川生麦村时，杀死杀伤几位横穿行进队伍的英国人（生麦事件）。

1863 年 4 月，家茂在时隔 200 多年后作为将军觐见天皇，约定两个月的 6 月 25 日后实施"攘夷"。长州藩行动迅速，当天炮击通过下关海峡的外国商船，但很快招致了美国、法国等四国舰队的报复（下关战争）。两个月后，因赔偿问题谈不拢，英国舰队开到鹿儿岛城下实施炮击（萨英战争）。

两场局部战争使萨长两藩主张尊王攘夷者意识到武力攘夷不可行，幕藩各行其是也难以成功，因而进入第三个阶段中下级武士主导的尊王倒幕时期。

实际上，在尊王攘夷派中，既有狂热排斥外国人的理想主义攘夷论者，也有吸收外国技术以便对抗的现实主义攘夷论者，例如作为长州藩攘夷思想支柱的吉田松荫也曾计划偷渡去美国看看。这种为攘夷而开国的观念在公武合体运动遭受挫折、两次局部战争后迅速演变成激进的尊王倒幕运动,这种状况在尊王攘夷大本营的长州藩体现最为明显。

尽管在经历了 1863 年长州藩势力被赶出京都(八一八政变)、长州藩志士在京都被幕府的新选组所杀(池田屋事件)、1964 年 8 月长州藩兵在京都被击败(禁门之变)、第一次幕府征讨长州藩的战争之后,长州藩政权为保守派掌握,但激进的尊王倒幕派很快卷土重来。与此同时,掌握萨摩藩政权的西乡隆盛等人有意与长州藩联手,因而在 1866 年 3 月达成密约,共同倒幕。

尽管 1866 年 7 月幕府再次发动对长州藩的战争,但缺乏萨摩藩的支持,被动挨打。一个月后,第十四代将军家茂去世,庆喜犹豫了五个月才接受该职位,并在随后举行的四藩会议上掌握了主动权。失望的萨摩藩决定武力倒幕,1867 年 11 月 9 日,明治天皇下达讨幕密诏,同一天将军也提出"大政奉还"的申请。

于是,讨幕派只好在 1868 年 1 月发布"王政复古大号令",宣布天皇亲政,迫使将军"辞官纳地"。幕府稍做抵抗,随后投降,江户和平开城。尽管称为"戊辰战争"的内战持续了一年多,但规模不大,双方死伤人数也较少。

1869 年,明治新政府实施"奉还版籍",即大名们将领地及其人民交还天皇,藩主们成为新的藩知事,受天皇委托管理藩的事务。两年后,实施"废藩置县",由政府派遣县知事管理,原来的大名集中到东京,变成华族的一员,幕藩体制最终消失。

近些年来,日本学术界对幕末维新历史研究提供了几个值得注意的视角。首先,明治维新不仅仅是领导者的政治史或者明治维新百年时的"人民斗争史""民众思想史",更应当对女性历史、少数人的历史、生活史、环境史等进行多样化社会学式的分析;其次,作为近世与近代相连的"漫长的19世纪",应当对其进行连续性、非连续性的结构性论述;另外,超越欧美知识与列强冲击直接对日本产生较大影响的"一国史观",应从世界史或东亚史的视角分析其过程。

近代日本宪政之路

如同前述,"黑船来航"后,幕府将美国总统的国书翻译成日文,广泛征求天皇、大名、旗本甚至普通民众的意见,该举动打破了德川幕府建立以来的惯例,不仅大大降低了幕府的权威,而且这种在"合议制"基础上决定国政的"公议舆论"成为其后,甚至明治政权成立后政府决策的惯例。

尽管从理论上讲,天皇持续存在2600多年,但在明治维新之前,知道天皇的日本人比例并不是很多。江户时代的官学是推崇"知先于行"的朱子学,但强调"知行合一"甚至"行先于知"的阳明学更受工商业人士的欢迎,同时还存在主张从孔孟典籍寻找真正孔孟之道的古学和强调日本特殊性的国学。

本来作为国学奠基人,本居宣长从美学的角度赞扬日本历史与文化的独特性和优越性,自然也含有排斥儒学、佛教等外来思想的内容,同时作为日本人的神圣性,也突出了天皇的角色。但传承本居宣长思想的平田笃胤不仅消除了国学中的美学内容,更是将天皇神圣化为神道宗教,进一步强化了批判体制的政治性。

上述学问对"水户学"均产生了较大影响。在德川幕府开创不久,水户藩的第二代藩主德川光国召集优秀学者编纂巨著《大日本史》,该项工程持续到近代。开始时带有实证性较强的学术性,但后来逐渐探讨国家的应有状态。特别是在幕末时期,成为舆论的主导者。因为在 1825 年,作为《大日本史》编者之一的会泽正志斋撰写了提交给藩主德川齐昭德的建议书《新论》,主张在国际关系急速变化的状态下,应通过开国达到国家富强,并提出超越身份制提拔人才,进而建立以天皇为中心的国家体制。

图 1 《大日本史》从 1657 年开始编纂,1906 年结束,共 402 卷

这一思想不仅成为齐昭积极参加幕政的动机,也影响到幕末时期各藩的改革派。尽管齐昭的动机是利用天皇强化幕府的支配能力,但"尊皇思想"却成为反对幕府的政治意识形态,即在外来压力的冲击下,与"攘夷论"结合在一起形成为"尊王攘夷思想"。

正因此如,尽管打着"王政复古"的旗号推翻了德川幕府,但"万事决于公论"不仅成为明治领导人接受宪政体制的一个思想基础,而且也是利用权威性天皇作为国家凝聚点而组建国民国家的前提。1868 年 3 月,新政府颁布的施政纲领——《五条誓文》,其内容包括广兴会议、大振皇基等。

因"征韩论"引起政府内部的矛盾,岩仓使节团的木户孝允、大久保利通提前回国,并分别提出建立立宪制度的建议。在1873年10月公开的建议书中,木户指出"当务之急是在《五条誓文》中增加制定政规(宪法)的条款"。在木户看来,日本仍处在文明不发达的阶段,依靠天皇和官僚实施宪政,将国民引导进文明社会。尽管是"独裁"性的宪法,但天下并非天皇独自之物,因而是尊重民意、强化国民凝聚的宪法。因此,木户提倡的"独裁"宪法仍然是君民共治的君主立宪制,"虽说今日是独裁宪法,但他日由人民协议而成,为同治宪法之基础,必然成为人民幸福之根基"。

尽管大久保利通也意识到当务之急是"定律国法(宪法)",但明确提出君民共治。"定律国法即君民共治之制。上定君权,下限民权,至公至正,君民不得其私","不可轻易模仿欧洲各国君民共治之制。我国自有皇统一系之法典,亦有人民开明之程度,须斟酌其得失利弊,制定法宪典章"。

由此可见,无论是木户,还是大久保,都意识到在民智未开的状况下,应建立以天皇为核心的宪政制度,最终目标仍然是君民共治。

政府中也有较为激进的观点,例如大隈重信建议1883年召开议会,认为"立宪政治为政党政治",主张建立英国式的议会内阁制。与此同时,北海道开拓使将国有资产廉价处理给予政府有关的民间企业丑闻曝光,政府借机解除了大隈派官员的职务。

另一方面,伊藤博文考察欧洲宪法之行的最大收获是宪法的相对化,即宪法大体上规定议会的组织形式、国民的权力与义务的界定、君主的权力等,最重要的是议会开设时能够保障正常运转的行政机构。正因如此,伊藤从欧洲归来后首先引进内阁制度发挥行政机构的核心职能、组建东京帝国大学培养行政官僚、建立华族制度巩固天皇制基础等。

即使在天皇的政治权力问题上,伊藤也持有相同的观念。明治政府成立后天皇亲政,参加相关会议并作出决定,因而宫中集团主张的"专制君主"与政府主张的"立宪君主"产生对立。1884年因任命信奉基督教的森有礼为宫中事务官引起天皇的不满,长达两个月称病拒绝会见内阁成员。

经过伊藤的不断陈述与说明,明治天皇接受君主立宪制,双方在1886年达成《机务六条》,其内容包括在内阁总理大臣的邀请下天皇出席内阁会议、有关国政事务天皇可咨询主管大臣及其次官、无论喜欢与否天皇均不得缺席各种仪式、天皇尽量履行其职能以便国务顺利进行等。即使在《大日本帝国宪法》实施之后,明治天皇仍然坚持《机务六条》的原则,但这种政治生态缺乏调解者和调解机制,容易使特定政治势力过于强大而无法加以限制。

精英阶层可分为两个部分,一部分是权力精英阶层,即掌握国家各种权力机关的政府官员,另外一部分是非权力精英,即在野的各个社会领域的上层人士。如上所述,权力精英主张渐进式立宪主义,在逐渐开放民权的基础上形成国民国家。

与其对应,非权力精英要求制定宪法、开设国会带有分享政治权力的目的,即通过立法机关议会影响政府决策,以扩大或保护自己的利益。如果使用绝对数字表示这一部分精英数量的话,可以用第一次帝国议会选举时的纳税人资格衡量,即缴纳直接国税15日元以上者拥有选举权和被选举权,当时日本有45万人,约占全部人口1.1%。他们之所以争取参政权,是因为意识到作为国民的义务和权利,即纳税和选举权的关系。

幕末和明治初年,特别是在明治新政府大力提倡"文明开化"以后,西方的思想精神及知识文化大量传入日本,以福泽谕吉为代表的众多启蒙思想家不仅组织著名学者团体"明六社",而且翻译出版了许多西方的书籍,介绍英国的功利主义、法国的天赋人权等自由民主思想以及西方国家政治制度、经济组织、法律知识。福泽撰写、出版了《劝学篇》《文明论概略》等名著,其提出的"天不造人上人,也不造人下人"平等观以及知识进步是文明发展动力的观点对社会,特别是精英阶层产生了巨大影响。

从英国革命开始一直到美国独立战争、法国大革命,其动因主要来源于"无承诺、不纳税"或"无代表、不纳税"的公正、公平观念,明治政府成立后不久出现的自由民权运动的思想背景不仅是幕末时期出现的"公议制",也来自于纳税与选举权的关系之观念。1873年地税改革以后,土地所有者直接向国家纳税,因而在自由民权运动者的眼中,赋予了土地所有者的参政权。

例如在"国会期成同盟"提出的《开设国会请愿书》中明确写道:"随着颁布地税改革令,发行地券,必须给予国民参政的权利。"正如家永三郎指出的那样:"自由民权运动出自这样的动机,即地税负担者主动要求开设国会,让自己选出的代表参加能够决定从自己这里

森有礼　　福泽谕吉　　西周　　加藤弘之

津田真道　　箕作麟祥

图 2　"明六社"即明治六年成立的社团,图中六位成员均为明治时期著名的教育家

征收的赋税及其用途。"

实际上,作为自由民权运动的开端,早在 1874 年 1 月 17 日板垣退助等八人在向左院提出的"设立民选议员建议书"中,批判了"有司专制",同时指出国家稳定"唯有强化天下公议",其理由就是"人民是向政府缴纳租税者,因而具有知晓政府事务的权利,此乃天下通论,无需我等赘言",阐明纳税者具有参与政治的权利。该建议书并《日新真事志》刊登后广为人知,引起广泛讨论并将自由民权运动推向全日本。

在 1877 年 6 月 12 日立志社提出的"立志社建议书"中,再次强调"既然对人民课以血税,那么,专制之政治就不能对应被专制统治的人民,需要实施宪政体制"。

尽管从表面上看,明治政府是在自由民权运动的压力下承诺十年后制定宪法、开设民选国会,但从实际的操作过程来看,明治政府争取到在较为宽裕的时间内从政府立场制定宪法的环境,在一定范围内给予选举权的基础上将非权力精英阶层纳入到体制之内,从而强化了体制的基础。

值得关注的是,在《大日本帝国宪法》的制定者看来,日本至民的纳税义务既不是古罗马时代的"征服与被征服关系",也不是英国式的"承诺与被承诺的关系",而是来自万世一系的"君民一体"。针对《大日本帝国宪法》第2章第21条明确规定的"日本臣民依法律规定有纳税之义务",伊藤博文解释为"培育中兴之果实且永久保存之"。同时,为避免出现议会利用征税权对政府施加压力的局面,特意规定"现行租税,未经法律重新改定者,仍依旧征收"(第63条),"在帝国议会未议定预算或未能通过预算时,政府应施行前一年度之预算"(第71条)。

由此可以看出,即使在征税以及政府预算问题上,《大日本帝国宪法》仍然贯穿了从统治者立场出发的"无偿性""强制性"式的德国帝国宪法风格。

尽管如此,帝国议会的开幕为非权力精英阶层提供了参与政策决定过程的舞台。从1890年第一届议会开幕,一直到1894年甲午战争爆发之前,前后开过六次议会,代表纳税阶层的"民党"反对专权政治,要求休养民力,减轻税收,节约经费,大幅削减政府提出的预算方案,与政府展开激烈的对立,甚至迫使内阁总辞职或解散议会。

也正因如此,甲午战争爆发后,所有"民党"议员立刻转向,在议会里赞成政府战争预算,在社会上积极支持对外战争,从而体现了近代国民国家的本质。正如"国民国家论"所指出的那样,国民国家既有国民主权也有国家主权,民权和国权是对立的统一,自然会出

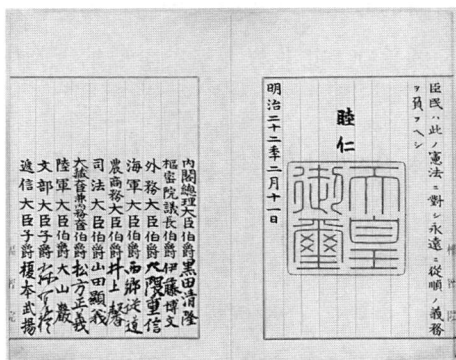

图3 《大日本帝国宪法》中的天皇御玺与内阁大臣副署

现"对内立宪主义,对外帝国主义"的现象。即对内争取民权,对外争取国权,两者相辅相成。国家给予国民应有的政治地位和权利,国民就有义务去维护国家的利益或权利。

无论是权力精英,还是非权力精英,因为他们具有较高的知识水平和判断力,在幕末和明治初年的西方文明冲击下,很快形成具备了国家以及国民的意识,正如前面论述的有关国家设计及政治参与那样。但如何使明治时代的普通日本人具备国家及国民的意识,明治政府采取的两个主要途径是教育与兵役,即将天皇塑造为国家的象征,通过强制性的义务教育制度和征兵制度向普通民众灌输"忠君爱国"的观念。

关于这个话题,将在近代教育与征兵制的章节里加以叙述。

近代日本军人及军事体制

　　日本有一位著名的作家司马辽太郎,写过许多以明治时代为背景的小说,例如《坂本龙马》《坂上之云》等,对近代日本历史有自己独特的看法,通常称为"司马史观"。即 1868—1912 年的明治时代充满了朝气勃勃的精神,不断向上的迅速发展,是"光明的历史"。但 1926 年进入昭和时代后骤然发生变化,军部"暴走",将国家导向不归之路,遭灭顶之灾,是"黑暗的历史"。

　　其实,尽管历史发展有偶然性,但基本上具有连续性,前因后果,从制度上讲,近代日本走向对外侵略有两大因素,一个是军人培养制度,一个是"统帅权"独立。

　　首先看一下近代日本的军人培养制度。服兵役的是"兵",指挥作战的是职业军人,职业军人毕业于培养军官的特定教育机构。例如在陆军,培养军官的学校是陆军少年学校、陆军士官学校、陆军大学。明治初期全盘西化,一开始陆军准备学法国,但普法战争爆发,法国人被德国人打得落花流水,日本人转而学德国,组建军队,不仅在军事技术、军队组织乃至作战方式全面模仿,而且如同德国陆军一样,军队与政治十分密切,经常干预政治。

　　日本的海军学英国,学得非常彻底,设在江田岛的海军学校一砖一瓦都是从英国运回来的,建筑样式也类同。制造带运费,一块砖大概需要现在的 150 美元,相当于当时一个日本农民家庭一年的生活费。如同英国一样,海军很少干预政治。

陆军的职业军人是如何培养的呢? 首先是陆军少年学校。当时全日本有六所陆军少年学校,每年招收大约有 250 名学生,学业为三年。满 13 岁的高级小学毕业者或中学一年级结业者经考试录取。

陆军少年学校毕业的学生大多数进入陆军士官学校,陆军士官学校每年招收 200 人到 300 人,学制通常为四年。20 岁左右毕业后加入自己出身地的军队,经过见习士官后成为少尉。

30 岁左右成为中尉后有资格接受陆军大学的考试,但需要所在军队联队长(大体上相当于我国的团长)的推荐。陆军士官学校毕业者大约十分之一进入陆军大学。在陆军大学全部 3007 名毕业生中,只有一人不是陆军士官学校毕业生,即甲级战犯之首东条英机的父亲东条英教。

图1　1882 年设置的陆军大学,参谋本部管辖,毕业者共有
3 007 名

陆军大学每年录取的学生只有 50 人,竞争非常激烈,一旦通过考试且顺利毕业,就拿到了成为高级军官的快车票。因为同样是职业军人,如果没有陆军大学的学历,大多为联队长,升为将军者很少,只占将官总数的 6% 左右。由于陆军大学的校徽(1936 年废除)类似江户时代天保年间铸造的铜钱,因而陆军大学毕业者称为"有天组",无此经历者称为"无天组"。比喻很准确,如果不是陆军大学毕业,联队长通常成为晋升的天花板。

陆军大学毕业生的"首席"(成绩第一名)和前五名优秀者,天皇赠给军刀,也称"军刀组(恩赐组)"。这些人狂妄自大,飞扬跋扈,目中无人,往往占据军队要害部门,战争就是在他们的推动下迅速扩大的。

图 2　军刀组,右胸佩戴陆军大学毕业徽章,左手为天皇恩赐军刀

另外一个制度性因素——"统帅权"独立。

明治新政府成立后,主管军队与军事事务的机构是兵部省,1872 年分为陆军省、海军省。明治元老为保持军队不受政府的约束,在 1878 年

将参谋本部从陆军省独立出来，军队的指挥权名义上直属天皇。1885
年实施内阁制，领班为首相，内阁成员包括陆军大臣、海军大臣。即使在
《大日本帝国宪法》中也规定"统帅权"独立，直接受天皇的指挥，同时规
定首相与各大臣各自向天皇负责，相互之间没有隶属关系。也就是说，
首相指挥不动包括陆军大臣、海军大臣在内的内阁成员。

　　1893 年海军也照葫芦画瓢，将军令部从海军省独立出来，参谋
本部与军令部形成专门的"军部"。换句话说，决定军队装备、兵员
数额的军政归内阁所属的陆军省与海军省，调动军队、指挥作战的
军令归参谋本部与军令部。也就是陆军省与海军省是承担统治权
中的行政权，参谋本部与军令部是承担"统帅权"的组织，两者的分
离为"军部"能够"暴走"奠定了基础。

　　指挥军队的军队将领，陆军有总军、方面军、军的司令官和师团
长，海军有舰队司令官和镇守府司令官，这些军官均由天皇任命，尊
称为"阁下"。战前没有独立的空军，分别隶属于陆军和海军，称陆
军航空部队和海军航空部队。1930 年前后，作为平时编制，陆军在
日本内地分东部、中部、西部三个地区，分别设防卫司令部，配备 14
个师团，北海道一个师团，朝鲜军司令部统帅两个师团，台湾军司令
部统帅台湾守备队，在中国辽东半岛的关东军司令部统帅关东军；
海军的舰船分为现役舰和预备舰，现役舰的第一舰队和第二舰队组
成联合舰队，警备舰隶属镇守府。

　　另外，还有两个天皇的咨询机构。一个是元帅府，明治初年西乡隆
盛短时期内任陆军元帅兼参议，后来取消了元帅称号，只有天皇是大元
帅。1898 年设元帅府，给予陆海军大将中军功卓越者元帅称号，作为天

皇在军务方面的顾问。最初只有小松彰仁亲王（陆军）、山县有朋（陆军）、大山岩（陆军）、西乡从道（海军）四人，其后逐渐增加，战前共有 30人得到其称号。另外一个是军事参议院，1903 年设置，成员为陆海军中将或大将，就重大军事问题接受天皇的咨询或提出建议书。

《大日本帝国宪法》第 11 条规定"天皇统帅陆海军"，包括陆海军的编制、定员、人事、出兵及撤兵、决定战略、指挥作战等权限。当然，这些权限是由陆军委托陆军大臣及参谋总长、海军委托海军大臣及军令部长行使，狭义上的统帅权是指天皇将制定战略、军事作战计划、下达指令等军令权限委托给军事专家参谋总长、军令部长行使。

尽管宪法上没有明文规定，但按照惯例，调兵作战的军令权限不是由国务大臣（内阁成员）行使，而是由统帅部（参谋总长和军令部长）行使。这种"统帅权独立"的观念来自明治元老们担心政治家掌握统帅权有可能恢复幕府政治或成为政党之争的工具，因而由元老统筹把握、协调军政与军令可以防止"统帅权独立"出现问题。

国家在制定国防方针时，国家战略与军事战略既有重合的部分，也有矛盾的地方，相互之间的协调、整合十分重要。明治时期的元老们具有较强的协调能力，例如中日甲午战争时期，伊藤博文作为政府首脑列席大本营会议，甚至插手军事作战计划。

尽管在 1900 年规定陆、海军大臣现役武官制，即陆军大臣、海军大臣必须由现役的中将或大将担任，但在决定日俄战争开战的御前会议上，天皇、桂太郎首相等五名内阁成员（外务大臣、大藏大臣、陆军大臣、海军大臣）与五名元老（伊藤博文、井上馨、大山岩、松方正义、山县有朋）做出相关决定，统帅部按照其决定制定作战计划。

1912 年西园寺公望内阁时期，陆军大臣上原勇作要求增加两个师团，遭到拒绝后愤然辞职，陆军拒绝提出后继人选，结果导致内阁垮台。因为内阁成员齐全才能行使行政权，例如一项法令必须有全体内阁成员签名才能生效。尽管这是陆军第一次利用军部大臣现役武官制，但社会反应十分强烈，各界人士发动护宪运动，政府趁机改变相关规定：预备役、后备役大将或中将也可以担任军部大臣。

进入 20 世纪 20 年代以后，随着元老逐渐谢世，各个权力机构之间的协调出现较大的问题，军部的势力逐渐增强。对"统帅权独立"的解释也逐渐变成"首相及帝国议会不能干涉军事领域的事务，政治与军事处在对等的地位"。1930 年，滨口雄幸内阁代表日本政府签订伦敦海军裁军协定，尽管得到帝国议会的审议通过以及天皇的签署，但还是遭到军部的强烈反对。同年 11 月，滨口首相遭到右翼团体成员的枪击，第二年 8 月去世。

进入 20 世纪 30 年代以后，日本社会弥漫着强烈的军国主义气息，激进的军队下层首先在 1932 年制造了枪杀首相的"五一五事件"，又在 1936 年发动了"二二六事件"，政府高官死在叛军的枪口之下，同年上台的广田弘毅首相不仅完全按照军部的意向组织内阁，而且恢复了军部大臣现役武官制。

无论是在参谋本部，还是在军令部，处在最高位置的是制定战略战术、调动军队的作战部，进入参谋本部作战部的军官必须是陆军大学毕业生前六名的"军刀组"。参谋本部作战部决定了太平洋战争中的所有战役,而且几乎听不进其他部门的建议。例如,参谋本部第二部是情报部,虽然其成员不是"军刀组"成员,但也是第六名以下的优秀人才,其情报分析也十分优秀,但作战部完全不予理睬。

从理论上讲,参谋没有决策权限,只是帮助指挥官决定作战方案。旅团以上的部队设置参谋,均是陆军大学毕业者。除部队自己的参谋外,重要时刻大本营也派遣参谋到战场。出身陆军大学,特别是军刀组的参谋们目中无人,为所欲为,结果可想而知。

最初是关东军的参谋们甚至无视参谋本部的命令自行其是,扩大事端。例如 1928 年炸死张作霖的中心人物河本大作、1931 年挑起"九一八事变"的中心人物板垣征四郎及石原莞尔、1939 年挑起"诺门罕战争"的辻政信等均是关东军参谋。石原莞尔因建立"满洲国"有功,官职连升三级。因此,"卢沟桥事件"爆发后,参谋本部作战部的武藤章是狂热的战争扩大派,受到石原批判后辩解说"向前辈学习"。

太平洋战争时期大本营参谋更是狂妄,例如辻政信不仅假借大本营的命令,甚至假借天皇的名义,"大命已下",调动大军盲目进攻。虽然被称为"战神",但屡屡惨败,特别是在缅甸战场,胡乱指挥,死伤日本官兵无数。1961 年,独自一人,穿着袈裟,消失在老挝的密林中,至今下落不明,民间传说是被冤魂叫去了。

除制度性因素外,军部能够"暴走"还有其他的因素,例如 20 世纪 20 年代持续的经济危机特别是 1929 年世界大危机对日本社会产生的影响、政党内阁的政策失误及经济危机引发民众对政府的强烈不满导致军部势力扩张、帝国主义国家瓜分殖民地狂潮以及军部对中国民族主义的夸大渲染使得日本民众支持政府对外侵略扩张政策等。

鉴于战前日本军部"暴走"的教训,战后美国赋予日本的宪法规定日本放弃战争和文官统治,即使拥有了战斗力很强的自卫队,也一直强调内阁,特别是首相的统帅权。前几年日本空军参谋长在其参选的论文中否认近代日本对外战争的侵略性,在舆论的压力下,首相将其解职,其理由不是错误的历史观,而是其观点没有与内阁保持一致。

近代义务教育与《教育敕语》

学术界有一个观点,即明治维新后日本迅速走向近代化,与传统社会日本的教育程度较高有很大关系。因为在江户时代,各藩不仅有藩校,是武士接受教育的地方,另外还有许多寺子屋,也就是寺院开办的学校,是平民接受教育的地方,甚至女孩子也到寺子屋学习。

据统计,幕末时期当时大约 30％的人接受过基础教育。

明治维新后,日本政府在教育问题上也非常积极,一开始模仿浪漫的法兰西人,既搞学区制度,也崇尚个人立身治产的实用主义,甚至提出"邑无不学之户,家无不学之人"的有教无类原则。也就是不分身份等级和出身状况,全民皆有接受教育的资格,凡是适龄儿童,不论男女,都应该接受初等教育。

根据 1872 年政府颁布的《学制》,全日本共分为 8 大学区,每个学区设一个大学,32 个中学区,一个中学区设 210 个小学区。通算下来,总共有 8 个大学,256 个中学,53 760 个小学。教育行政管理完全采用中央集权制,即在文部省统一管理下。小学教育分为下级和上级,各四年,共计八年。

上述计划显然并不适合日本的现实状况。首先从人口上看,平均每 600 名日本人就有一个小学,不可能有那么多的入学适龄儿童。另外,从受益者负担的原理出发,学校建设费及维持运营费等均由地方负担，同时向受教育者征收较高的学费，引起民众不满，到处发生捣毁学校事件。

因此，平均入学率不到 30％，坚持到小学毕业的学生就更少。例如伊丹小学下等小学入学时有 291 人，毕业时只有 9 人，同龄儿童中的毕业率为 1.1％。直到 1873 年，全日本共有 12 597 个小学，男生共有 880 335 人，入学率为 39.9％，女生共有 302 633 人，入学率为 15.14％。

图 1　长野县松本市开智学校。1876 年建，2019 年第一个作为国家级文物的学校建筑

1879 年政府颁布《教育令》，新法参考美国的学校制度，地方政府根据自己的实际情况实施教育，规定小学教育为 16 个月，《教育令》的出台不仅使小学入学率立即陷入低迷状态，而且明治天皇在地方考察时对这种自由主义教育十分担心，认为有可能丧失良好的传统价值观念，因而《教育令》颁布后的第二年就作了修改，中央政府再次加强了对公共教育的控制，同时规定父母必须让儿童接受 3

年的小学教育。

曾在 1926 年和 1931 年两次担任首相的若槻礼次郎 1866 年出生于岛根县松江藩下级武士家庭，回忆自己 7 岁时腰中插把木刀去寺子屋上学，功课是天天练字。很快转到新式小学校就学，在 20 人的班级里写字排第二。若槻小学毕业后进入中学，因交不起学费退学，1881 年成为无须教师资格证明的代课教员，月工资为 1 日元 50 钱，伙食免费。

学校最初是在民家，后来搬到牛棚的二楼。下面是牛叫，上面学生喊，一片嘈杂声。牛棚的所有者是校长本人，是村里的首富，十分受人尊敬，因而教员只有 60 岁的校长和 16 岁的若槻。此时全日本共有 28 742 所小学，入学率男女平均为 42.9％。男女教员共有 76 618 人，平均每校不到 3 人，算起来若槻任职的学校教员还不是最少的。

1886 年文部省颁布《小学校令》，从而在法律上确立小学教育为义务教育，同时规定父母必须让孩子接受 4 年的小学教育，同时强调日本主义、国家主义的教育方针。1890 年日本政府修改《小学校令》，明确小学教育的三大理念：道德教育、培养作为日本国民的理念、生活必需的普通知识。

1900 年，政府第三次修改《小学校令》，全国小学教育统一为四年制，在法律上确定小学教育为免费义务教育，废除小学升学考试制度，强化国家对小学教育内容的管理，小学使用的教材必须由国家制定。这次《小学校令》修改的最大特色就是在法律上确定了小学教育为免费义务教育以及国定教科书制度。1903 年，日本政府颁布小学国定教科书制度，教科书检定制度改变为国定教材，由文部省主编。1907 年政府规定将义务教育年限延长为六年，到明治末年，1910 年适龄儿童小学入学率接近 100％。

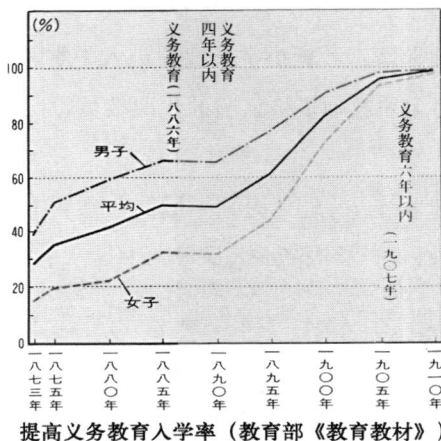

提高义务教育入学率（教育部《教育教材》）

图 2　明治时期的义务教育发展

曾有美国学者这样评价明治时代日本义务教育，"六年的义务教育与其说让受教育者掌握了某种生活的技能，倒不如说灌输了一些忠君爱国的意识"。实际上，早在 1880 年日本开始实施国家主义教育，特别是 1889 年颁布宪法、召开国会之后，一些保守主义政治家感到忧虑。1890 年在地方自治体长官会议上，县知事们建议内阁强化道德、伦理的教育，防止年轻一代走向激进的改革道路。曾在 1882 年推动颁布《军人敕谕》、成功在军队实施思想统制的山县有朋首相也有此意，指示学者中村正直起草。

法制局局长井上毅否决了中村起草的文件，曾参与宪法制定过程的井上认为《大日本帝国宪法》给予国民有限的自由,因而如何以不妨碍这种自由的形式将天皇的心声传达给国民,因而亲自起草了《教育敕语》。本来井上设想由天皇亲自宣布《教育敕语》,但在1890年10月30日,明治天皇在宫中将《教育敕语》下赐给首相和文部大臣。第二天,官报刊登了文部大臣的"训示",要求全体教员潜心研究,全部学生奉读,体会其精神,牢记心中,落实在行动上。

天皇通过书面形式表达自己的意愿分为"诏书""敕书""敕谕""敕语"等四种,前两种带有宪法规定的权限,其文书需要国务大臣的副署,后两种口头语言表述,无须国务大臣的副署,但形式更为隆重,对国民影响更大。

尽管《教育敕语》只有短短的315个字,但可以分三层意思。第一,阐明日本"国体之精华"乃忠孝二字,国家道德之本是教育之本,即教育以培养忠臣孝子为出发点;第二,列举十大德行,即孝、友、和、信、恭俭、博爱、学习、成德、公益世务、重宪遵法,构成所谓"德育"的主要内容;第三,叙述德育的结果乃造就"义勇奉公"的忠良臣民,以"辅佐皇运"。

实际上,《教育敕语》最重要之处正在这一点上,"一旦缓急,则义勇奉公,以扶翼天壤无穷之皇运",即一旦发生与外国的战争,臣民们必须主动献身国家,为这个国家所有者天皇家族能够永远保存下去英勇奋斗。

以首相和文部大臣的名义将《教育敕语》抄写本下发到各个学校,要求学生集会时齐声朗读(奉读式)。除"教育敕语"抄写本外,称为"御真影"的天皇、皇后照片也下发到各个学校,学校聚会时施以最大敬礼（拜戴式）。与《教育敕语》抄写本不同的是，御真影并不是发给所有的小学，只有自己提出申请且是优秀学校才能从文部省得到。

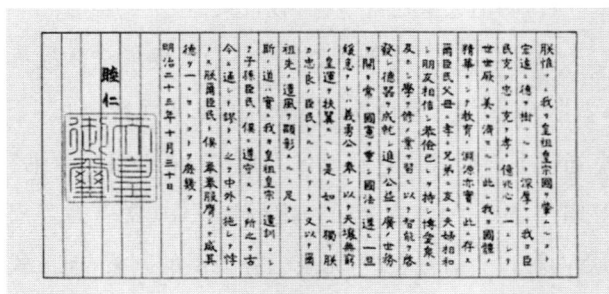

图 3　《教育敕语》

1891 年 1 月 9 日，在第一高等中学的开学典礼上，按照代理校长的要求，每位教员和学生都要登台宣誓并向"御真影"施以最隆重的敬礼。作为基督教徒，内村鉴三在向《教育敕语》和"御真影"敬礼稍加犹豫，只是按照宗教仪式轻轻点头。结果遭到激烈的攻击，被批判为"非国民"，最终失去了教师的工作，可见事态的严重性。

该事件表明国家主义、日本主义、保守主义的教育彻底取代了明治维新以来向欧美学习的自由主义教育。

1891 年 6 月，文部省颁布《小学节日仪式规则》的训令，要求所有学校在节日或其他集会活动时必须符合以下程序，即第一向"御真影"施以最大敬礼并高呼两陛下万岁，第二奉读《教育敕语》，第三校长训示，第四齐唱歌曲。

1893 年，文部省专门规定上述场合齐唱的八首歌曲为"君之代"

"纪元节""天长节"等。"纪元节"为建国纪念日,"天长节"为天皇诞生日,再加上元旦,时至三大节日时,全日本各地的学校及其附近的居民集中在一起进行"奉读""拜戴"。为使小学生们能高兴地参加仪式,学校想出各种招式,例如带他们到操场或野外做体操或游戏,或者让他们画画,或者发水果馒头等,以至于也有将这种仪式称之为"馒头节"的地区。

1904 年采用国定教科书后,"修身课"教科书载有《教育敕语》。1911 年普通小学从四年制改为六年制,教科书也发生变化,不仅"修身课"教科书有《教育敕语》,其他科目的教科书也有《教育敕语》。

4 个学年的教科书全文刊登标有日文假名字母读音的《教育敕语》,第 5 个学年不再附加假名字母读音。学校奖励会背诵和默写《教育敕语》的学生,尽管全文较短,但用古日语写成,熟读也较为困难。尽管如此,经过严格训练后,每个人都能倒背如流,甚至战后 50年后仍然有人流利地背诵。据说 1923 年关东大地震时,谣传在日朝鲜人要趁机暴乱,甄别是否日本人的标准就是背诵《教育敕语》。

在教育敕语颁布的第二年,文部省专门向地方政府下达训令,要求各个学校以"最大的尊重"安置"御真影"和《教育敕语》抄写本,否则将处于严厉的惩罚。1910 年后,各学校为最大地尊重安置"御真影"和《教育敕语》抄写本,专门建造一座小庙式的建筑物,称之为"奉安殿",孩子们上下学时必须对其鞠躬敬礼,甚至不断出现火灾时舍命救出"御真影"和《教育敕语》抄写本的英雄式人物。

随着"御真影"和《教育敕语》抄写本的下赐,皇室生活也逐渐渗透到学校教育中。圣上结婚纪念日也成为学校的重要节日,天皇生病期间学生到神社参拜祈望早日康复，皇太后及明治天皇去世时学生身穿丧服、禁止运动会及修学旅行、停止唱歌课等。

作为臣民，从小就灌输了为天皇献身的观念，日积月累，根深蒂固，战争末期出现军民战斗到最后一个、驾驶飞机撞击美国军舰的自杀性进攻也就不足为奇了。即使在战争结束以后，日本政府提出全部日本人都要忏悔的口号，此时的忏悔不是反省对外侵略扩张给其他国家和人民带来的灾难，而且忏悔没有完成天皇交代的打败英美的任务。

也许正因如此，即使到了占领时期，盟军总部态度比较慎重，没有在任何指令中提到《教育敕语》，只是在 1946 年 3 月到日本的美国教育使节团在其报告书中劝告停止奉读《教育敕语》。

尽管 1946 年昭和天皇表明自己是人不是神的元旦致辞"人间宣言"发表后，社会舆论要求废止《教育敕语》的呼声渐起，但吉田茂内阁的文部大臣仍为其辩护，称只是过度解读了《教育敕语》，甚至策划出台新版的《教育敕语》，而且 1946 年 8 月新成立的内阁咨询机构"教育刷新委员会"基本倾向文部省的意见。但《日本国宪法》和《教育基本法》实施后，同时盟军总部也给予压力，终于在 1948 年 6 月，国会众参两院通过《教育敕语》失效的决议。

尽管如此，尚在占领时期的 1950 年，时任文部大臣呼吁复活《教育敕语》。保守主义政治家一直耿耿于怀，认为《教育基本法》过多地强调了个人自由主义，丧失了日本的优良传统，到安倍晋三第一次执政的 2006 年，终于修改了《教育基本法》，添加了爱国主义的成分。2017 年包括文部大臣在内的政治家又开始提倡恢复《教育敕语》，尽管也存在反对的声音，但从中也可以看到日本社会总体保守化的趋势。

征兵制与《军人敕谕》

　　传统社会的日本,武士是职业军人,但明治维新后,士农工商四民平等,征兵制应运而生。服兵役成为全体国民的义务,而且可以以较少的费用维持庞大的军队,最初在 19 世纪中期由普鲁士、法国等实施,但日本的引进过程颇费周折。明治政府成立时没有直接管辖的军队,皇族成员担任的军事总裁通过大名指挥各藩之兵,而且相互之间存在较大差异,因为模仿的对象不同。

　　长州藩(现在的山口县,幕末时期就组织了各个社会阶层均参加的"奇兵队")出身并担任国防副部长(兵部大辅)的大村益次郎为建设国家军队东奔西跑,其设想是按照法国样式构建常备兵力,平时驻扎在兵营中,设立培养陆海军官的学校、兵工厂、军队医院等。其改革设想引起士族的不满,大村在视察大阪基地时遭到袭击身亡。

　　接下来继续推进军事改革的是国防部副部长助理(兵部少辅)、也是长州藩出身的山县有朋,他认为近代的战争不是个人技术,而是集团的力量,因而主张"全民皆兵",其设想是建立常备兵和预备兵。为此,专门制定了《征兵规则》,按照万石征集五名士兵的比例服兵役。由于遭到各藩的反对,政府只好在 1871 年由萨摩、长州、土佐三藩提供的 6300 名士兵组成"御亲兵"(直属天皇的军队,第二年改称为"近卫军")。同时为维持地方治安,在仙台、东京、大阪、熊本设四个镇台(后增加名古屋和广岛),并在此基础上实施了"废藩置县",然后将各藩的兵力收编到中央政府。

1872年，废除兵部省，设陆军省和海军省，同年12月28日以天皇名义颁布《征兵告谕》，1873年1月10日正式颁布《征兵令》(此日成为新兵的入营时间)，同年又颁布了《枪支禁止规则》以及《废刀令》，彻底解除士族的武装。本来陆军模仿的对象为法国，尽管在职业军官统率下的征兵制两国相同，但普法战争之前法国带有浓厚的雇佣兵色彩，普鲁士更接近义务兵役制度。特别是普鲁士在战争中获胜，因而成为日本陆军的榜样，甚至陆军大学最初的教员也是德国人，结果陆军也具有较强的政治性，即经常干预政府事务。顺便提及的是，日本海军自始至终模仿的是英国，与政治的关系也比较薄弱。

最初的征兵令是将满17岁到40岁的男子登录在册，满20岁的男子进行体检，身体合格者抽签服兵役3年，复员后仍有4年预备役。由于当时交纳270日元者、户主、嗣子、养嗣子、独子、独孙、官员、官立学校学生等可以免服兵役，结果有多达80%的适龄者可以免除服兵役，当兵者的80%是农村家庭的次子或三子。例如1876年，满20岁者全日本共有29.6万人，免服兵役者竟有24.2万人。

交纳270日元(相当于现在的880万日元。1879年，交纳费提高到400日元)可以免服兵役的规定，实际上是一种替代费，即三年服兵役所需的各种费用总和，其中包括津贴、伙食、被褥、武器、日常用品等费用。引起连锁反应的是，养子的价格也变成270日元。明治初年普通警察的月工资为6日元，能够交纳替代费者寥寥无几，

1876 年只有 14 人,到 1882 年才达到 482 人。免服兵役的户主 66 592 人,嗣子、嗣孙、养嗣子为 155 659 人。

另外,在 1887 年以前的北海道和 1898 年以前的冲绳岛没有实施《征兵令》,因而也有不少为逃避服兵役者而迁移到这两个地区,著名作家夏目漱石就是一个事例。

对广大农民来说,服兵役不仅从观念上难以接受,因为当兵打仗是武士的事情。更是一项沉重的负担,怎么说也是失去了廉价劳动力,再加上《征兵告谕》中说服兵役是"以血报国",文化程度不高的农民担心当兵后被抽血等,于是,各地农民纷纷举行反对征兵的"血税"暴动。

1883 年废除替代费,1889 年大幅度修改《征兵令》,户主、养子

图 1 如何免服兵役指南

也不能免服兵役,逃兵役者只好利用逃亡、自残、生病等方式,《征兵令》中专门规定对其行为判处一个月以上一年以下的徒刑,并处于 3 日元以上 30 日元以下的罚款。尽管如此,直到 1931 年日本发动侵略中国东北地区的"九一八事变"时,每年逃兵役者均超过 2 万人,从时效上看,这些人必须至少"人间蒸发"20 年,也就是说到 40 岁以后才能公开生活。

1927 年日本制定取代《征兵令》的《兵役法》,规定原则上大日本

帝国的男性臣民必须服兵役。兵役分为常备兵役、后备兵役、补充兵役和国民兵役4种形式,常备兵役又分为现役和预备役,补充兵役又分为第一补充兵役和第二补充兵役,国民兵役也分为第一国民兵役和第二国民兵役,共有7种兵役形式。

以陆军为例,现役2年之后是5年4个月的预备兵役,然后是10年的后备兵役,再往后是12年4个月的补充兵役。第一补充兵役是适合现役但尚未服兵役者,但现役不足时入伍,如果没有入伍则接受90天的军队教育。第二补充兵役也是适合服兵役者,平时不召集入伍。40岁(1943年延长到45岁)之前服国民兵役,第一国民兵役是兵役结束者接受军队教育且结束第一补充兵役者,第二国民兵役是17岁以上且不适合上述条件者。

年满20岁(1943年后为19岁)身高152厘米以上男性均有接受入伍体检的义务,甲种为身体特别健康,可以入伍,兵员多时可抽签入伍;乙种为身体健康,可编入第一或第二补充兵役,兵员不足时可志愿或抽签入伍;丙种为身体较差,编入国民兵役,可在体检结束后回家;丁种为残疾人士,免除服兵役;戊种为因生病或其他原因难以判断者,可在来年再次体检。

入伍后即为二等兵,一年后可升为一等兵,退伍时大多为上等兵。退伍后随即转入预备兵役,1910年,服预备兵役和后备兵役者组成在乡军人会,"奉读"《军人敕谕》《教育敕语》,提高成员精神,帮助残疾军人及阵亡军人遗属,训练青年军事技能等。1931年时会员接近300万,社会影响力较大。

对于明治政府来讲,更为重要的是用什么样的精神充实新式军队,甚至将其与近代国民国家建设联系起来。在这一过程中,其中不得不提的人物是山县有朋。从表面上看,山县在很大程度上是近代日本军队的缔造者,早在1871年,山县等人提出"军备意见书",不仅提出尽快实施征兵制度,而且武器的国产化与军官的培养也是当务之急。因为其后的军队建设不仅维持国内治安,也是对外维护国权的有力工具。

实际上,山县在明治时期国家内部建设方面也发挥了较大的作用,例如在地方治理和行政官僚等。当然,山县对构建以天皇为核心的意识形态更是不遗余力,既积极推动《军人训诫》和《军人敕谕》的出台,而且也积极参与了《教育敕语》的制定。当然,所有这些都为保护山县所说的"利益线(国境线外对日本利益攸关的地区,意指朝鲜半岛)"服务。即使到1890年国会开幕时,山县还在强调:尽管国内建设告一段落,但国家独立的使命尚未完成,因为山县追求的国家战略是对内"保安国民",对外是"宣扬国威"。

1878年8月,驻扎在东京的近卫军炮兵大队因待遇问题发生叛乱,百余名士兵枪杀长官后炮击财政部长(大藏卿)大隈重信住宅,并进军皇居请愿,史称"竹桥事件"。该叛乱很快平息下去,两个月后颁布了由西周起草、以陆军部长(陆军卿)山县有朋名义颁布的《军人训诫》。

西周在幕末留学荷兰,回日本后任幕府军事学校校长,翻译《万国公法》,为启蒙思想团体"明六社"主要成员,历任兵部省、文部省、陆军省官僚。西周起草的《军人训诫》前半部强调忠实、勇敢、服从的重要性,后半部分为 18 条逐一具体说明。其草稿与后来颁布的《军人训诫》相比,语句稍加修改,顺序有所变化,但内容基本没有什么变化。

西周认为"今规则操法,外躯骨肉也,精神乃活用此外躯之脑髓神经也,故军人之精神乃六师之根也,苟精神不振时,纵然规则极其密,操法尽其精,然难以动作也"。因此,"军人精神以何维持之,只不过是忠实、勇敢、服从",一名军人如果不忠诚,那么仕奉大元帅皇上、报效国家都是不可能的。如果不勇敢,则更是难以"临战、冒险成功名"。军人如果不以服从为主的话,也不可能"维持军队,使三军如一身"。

当时自由民权运动蓬勃展开,参议山县有朋认为有必要借助天皇的权威对军队实施思想控制,因而在 1882 年颁布了仍然由西周起草、井上毅加以修改、天皇下赐给陆海军的《军人敕谕》。全文 2700 字,冒头为"我国军队世代为天皇所亲御",然后回顾了神武天皇以来的历史,至今已有 2500 多年,但有 700 年时间,其权限为武家夺取,明治维新后天皇重新掌握军权,不再重蹈中世之错误。

同时明确强调天皇与军人应结为上下一体,也就是"朕即汝等军人之大元帅,故即倚汝辈为股肱。汝等亦当仰朕为元首,效其亲爱。朕之能否保卫国家,上应天心,以报祖宗之殊恩,全视汝辈军人之能否克尽其职"。

对军人提出 5 条具体的要求,"军人当以尽忠尽节为本分","夫既享生於我国,其谁复无报国之心,而况於为军人者"。"须知义有

重於泰山,死有轻於鸿毛";"军人须以礼仪为重","须知下级者之承
上命,实无异承朕命";"军人当尚武勇,夫武勇为我国古之所重。凡
我臣民自非武勇不可";"军人当以信义为重,守信重义本为人类之
常道。为军人者苟无信义";"军人应以质素为旨,盖不尚质素,则必
流於文弱与轻薄"等。最后明确"愿汝辈军人善体朕意,谨守此道,
以尽报国之忠"。

天皇通过书面的形式表达自己的指示和意愿分为"诏书""敕
书""敕谕""敕语"等四种,前两种带有宪法规定的权限,其文书
需要国务大臣的副署,后两种口头语言表述,因而无须国务大臣
的副署,但形式更为隆重,对国民影响更大。因为该敕谕是三条
实美等最高政府首脑奏请,天皇亲自将署名的 74 份《军人敕谕》
颁发给陆军大臣与海军大臣代理,然后印刷后发给军队、军校、地
方长官等。

敕谕终究是文言体,为准确地理解并实践其精神,需要详细解
释敕谕的"衍义"。《军人敕谕》刚刚颁布,海军兵学校校长提出解释
其含义的申请,政府许可并审阅其书稿,修改后正式出版,对敕谕的
传播和影响起到很大的推动作用。

尽管这种国家与国民的关系缺乏对等性,只是要求国民为国家
尽义务,没有阐述国民应有的权利。以天皇的名义下赐就带有很强
的意识形态色彩,陆军省要求士兵全部背诵,海军省较为宽松,即使
如此,在日复一日的朗诵过程中,国家认同意识逐渐形成。

国民国家与"琉球处分"

正如"国民国家论"始作俑者西川长夫所指出的那样，近代国民国家既有国民主权，又有国家主权。前者是内部的整合，通过宪政体制规定国民的义务与权利，从而产生国家的认同与效忠。后者是外部的整合，通过条约体制确定国与国之间的关系与空间（国境）。作为分别从属于中国与日本的琉球王国，1879 年的"琉球处分"恰好是近代国民国家形成过程中的典型事例。

冲绳古称"琉球"，与大陆的关系最早出现在中国史籍《隋书》中，记作"流求"。公元 607 年隋炀帝遣使流球，语言不同，带一名当地人回国。608 年再遣使，琉球不从，夺得甲胄一副回国，当时逗留长安的日本遣隋使小野妹子说是"夷邪国"（一说为"屋久岛"）人之物。结果隋炀帝派兵前往，掠得数千名男女而归。

14 世纪后半期，琉球有三个王国——山北、中山、山南，称"三山时代"。1372 年，明朝使者到琉球，建立朝贡册封关系。1429 年，中山王国统一琉球，此后直到 16 世纪中期处在历史上最繁荣时期。其原因一方面是频繁的对明朝贡贸易，另一方面是明朝不干涉朝贡国之间的交往。因此，琉球积极开展中转贸易，将明朝的生丝及丝绸制品、陶瓷器等产品贩卖到日本、朝鲜、东南亚各国，再将东南亚各国的胡椒、苏木等产品贩卖到明朝、日本、朝鲜等国。这种中转贸易不仅为琉球带来巨大的经济利益，而且也推动了以琉球为中心的东亚地区贸易圈的形成。

丰臣秀吉侵略朝鲜时曾要求琉球一同行动,琉球拒绝,但仍然提供了部分军用物资。萨摩藩主以此为借口在 1609 年率 3000 人攻占琉球,将其国王等作为俘虏带到日本。两年后,国王回到琉球,但奄美列岛成为萨摩藩的直属地,同时那霸有萨摩藩的住在机构,课以重税且控制贸易,同时大量萨摩藩人涌入琉球进行工商活动,直到今天仍具有其特征。但为保持与中国王朝的朝贡贸易,表面上仍然维持了独立王国的形式。因此,1854 年佩里舰队再次经过琉球时签订《琉球美国友好条约》,1855 年琉球与法国、1859 年琉球与荷兰签订了类似的条约。

1869 年明治新政府实施"奉还版籍",旧藩主原封不动地成为"知藩事"。1871 年政府实施"废藩置县",琉球王国属于鹿儿岛县管辖,县厅派遣官员到琉球,但同年缔结的《日清修好条规》并没有涉及琉球。1873 年,日本政府设置"琉球藩",其国王作为琉球藩主列为华族中的侯爵。明治政府提出断绝与清朝的册封关系及其交往、使用明治年号、藩主迁往东京等要求,遭到拒绝。

日本政府借口 1871 年宫古岛居民因风暴漂流到台湾且为当地土著杀害事件、1874 年以保护本国民众的旗号出兵台湾,同时将琉球事务从外务省转到内务省,作为国内问题处理,在此基础上与清政府交涉。经过一番努力,日本认为同年 10 月中日签订的"日清两国间互换条款"包括日本出兵台湾为"保民义举"、遇难琉球藩民为"日本国民"等内容,因而成为琉球为日本属地的根据。

尽管如此,1875 年 3 月琉球国派遣朝贡使节到北京,日本加快完全合并的步伐。同年 7 月日本内务大丞松田道之到首里,对藩主代理提出禁止与清朝的朝贡册封关系、关闭在外公馆(福州琉球馆)、使用明治年号、设置军事基地(镇台分营)等要求。但琉球藩对此做出各种抵抗行为,日本政府在1879年任命松田为处分官,率随员、警察、士兵等600人到琉球,命令"交出首里城""藩主上京""交出土地人民及官方文书等",同时宣布"废藩置县",将琉球藩改为冲绳县,史称"琉球处分"。

从王国到藩再到县,肯定触动许多传统利益,因而以琉球王府为中心发起有组织的抵抗活动,一时呈现县厅与王府双重政权同时存在的局面。日本政府加大控制的力度,消除了组织性对抗活动,但一部分人出走琉球,寻求清政府支持,进行复兴琉球王国的活动。

另一方面,清政府强烈反对日本对琉球的吞并,中日双方不断进行交涉,美国前总统格兰特也加以调解,1880年10月达成妥协,将冲绳列岛的南部划为清政府所有。但在琉球王国复兴活动的影响下,清政府负责谈判的李鸿章突然变卦,交涉中断。1894年甲午战争爆发后,清政府在战败后签订《马关条约》,割让中国台湾及澎湖列岛给日本,归属问题最后明确。

图1　首里城正殿,战时烧毁,1992年再建,2000年成为世界文化遗产,2019年再次烧毁

尽管被誉为"冲绳学之父"的伊波普猷（1876—1947 年，出身那霸一个士族家庭）认为在语言、文化的根基方面冲绳与"大和"具有共通性，甚至提出"日琉同祖论"，而且整合到日本近代国家也存在积极意义。因为相比萨摩藩统治时期具有"奴隶解放"之意，但伊波普猷最关心的问题是冲绳怎样才能不丧失固有的历史、主体性和特殊性，以及怎样在"日本中"确立冲绳的地位。

尽管琉球受中国及日本的影响，但琉球仍然具有独自的民族、文化认同，即"琉球意识"，两属的历史反而强化了这种意识。正因如此，在强行合并且实施彻底的"皇民化运动"之后仍然呈现自他意识、优劣意识，原因在于，本土的日本人以文明化的姿态去同化冲绳人，而冲绳人自然有一种受歧视的感觉。

即使在现实政策方面，冲绳也要慢上半拍或一拍。例如 1889 年日本颁布宪法、开设国会，由于在冲绳采取"旧惯温存"措施，冲绳实施众议院议员选举是在明治末年的 1912 年，实施府县制、参政权是在 1918 年。甚至在 1903 年大阪举行的第五届劝业博览会上，将冲绳人与虾夷人、朝鲜人、中国台湾土著一道放在称为"人类馆"的小建筑物中，一侧还有手持皮鞭的男性监护人，引起冲绳人的极大愤慨和抗议，史称"人类馆事件"。在本土的棉纺织或缫丝工厂中，冲绳出身者较为集中，例如在近江绢丝纺工厂中，冲绳出身者占男性工人的 85％，而且工资比本土人低得多；例如在大阪的刘家纺织工厂中，冲绳出身者的工资不到本土人的六成。

在日常生活中，冲绳人与本土人也有很大的差异。从传统与习惯上看，与本土人的"勤奋"相比，冲绳人比较"惰性"，是资本主义社会应努力克服的方面。其中一个较为典型的"惰性"是方言问题,冲绳实施的"皇民化"教育、生活改善运动,其焦点是冲绳话。正如佩戴"方言牌"那样,在学校教育中,实施最严厉的普通话教育,禁止使用冲绳话,为本土化努力是作为"标准日本人"的尺度。

从政治地位上看,冲绳是在中国台湾之上,但在社会地位上,又在中国台湾之下。1908年,中国台湾总督府曾提出"台湾琉球合并论",由于在经济地位上,冲绳远不如中国台湾,因而在日本政府看来,冲绳成为一个"麻烦的包袱"。当时有不少的冲绳人移居中国台湾或到本土隐名埋姓,提高自己的社会地位。战争结束后,中国台湾当局将冲绳人与日本人区别对待,愿意留在中国台湾者尽量满足期要求,据说得到认可并留在中国台湾的冲绳人有384名。

也许正因如此,在"国民国家论"学说中,将冲绳乃至北海道的近代历史作为"国内殖民地"加以论述,正如日本学者山﨑孝史所指出的那样,这种政治地位带来了许多社会经济矛盾。首先,日本政府在土地、税收、地方制度等方面采取"旧惯温存"政策,实际上推迟了冲绳的社会变革,造成冲绳与日本本土在社会经济上的差距不断扩大;其次,作为落后地区,随着日本资本主义的迅速发展,冲绳逐渐边缘化,成为区域外劳动力的供给侧,特别是20世纪20年代的经济危机,加剧了冲绳人的贫困化,许多冲绳人不得不移居日本本土工业地带和南北美洲的农业地区,但因为身体特征、语言、风俗乃至姓名都带有明显的冲绳特征,因而在这些地区受到歧视,反而强化了其冲绳人的认同意识,尽管这种意识是复杂且不稳定;再次,对冲绳人的歧视影响到冲绳人对冲绳文化的认同,在等同于近代化的日本人化过程中,语言、行为等成为日本人或者看起来像日本人,通常认为是冲绳人近代化的方法之一,但冲绳政治精英共有的感情偏向自我否定,在冲绳学界出现了"冲绳学"。如同前述,其理论强化了在不失去冲绳人自我认同的基础上成为日本国民的趋势;再有,冲绳县当局对冲绳人生活方式的改变,例如禁止裸足行走以及鼓励火葬等。当然,最难改变的是语言,客观地讲,将冲绳方言改编为日语普通话没有成功。第二次世界大战爆发前夕,日本民族主义、军国主义情绪高涨,冲绳当局采取严厉措施禁止使用冲绳方言,学校里的学生只能使用标准日语,这种政策致使冲绳人暗藏一种劣等意识。日本本土的知识人意识到冲绳文化的内涵之丰富,经常批判当局的政策,但冲绳的精英却具有将如何缩小冲绳与本土社会文化差异作为优先课题的倾向;最后,同化冲绳的各种政策造成了 1945 年冲绳战役的悲剧。在第二次世界大战中,上述差异和同化的结果,冲绳人为天皇及国家付出忠诚,逆境刺激了冲绳人的忠诚心和民族主义。随着占据的严峻化,冲绳成为抵御敌人的前哨阵地,美军也意识到占领冲绳是进攻日本本土不可缺少的环节,因而决定了冲绳战役的悲剧性。在该战役中,包括 10 万平民在内的 20 万人丧失生命,在死去的冲绳人中,有被日本军队杀害者和集团自杀者,但直到 1972 年美国归还冲绳施政权为止,其真相没有得到公开,归还后解释为国家形式暴力的重要教训。在冲绳人的认同意识中,日本帝国时代的典型特征为冲绳人的区域认同与国家认同交织在一起,前者具有在国民国家整合压力下的受压抑倾向,在回归之前以"忘却"的形式隐藏起来,但在归还之后却得到重新构建,在政治动员中发挥了重要的作用。如果说，集体记忆在集体认同的政治中不可或缺，那么在分析目前冲绳政局时必须回顾战前冲绳的历史进程。

图 2　冲绳民众反对美军暴行

回到最初的话题，从某种意义上可以说，作为近世时代的"拟似国家"，冲绳在日本近代国民国家的形成过程中没有任何选择的余地。通过划分国境而独立、并存的各个国家，在其内部也有主权空间下均质化的志向，也存在中心与边缘的关系，从中心到边缘，有一个伴随思想观念运动的社会经济的变动。从相反的角度看，也有一个边缘如何适应中心的演变过程，这个过程就是地域整合的本质。国民国家就是在这种内部的、外部的、地域的、空间的多重结构中按照其理念逐渐形成的，尽管这一过程不尽如人意。按照日本学者元滨凉一郎的解说，国家是产生空间的主体，主权是暴力创造的空间，因而"主权就是空间"。但从近代冲绳的事例来看，其定义应该是："所谓主权，是有关区域的空间以及与区域的关系"可能更合适一些。

涩泽荣一与日本近代工业化

日本每隔 20 年更换一次纸币上人物肖像,预定 2024 年最大面额纸币 1 万日元上的人物是涩泽荣一。本来过去一直有这样的想法,但涩泽没有胡子,在防伪技术还不像今天这样发达的时候,据说胡子多的人物容易上纸币。

涩泽荣一被称为"日本资本主义之父",不仅仅是因为一生参与创办了 500 多家近代企业,也创办了 600 多家公益事业,更重要的是,引进西方资本主义制度,大力提倡且身体力行"士魂商才""论语与算盘"的实业家精神,在企业经营方面直到今天也有许多值得借鉴的地方。

图 1　涩泽荣一(1840—1931 年)

鸦片战争那年,涩泽出生在武藏国(今埼玉县)的"豪农毫商"家庭,既有田地,也经营染料与蚕丝。不仅接受了深厚的汉学教育以及护身的武艺,而且年轻时已显示出非凡的经商才能,擅长引导农民生产更好的原料。但作为士民工商的最低等级,经常受到武士阶层的蔑视。为改变身份,必须干些惊天动地的大事。

正值"黑船来航"后的开国年代,"尊王攘夷"盛行。1863 年,涩泽模仿失去藩籍的浪人武士,计划到洋鬼子居住的横滨大干一场,然后与长州藩携手推翻幕府。因走漏风声被迫躲避期间，经朋友介绍成为德川宗家一桥（德川）庆喜的家臣，摇身变为武士。

涩泽充分发挥理财的特长，为领主推行财政税制改革。在庆喜成为最后一代将军后，又积极为幕府的改革出谋划策，颇得将军的赏识，因而在1867年随将军之弟德川昭武率领的幕府使节团参加巴黎举行的国际博览会，并留学法国两年。

惊叹于欧美的先进技术、强大的经济实力、官商之间的平等地位，特别是西方国家经济制度，涩泽不仅拼命地学习法语，在最短的时间内掌握交流的工具，而且如饥似渴地了解银行、铁路、股票、证券以及股份公司制度，为其日后利用欧美先进技术与经济制度发展自己的实业乃至日本资本主义奠定了不可缺少的基础。

涩泽回到日本时已经改朝换代，最后的将军德川庆喜回到德川家族最初发源地静冈隐居，为报答知遇之恩，涩泽栖身庆喜左右。组织商法会所（股份公司），筹集资金，经商赚钱。其经营才干得到政府的重视，掌管财务的部长（大藏卿）大隈重信三顾茅庐，涩泽成为政府官员。在大藏省的四年中，参与了货币改革、废藩置县、地税改革、制定国立银行条例等重大改革，创办第一家国营的富冈缫丝厂，也担任过造币厂的厂长。业绩突出，其职位也从负责税务的科员很快上升到部长助理。

因编制预算问题与顶头上司发生冲突，更是强烈意识到比起官僚来，明治初期日本最缺乏的是破除"官尊民卑"的实业家，于是涩泽在1873年辞去官职，同时参与创办了日本第一家股份公司银行——第一国立银行（实际为民办，其后为第一银行、第一劝业银行,现在的瑞穗银行),并担任行长,同年创办王子制纸公司。1879年创办东京海上保险公司,1880年创办东京帆船公司,其后与其他海运企业合并,成立共同运输会社、日本邮船公司。1881年参与创办日本铁道会社,并承担了本州岛东北地区的铁道建设;1882年创办大阪纺织公司,为当时日本设备最先进的现代企业,首次使用电灯,可以24小时作业,获得较大利润并引发其他资本效仿,结果导致了轻工业领域的产业革命。

涩泽参与创办的其他较为著名企业有秩父水泥(现在的太平洋水泥)、大日本制糖、麒麟啤酒、札幌啤酒、大阪纺织(东洋纺织、现在的东洋纺)、帝国饭店、田园都市(现在的东急)等。1912年,美国出现"排日运动",为向美国媒体传递客观的信息,涩泽策划成立通讯社,虽然没有立即成功,但成为今天著名的日本两大通讯社——共同通讯社、时事通讯社的起源。

图2 大阪纺织会社车间,现在为东洋纺织株式会社

难能可贵的是,在经营实业的同时,涩泽积极参加社会公益活动,推动教育、慈善等事业的发展,涉足的机构高达 600 家。1874 年开始参与东京养育院(现为东京都健康长寿医疗中心)的经营,为此到处筹措捐款,1890 年开始担任该院院长直到去世,积极推动《救济法》的出台。同时参与创建东京慈惠会、日本红十字会等。在教育领域,参与创办商法讲习所(国立东京商业学校、现在的一桥大学)、大仓商业学校(现在的东京经济大学)、东京女学馆(现在的日本女子大学)等。另外,还为大仓高等商业学校、高千穗商业学校、东京高等蚕丝学校、岩仓铁道学校等实业学校捐款,并经常到这些学校演讲,鼓励学生参与实业活动。

涩泽热心国际交流与友好活动,参与组建日本印度协会、日本美国木偶交流,中国发水灾时亲任中华民国水灾同情会会长,募集捐款,支援灾区。为此,曾获 1926 年和 1927 年的诺贝尔和平奖提名。

涩泽对政治不太感兴趣,曾做过 15 年区议会议员,也做过区议会议长,为社区发展尽心尽力。在第一届众议院议员选举中,虽然本人没有表示参选,但获得了仅次于当选者的票数。敕选为第一届贵族院议员,仅出席过开幕式,第二年便辞去议员职务。1901 年井上馨奉命组阁,邀请涩泽担任大藏大臣,遭拒绝后井上也放弃了当首相的机会。

涩泽之所以取得巨大成功,除其具备超人的经营才能外,政府的工业化政策也是一个重要的因素。明治政府将推动近代产业发展作为最大的使命,从废除身份等级制度到"士族授产"政策的实施,从创办模范工厂到处理官营企业,甚至引进西方国家的经济制度,均为实业家创造了较好的发展环境。

当然,作为产业界的领袖人物,涩泽组织了众多的经济团体并担任其首领,早在 1876 年就成为东京会议所主席、1878 年成为商法会议所主席等。这些团体时常举行会议,听取企业家的意见与建议,收集相关数据,出版刊物交流相关信息,并通过正常渠道对政府施加影响和压力,为企业发展获得更好的条件。例如在涩泽率领的团体要求下,政府取消了

图 3　《论语与算盘》中文版

棉花进口税和棉纱出口税,从而推动了日本轻工业领域的产业革命。

实际上,涩泽留给后世最重要的是精神遗产,即西方资本主义的近代产业、经济制度与东方儒家伦理的结合。涩泽在其撰写的《论语与算盘》中指出,孔子不反对正常的赢利活动,反对的是不择手段的牟利。同时,只有讲求诚信、信守商业道德、照顾到国民以及国家的利益,个人的商业活动才能获得成功,个人的利益才能得到保证。正如他所说,"算盘要靠《论语》来拨动,同时《论语》也要靠算盘才能从事真正的致富活动"。

正因如此,涩泽大声疾呼社会尊重工商业,号召大家积极从事工商业活动,以创造赢利光荣的社会氛围。另一方面,他也积极呼吁工商业者信守商业道德,勿忘社会福祉,勿忘国家利益。道德和

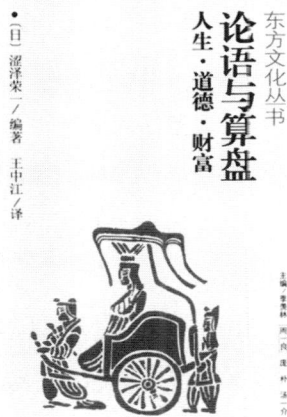

经济二者必须齐头并进。涩泽提出了"士魂商才"的概念,也就是说,一个人既要有"武士"的操守、道德和理想,又要有"商人"的才干与务实。

应该说涩泽的这种观念是大多数人日本企业家遵守的行为准则,敬业、诚信、在事业上精益求精,同时积极进行社会服务,与国家的建设方向协调发展,正因如此,百年企业比比皆是,既发展了自己,也造福四方。

中国近代也有一位著名的企业家,与涩泽的经历差不多,但结果却大相迥异,此人就是大名鼎鼎的张謇。1894年中状元,任翰林院修选。同年父亲去世,归南通故里。1896年接手大生纱厂,实施设厂自救、地方自治、实业救国、教育救国。经营有方,1899—1921年纱厂平均利润达33%。其后业务拓展,创办20多个企业,300多所学校,诸如复旦公学、师范、纺织、医学、水产等。袁世凯政权时期任农商部总长,制定许多经济法律。1920年,垦牧事业公司负债累累,影响到其他产业,导致大生纱厂出现巨额经营亏损,只好求救外资。张謇写信给涩泽荣一,但涩泽年事已高,委托他人,未能成功。1925年,大生纱厂向银行团提出清资偿债。

从经营的角度来看,失败原因是得利全分、留成资金过少、举债经营、股东未能制止投资农业部门的错误决定、缺乏自己的金融机构及政府的支持等。但从宏观的角度分析中日两国企业家的成败,首先是企业家经营环境的不同。日本政府重视发展产业但没有过多干预企业的活动,企业家团体发挥了较大的作用,因而涩泽可以较早投入实业界且专心致志。而张謇在经营企业的同时,还要花费

精力应付来自政府及社会不利企业发展的因素,甚至自己兼任政府职务制定相关法律,牵扯了相当的精力;

其次日本企业大多具有自己的金融机构或集团内金融体系,将筹措的社会资金运用到自己的企业上。换句话说,日本大型企业集团的核心是金融机构,例如三井、三菱、住友、安田等较大企业集团,都有三井银行、三菱银行、住友银行、安田银行等;

另外,日本企业家具有独立精神,完全依靠自己的力量经营企业,而不是简单寻求政府的照顾。

前几年中日关系紧张时,经常听到"抵制日货"的说法。中国最早抵制日货是在 1908 年。100 多年过去了,中国人还会去日本狂购,日本人称为"爆买",主要原因是日本商品质量好,没有假货,服务态度也好,将顾客作为上帝款待。这种状况的背后是日本人的敬业精神和职业道德,也就是以追求极致的匠人精神,做最好的东西提供给社会,同时也是为自己企业的进一步发展奠定基础。两者相辅相成,才造就了今天日本著名的制造业。客观地讲,这也是涩泽荣一留给后代最宝贵的精神遗产。

从微观的角度讲,在企业经营方面,今天应从涩泽那里学些什么?借用日本国学院大学经济学部杉山里枝教授的观点,就是"开放式经营"与"伦理与利益并立"。与三井、三菱等家族财阀不同,涩泽从创办企业开始就采取股份制经营,对社会开放,这样就能够开展基础设施方面的业务,例如铁路建设。

从另一方面讲,"开放式经营"意味着自己不掌握具体的企业经营,而是委托有能力的合作伙伴去处理。例如秩父水泥是浅野总一郎、大阪纺织是山边丈夫、帝国饭店是大仓喜八郎等。其中最典型的事例是大阪纺织，当时涩泽劝说在英国留学的山边改变专业学纺织，创办企业后无论是更换最新机械，还是火灾后重建，完全尊重山边的决定。

所谓的"伦理与利益并立"是指经济活动与公益事业同时进行，应将眼光放到整个社会来衡量自己的企业行为。涩泽之所以创办众多的企业、投资地方的基础设施、积极参与公益事业，其最终目的无疑是推动整个社会的发展，只有这样才能实现企业的持续发展。

即使自己的企业发展再好，也不增加自己的资本，让更多的人享受发展带来的红利，这也是没有建立涩泽家族财阀的基本原因。涩泽为人谦和，建立了广泛的人脉网络，为其发展事业和公益奠定了坚实的基础。即使募捐，首先在花名册上写上自己的名字和数额，比起捐款数额，更重视捐款的人数，因为可以将更多的人组织到公益事业中来。

涩泽荣一1931年去世，享年92岁，在那个时代，确实的高寿。

中日全面战争的引爆剂——"对华二十一条"

1972年中日邦交正常化后经过短暂的蜜月期,双方又围绕"历史问题"经常吵来吵去,中方指责日本在有关侵略的性质及罪行上道歉不够真诚甚至有意模糊,日方觉得中国揪着过去的事情不放有点儿不尽情理,结果对中日关系的发展带来许多负面的影响。

当然,19世纪中期以来,中日之间不仅仅是冲突与战争,也有往来和交流,甚至还有"黄金十年"之说。日本是否自明治维新以来就存在所谓的"大陆政策"——"征服世界首先要征服中国,征服中国首先要征服满蒙,征服满蒙首先征服朝鲜半岛",从最后的结果来看,日本确实如此这般走完了近代历史。但日本人觉得很冤枉,如果日本从一开始有明确的对外战略的话,就不会一点点地、盲目地、蚕食性地向外扩张,竟然与世界上最强大国家为敌,最后达到国破家亡的境地。

有关东亚地区战争的起源,国际舆论和学术界也存在争论。1941年的《开罗宣言》明确提出"日本所窃取于中国之领土,例如东北四省、台湾、澎湖群岛等,归还中华民国",1946年的"东京审判"(远东国际军事法庭)将日本对外战争的开端放在1928年关东军炸死张作霖的"皇姑屯事件"。

1952年生效的《旧金山对日和约》明确规定日本放弃甲午战争以来日本获得的海外领地。近些年来,1931年的"九一八事变"受到

图1　关东军炸死张作霖的"皇姑屯事件"，远东国际军事法庭将该事件作为日本对外侵略战争的开端

学界重视，日本素有"十五年战争"之说，中国教育部也在2017年将过去的"八年抗战（1937—1945年）"改为"十四年抗战（1931—1945年）"。正因如此，历史发展的动因多种多样，细究起来，偶然的因素居然占据多数，但至少日本学术界也在反思，日本近代究竟哪一步犯下了致命错误，目前多数人将眼光放在"对华二十一条"上。

日俄战争后，日本获得俄国在中国东北地区的权益，同时与清政府签订条约，进一步扩大了其权益，日本工商业和移民迅速向该地区渗透。日俄战争前在中国东北地区的日本人不到4 000人，但到1910年达到76 000人。在当时的日本人看来，日本进入该地区的资格是支付了"10万英灵和10亿日元军费"，因而是不可丢失的财产。辛亥革命后，中国舆论要求收回权益的呼声渐起。尽管日本的陆军和对外强硬派主张干涉，但西园寺公望政权决定"维持满洲现状"和"不干预（中国）内政"。

辛亥革命后建立的中国政府与日本尚未签订任何条约,至于中国新政府是否继承清政府的旧条约也没有明确表示。日本最担心的大连旅顺的租借权到 1923 年期满,南满铁路的租界权也是到 1939 年届满。在日本政府看来,如何解决该问题是日本最大的外交课题。除此之外,日本也担心在急速变化且不稳定的中国其他地区从事工商业的日本侨民的经营状况与生活环境,例如 1913 年支持袁世凯的张勋率兵进入南京,出现许多掠夺、枪杀事件,侨居的日本人也有受害者,日本国内民情激愤,外务省遭到攻击,甚至政务局长阿部守太郎被袭击身亡。

第一次世界大战的爆发给日本提供了绝佳的机会,用元老井上馨的话说,就是"天佑大正时代的日本"。不仅可以转移国内要求减税的压力,而且还可以"确保日本在东亚地区的权益"。病榻上的井上立即写信给大隈重信首相,建议迅速出兵,当时日本的社会舆论也支持政府的对外扩张政策。

1914 年 8 月 23 日,日本借口日英同盟的相关规定对德宣战,当时尚未参战的中华民国难以抵抗,只好将山东半岛划为"交战区域",但日本不仅占领了青岛及其附近,而且其军队还沿着胶济铁路到达济南。日英联军花费一个月的时间,以伤亡 500 余人的代价攻占德国在青岛的要塞。德国总督向皇帝报告投降,皇帝授予其一级铁十字勋章,敕令嘉奖守军的英勇作战。德奥方面伤亡 300 余人,近 5 000 人成为俘虏,关押在日本各地的俘虏营。在德岛的战俘教授当地居民如何制作面包,甚至组成乐团演奏了贝多芬的《第九交响曲》。

战事结束后中国政府以租界条约中有关"不得转让他国"的规定,要求归还德国在山东的权益,但日本借口有待于战争结束后的和平谈判。但在1915年1月,在外务大臣加藤高明的指示下,驻华公使日置益向袁世凯政府提出了日本政府的"对华二十一条要求",共分五号,分别提出各种苛刻要求,特别是第五号甚至要求中国政府聘用日本人为政治、经济、军事等领域的顾问。

作为商社职员出身、三菱家族女婿的日本外务大臣加藤高明对此最为积极,其真实目的在于以山东问题作条件,换取满蒙的既得权益。因此,日本最重视的是第二号,即日本满蒙地区的权益。

尽管英国、法国、俄国等均默认日本在华特殊权益,但对第五号内容存有异议。

袁世凯政府一方面拖延时间,一方面与美国、德国联系,同时将内容传播开来,引发舆论的反对。德国自然反对各项内容,美国反对第四、第五号,特别反对第五号。经过多次交涉后,日本在5月7日发出最后通牒,在搁置第五号的前提下,9日袁世凯与日本签订了两个有关山东和满蒙的条约以及13个交换公文(中国称为《中日民四条约》)。中国民族主义情绪高涨,强烈反对条约,将5月9日作为"国耻纪念日"。日本著名学者吉野作造也认为不应采取最后通牒的方式,觉得日本的吃相过于难看。

袁世凯政权也采取了消极抵抗的措施,6月22日制定《惩办国贼条例》,严禁与外国人私订契约、出租售卖土地矿产,违反者甚至判处死刑。在日本人看来,该条例使土地租用权形同空文,是一种违反条约的行为。

尽管其后寺内正毅内阁通过"西原借款"缓和了与中国的关系，段祺瑞政府也参加了第一次世界大战，但1919年的凡尔赛和会仍然确认了日本在华的权益。由于国内强烈的反对浪潮（"五四运动"），中国代表团没有在和约上签字。

图2　华盛顿会议是确定远东及太平洋地区国际秩序的会议，日本压力很大，主张协调外交的原敬内阁派遣代表团参加

其后批判日本对华政策的国际舆论高涨，因而在1921年11月召开的华盛顿会议上，中日双方签署《解决山东悬案条约》，内容包括日本从山东撤军、返还胶州湾租借权以及胶济铁路等。但围绕"对华二十一条"的其他内容，坚持条约有效的日本和废除无效条约的中国一直争论不休，直至走向没有宣战的战争。

受华盛顿会议的鼓舞,也因国内民族主义情绪的压力,北京的众议院、参议院分别在 1922 年 11 月、1923 年 1 月通过宣布"对华二十一条"无效的决议,北京政府也再三向日本提出废约的要求。尽管日本拒绝就此问题进行谈判,但处在协调主义的氛围中,主要通过外交手段尽量平息其纠纷。即使加藤高明也反思当时外交手段的笨拙,在 1924—1926 年任首相时期坚持协调外交。

虽然第二次北伐的蒋介石国民政府承认以往的条约,但在"革命外交"的旗帜下,仍然在 1928 年 7 月宣布废除《中日通商航海条约》,日本政府声明其宣布无效。同时,国民政府强化了 1915 年的《惩办国贼条例》,并追加颁布了《严谨土地买卖条例》《禁止商租令》等 59 项法令,禁止向日本人出租商用土地、房屋,以前出租的要追回,清除居住在中国东北地区的朝鲜人等。

在中国民族主义急速兴起的同时("五卅事件"),日本的扩张主义情绪也再次高涨(第一次北伐时期的"南京事件")。20 世纪 20 年代后半期,日本的军部、部分政治家极力呼吁扩大在中国的权益,媒体与社会舆论随之呼应,政府被迫采取相应的措施,于是"山东出兵""皇姑屯事件""九一八事变"接踵而至。因此,在整个 20 世纪 20 年代,既是日本国内各个领域发生巨大变化的时期,也是日本对外政策发生重大转折的时期,同时也是中日关系发生急剧逆转的时期。

正因如此,日本学术界近些年来十分重视对这一时期日本外交以及中日关系乃至东亚地区国际关系的研究。正如服部龙二在《日本国际政治学·第四卷·历史中的国际政治》(北京大学出版社

2017 年版)所指出的那样,"从第一次世界大战到太平洋战争期间的国际政治史是研究成果最为丰富的学术领域之一,因为这一时期出现了关系到现代国际政治根基的各种问题,即国际秩序的形成与崩溃,帝国的重组,国际组织的建立与局限性,超越国境的人员流动及贸易等各种关系网络,脱殖民地化与民族主义,地区主义,'日中合作'的失败等"。

服部教授认为第一次世界大战前后的亚洲国际政治可以分为三重结构,第一是与中国有关的不平等条约及殖民地等 19 世纪以来的问题,第二是"对华二十一条""山东问题"等第一次世界大战期间产生的悬案,第三是中国重新统一及去殖民地化等第一次世界大战后日趋明显的潮流。华盛顿体系的建立使列强可以基本维持在华权益。经过北伐战争国民政府成为国际政治的主要行为体后,日美英的对策各不相同,华盛顿体制本身出现了松动,"九一八事变"后币原外交的变质与崩溃标志着日本拉开了终结华盛顿体制的序幕,承认"满洲国"、退出国联、签订日德防共协定、"卢沟桥事变"引发了侵华战争的扩大。

松田弘贵在论文《两次大战之间日本外交行动的变化——"旧外交"与"新外交"的交界线》中将 20 世纪 20 年代的日本外交模式看作是从"旧外交"向"新外交"过渡时期。所谓"旧外交"是指帝国主义国际环境下的范式外交,起源于维也纳体制,其特征是政府垄断性、秘密性、殖民性、同盟性、实力性等。由于东亚实力平衡被打破、中国的民族主义高涨、日本国内扩张主义氛围浓厚、经济危机带来政党政治的脆弱,过去那种注重与欧美列强协调的"旧外交"的基础崩溃,因而"币原外交"逐渐为"田中外交"所取代,也就是与英美之间的矛盾越来越突出,干涉中国内政的行为与力度越来越强。

波多野澄雄在《超越"外压、反应国家论"——日本外交150年的起伏》中指出,目前日本学术界通常将《大日本帝国宪法》基础上的统治结构多元化及割据性为前提,将外交当局、行政官僚、政党、军部等各个行为主体作为一个复合结构分析走向战争的过程。因此,在分析日本外交政策史时,必须考虑到三个方面,即国内政治史、国际政治史以及外交思想史。

立足于国内政治史,通过内政与外交的相互作用,描述日本外交史的学者往往将自己的专业表述为"日本政治外交史"。

在这一方面比较优秀的著作有北冈伸一的《日本政治史——外交与权力》(有斐阁2011年版),通过"国际环境的变化及权力重组的相互作用"的视角分析幕末的危机到冷战结束的日本政治史。强调外交指导者的世界观及对外认识"主观"重要性的是入江昭(《日本的外交》,中央公论社1966年版),酒井哲哉进一步发扬了其理论(《日本的外交·第三卷·外交思想》岩波书店2013年版)。

20 世纪 20 年代的日本社会

从 1982 年"第一次教科书事件"爆发以后,围绕近代日本对外侵略的历史事实,中日两国冲突不断。中国方面普遍认为近代日本的对外扩张具有必然性、计划性,日本方面则主张其偶然性或外在因素。

应该说,近代日本的政治、经济、社会等各个领域的发展直到 20 世纪 20 年代还算正常,而且 20 世纪 20 年代的日本通称为"大正民主时代",即在 1912 年到 1926 年的大正年间发生了诸多民主化事件,例如 1912 年反对军部擅权的"第一次护宪运动"、1925 年成年男子均获得选举权的"普选法"及其后的政党政治等。

但进入 20 世纪 30 年代以后,首先是 1931 年日本军队侵占中国东北地区的"九一八事变",很快演变为 1937 年的"卢沟桥事变",中日两国处在全面战争的状态,四年后又爆发了日美战争。因此,20 世纪 20 年代的日本成为各国学界探讨的重点。

是否可以简单地讲,其主要原因为,19 世纪中期明治维新以来的迅速发展,到 20 世纪 20 年代日本面临重大经济、社会结构变革,此时出现世界经济大危机。因为类似德国、日本这样的后起资本主义国家,由于发展太快,掩盖了许多社会矛盾,一旦遇上经济大危机,手足无措的政府在各种因素的推动下选择了错误的未来发展方向。

最近《日本经济新闻》的村山宏针对中国人觉得日本的新冠肺炎疫情防控对策太过"松弛",指出这是对战前体制的反思所导致。

他是这样评价 20 世纪 20 年代以后的历史：20 世纪 20 年代的日本通过选举引入了民主主义，被选出的议员组成政党，由政党选出首相。遗憾的是，政治家不习惯民主政治，收买选票等腐败行为也不罕见。两大政党都把政党利益放在第一位，朝野激烈对立。

此时，日本遭遇了从 1929 年开始的大萧条，遭到最大出口对象国美国的限制后，日本马上陷入了困境，农村甚至出现了饿死人的现象。面对如此紧急事态，政党政治家却忙于争权夺利，经济政策和外交政策均步入歧途。贫困的老百姓发出悲鸣，但政府并未推出行之有效的对策，批评"政党政治无能，腐败政治家将毁掉日本"的声浪如潮。

扫除腐败政治家、加强政府权力、主张日本国家利益的过激和极端思想出现、扩散，军人最终暴乱。1931 年，驻扎在中国东北部的关东军无视政府的意向擅自扩大战局，建立"满洲国"。1932 年，处理此事的时任首相犬养毅（曾经是新闻记者、孙中山逃亡时的赞助人）试图与蒋介石的国民政府谈判，解决此事，反对政府的军人却在 1932 年 5 月 15 日闯入首相官邸，射杀了犬养毅。

以此事件为转折点，煽动危机的军方逐渐掌握权力。平时无法被接受的极端过激思想也吸引了众多民众，因经济萧条而苦不堪言的民众赞同军人倡导的反美、反苏、扩大中国战线和统制经济等过激主张，接受了军方统治下的生活。短暂的民主主义时代结束，日本进入了军方主导的军国主义时代。

1938 年，日本制定《国家总动员法》，形成了政府专制普通民众的体制。当人们发现这种体制的可怕之处时为时已晚，中央政府全面介入经济和社会的"法西斯主义"政治体制已经形成。反对派遭到镇压,在中国的战争持续扩大,战争导致日本民众更加穷困。

　　以上均是村山的言论,当然历史不会这样简单。从较大的事情来看,首先是在1920年股票价格暴跌的"战后危机"、日立制作所建立、上野首次"五一"节集会、第一次国势调查、神户海洋气象台使用、日本第一次游泳赛、雇佣东京公共汽车女售票员等;1921年原敬首相遇刺;1922年签订海军裁军条约、载三名乘客的首次商业飞行、线型蚊香大流行、周日每日及周刊朝日发行;1923年关东大地震、虎门事件、文部省颁布"常用汉字"、颁布《赛马法》、丸内大楼竣工;1924年第二次护宪运动、女性参政同盟会、东京公共汽车、日本最早的威士忌工厂"山崎"竣工等;1925年颁布《维持治安法》和《普通选举法》、大日本相扑协会成立、开始无线电广播、山手线环状行驶、东京六所大学联赛开幕、地铁银座线动工、日本最初的航空邮件、全日本滑雪联盟成立等。

图1　1923年9月1日发生在以东京府(今东京都)、神奈川县为中心的大地震,通称"关东大地震",死亡10多万人

1926 年，大正天皇去世、改年号为昭和、日本广播协会（NHK）成立、报纸连载川端康成的《伊豆舞女》、劳动农民党成立、京滨线自动开门电车、日本橄榄球协会成立、银座松屋百货商店最初跳楼自杀等；1927 年，爆发金融危机、立宪民主党成立、日本最初地铁上野浅草线开通、岩波文库创刊、第一届全日本高尔夫公开赛选手权比赛、第一届全日本棒球城市对抗赛、夏季甲子园大会首次实况转播等；1928 年，"三一五事件"、最早的普选、广播体操、"全国农民组合"成立、日本商工会议所成立、NHK 首次全国实况转播等；1929 年，"四一六事件"、小林多喜二发表《蟹工船》、日比谷公会堂正式使用、东京站八重洲口建成使用、阪急百货商店营业等。

借用英国作家狄更斯的话，20 世纪 20 年代既是最好的时代，也是最坏的时代。工业化、城市化迅速发展，一般民众的生活也得到很大的提高，中产阶层缓慢形成，尽管其数量不到总人口的 10％。在其基础上，各种摩登事物层出不穷，各种思想泛滥。与此同时，经济危机、金融危机、地震灾害、世界性大危机等接踵而至，人们对未来普遍感到迷茫，甚至著名文人自杀身亡，新兴宗教横行，末世观念泛起。

19 世纪末的甲午战争和 20 世纪初的日俄战争，税收不断增加，农民相继破产，到 20 世纪 20 年代，70％的农民为佃农。这个群体仅仅依靠农业难以生存，被迫进入城市，因而工厂劳动者超过佃农的数量。从乡下来的年轻女性进入轻工业厂家，男性则进入重工业部门，均受到严重的剥削，住在贫民窟中，这里既是快乐与犯罪的旋涡，也是憧憬与恐怖的场所。

从东京水泥工厂散发的灰尘以及从被誉为东方曼彻斯特的大阪纺

织公司飘落的煤灰覆盖在小学教室课桌上。办公室采用机械化设备，被白领阶层视为冲击，江户时代追求的信用第一已经消失，竞争中的生存成为第一目标。商社职员和工薪阶层形成新中间阶层，他们是近郊新村的居民，大家族解体，1930 年两代人构成的家庭超过 50%。

明治末年，年满 20 岁接受过六年义务教育的男性占到 85%，称为"金蛋"的中学生特别是女生迅速增长，识字率质和量都有飞速的提高。热衷于和歌和俳句的人比明治初期增加了三倍多，汉诗衰退下去。

日俄战争后，城市面貌大为改观，日本画家感叹已经找不到江户时代的风情，即使在古城京都，道路得到扩展，电车行驶各处。但机械文明的发展孕育着生命的危险，反而激发了对解放个性的追求。市民们怀旧情绪突出，江户时代的穿戴成为时髦。与此同时，追求感情的"私小说"大为流行，"自然主义""新自然主义""象征主义"成为文学的主流描述手法。

图 2　20 世纪 20 年代的东京站，站前出租车

1918 年出现了全国范围的"米骚动"，1920 年普选运动高涨，与

此同时，罢工运动此起彼伏，甚至国营的八幡制铁所也出现了大罢工，致使高炉停火四天。1920年日本成为包括国际劳工组织在内的国际联盟的常任理事国，因而采取国际协调路线，缓和了对工会组织及社会主义思想的镇压。在1919年朝鲜半岛的"三一运动"和中国"五四运动"的压力下，殖民地统治也从"武断统治"转向"文治统治"。

工人于农民争取生存权的大正民主运动遭到关东大地震的冲击，当天流传朝鲜人和社会主义者暴乱的谣言，民众组织的"自警团"杀害了6000左右的朝鲜人和中国人。内阁颁布两个月的戒严令，军队借机在震区逮捕异见分子，其中中国旅日华工代表王希天与日本社会运动家、无政府主义者大杉荣等人惨遭杀害。经济界大佬们认为地震是对过度奢侈作风的惩罚——"天谴论"，天皇颁布"振兴国民精神诏书"，对学生进行"思想善导"，但还是出现了刺杀摄政皇太子的"虎门事件"。

以关西资本为基础的两大报纸《每日新闻》和《朝日新闻》，均号称有三百万读者，一日元一本的书籍十分流行，无线广播也出现，进入大众媒体阶段。狂轰乱炸的广告，人人变成消费者。霓虹灯闪烁，聚集了寻欢作乐的男女。作为消费文化的一个标志是摩登女郎的出现，打字员、电话接线员、百货商店服务员、咖啡屋招待等工作女性点缀着城市，短发、短裙、短衬衫，昂首阔步在街面上，独自一人生活在城市中，喜爱体育运动的女性，吸引众人的目光。

大众文化另一个特征是重视"娱乐性"的大众文学。《大众

图 3　20 世纪 20 年代日本的城市新女性

文艺》《周日每日》悬赏大众文学作品，与此同时，演绎历史故事的"时代小说"和"侦探小说"也流行起来。例如中里介山以幕末为舞台的《大菩萨岭》，在报纸上连载 32 年，作者去世了依旧尚未完成。江户川乱步的《二钱铜货》《红色房间》等侦探小说深受读者欢迎。

　　值得注意的是 20 世纪 20 年代左翼政党的活跃与无产阶级文学的出现。实际上，无产阶级文学在日本共产党成立之前已经出现，当时称为"大正劳动文学"。1918 年的"十月革命"仍然对日本产生较大影响,后来的小林多喜二的《蟹工船》、德永直《没有太阳的街》成为该派文学的代表性作品。"三一五事件"和"四一六事件"两次镇压日本共产党,小林多喜二也死在"特高课"思想警察手中。当然,无产阶级文学也给其他流派带来压力,例如攻击芥川龙之介的作品为资产阶级文学,以至于1927年35岁的芥川服毒自杀,在遗书中有"对未来具有朦胧的不安"字样。

最为典型反应20世纪20年代民众情绪不稳的事情是新兴宗教再次出现高潮,主要团体有1924年的人之道教团(后来名为PL教团)、1925年的圆应法修会、1928年的神佛真灵感应会、1929年的解脱会、1930年的松绿神道大和山、生长之家、灵友会、创价教育学会等组织。

其中生长之家特别具有市民阶层的特性,因为该教团通过刊物发展信徒,而且其教义试图阐明社会的未来。该教团总裁谷口雅春1893年生于兵库县八部郡的一个农民家庭,是家里第二个男孩。生活经历很多波折,且富有戏剧性。因为具有这些经历,所以对宗教很感兴趣,于1917年加入当时不断壮大的新兴宗教"大本"。谷口从大本的"圣师"出口王仁三郎处学到口述笔记的记录、编辑、撰写、出版等技术,与教团的信徒江守辉结为夫妇。1922年,大本预言的"末日审判"没有来临,谷口因此对教团及其教义产生怀疑,遂向大本递交自己的疑惑,并退出教团。

1929年受到神的启示,谷口明白"真相即神灵"。之后谷口通过写文章传教,并创刊《生长之家》。在年末的最后一天印刷了该杂志100册,赠送给妻子和朋友。谷口想让所有人都明白"真相"这个哲学难题,并保证"读此书病能好",谷口以现世的利益打动人心,赢得了很多读者。对信徒来说,《生长之家》杂志刊物已不单单是教团杂志,而是"圣典"。

大正民主运动与近代日本政治发展

实际上,政治发展与经济发展一样,有不同的发展阶段,也是一个循序渐进的过程。近代工业文明的出现,带来了工业化、城市化、职业的多元化,除传统的农民、手工业者、商人之外,出现最多的是工厂劳动者——工人,而且集中居住在城市里。工人也有蓝领和白领之分,白领中还分为政府雇员、商社职员、律师、银行家等。

职业不同,自然利益也不同,于是出现利益多元化。为保护自己的利益,相同利益者组成团体,在此基础上形成政治势力的多元化。利益集团推举自己的代表参与国家决策,随之出现了以政党为单位的立法机构集团。在议会相互竞争,讨价还价,最后达成妥协,出台相关法律。

战前日本出现政党政治是在大正年间(1912—1926 年),史称"大正民主"。该词汇最早由政治学者信夫清三郎在 20 世纪 50 年代出版的四卷本《大正政治史》和三卷本《大正民主史》中提出,是继明治初年自由民权运动之后的第二次民主主义运动。但信夫清三郎并没有将大正民主运动看作是民主主义发展的结果,而是帝国主义的产物,持否定态度。

与其相反,松尾尊允在 20 世纪 70 年代出版的《大正民主》中认为这是追求普选权的社会运动,持肯定意见。井上清等人甚至对该词汇也持反对立场,但如何理解大正民主运动及其影响,一直是学术界争论的焦点。成田龙一认为大正民主运动是为构筑"总体战"而改造思想的运动。

大正民主运动,但其内容十分复杂。政治领域有要求普选权及言论、结社、集会自由的运动,外交领域有为减轻国民负担停止对外派兵的强烈呼声,社会领域有追求男女平等、部落民解放、罢工权的运动,文化领域有要求教育自由及大学自治的运动,甚至美术团体希望摆脱文部省的控制等。

正因如此,有关大正民主运动的时间段也成为学术界争论的焦点之一。有1905年日俄战争结束到1925年普选法成立之说,有1905年到1931年"九一八事变"之说,有1911年辛亥革命到1925年之说,有1918年第一次世界大战结束到1931年之说等。

日本学术界目前基本上将大正民主运动的上限放在日俄战争之后,其背景是战争使民众的政治参与意识高涨,政府首脑不得不采用新的政治形式加以对应,其具体体现就是政党的组成,最为典型的是伊藤博文。

实际上,早在甲午战争结束以后已经出现这种趋势,1900年既是选举权财产资格第一次下降(新一代地方名门出身、受过高等教育的政治家出现),也是伊藤博文组织政党"立宪政友会(明治天皇不赞成,但没有阻止)",同时也是确立军部大臣现役武官制的年份。当然,真正进入大正民主运动时期自然是进入大正年间,其代表性事例是1912年的"护宪运动"。

1911年中国爆发辛亥革命,清王朝灭亡,中华民国成立,但政局十分不稳。日本陆军判断是扩大在华权益的极好机会，因而提出增设两个师团的要求。西园寺公望内阁拒绝。于是，陆军利用军部大臣现役武官制迫使内阁集体辞职。但随后在尾崎行雄等反对派的压力下，新成立的山本权兵卫内阁很快下台，现役武官制也改为预备役武官制。同年，美浓部达吉出版了《宪法讲话》，主张"天皇机关说"，其后吉野作造的"民本主义"论也出现。

尽管是反对派组织的游行队伍包围国会迫使山本内阁辞职，但其原因在很大程度上是政友会代表的政党势力与桂太郎代表的军部势力产生矛盾所致。西园寺和原敬主导下的政友会比较注重国内政策，主张减轻国民负担，尾崎等人借助这一点倒阁成功。桂太郎一派也在其后笼络政官财界人才，组成"立宪同志会（后改为宪政会）"，并组织了 1914 年的大限重信内阁。1918 年产生了真正意义上的政党内阁，即由政友会总裁原敬组阁，内阁成员除军部大臣外均为政友会成员，但其后又回到军部出身者组织的内阁。

此时社会结构发生了较大的变化。

第一次世界大战的爆发，欧美各国忙于战争，远东市场乃至欧美各国所需商品刺激了日本产业的迅速发展，不仅出现了许多暴发户，而且也实现了国民经济的工业化。"一战"结束时，在日本，不仅工业经济超过农业经济，在国际上也从债务国变成债权国，而且城市人口已经达到总人口的 20%，甚至在议会中，资本家议员也超过了地主议员。

社会各个阶层要求改善生活乃至社会地位的运动不断出现，首先随着工人人数的急速增加，工人运动再次活跃起来；农民运动也

图1 第一次世界大战期间日本出现经济繁荣，
出现许多暴发户（日语"成金"）。该漫画描述一
位花天酒地后出门时找不到鞋的老板，点燃百元
大钞照明。1920年大学毕业后任职的月工资为
40日元

活跃起来，其主要表现为佃农斗争，要求保障耕种权和降低地租；随
着更多的女性走向社会，要求扩大女性权利、改变女性从属地位的
妇女运动也开展起来。1920年组成"新妇女协会"，从事妇女参政运
动。在其活动压力下，1922年政府修改禁止女性参加政治活动的
《治安警察法》第5条，允许女性参加政治演说会。

另外，尽管明治初年政府废除"秽多""非人"等贱民称呼，与过
去的农、工、商统称为平民，但他们聚居在特殊部落中，生活条件十

分恶劣,称为"部落民",在就业、生活及婚姻等方面受到严重歧视,更没有政治权利。第一次世界大战后,在工农运动不断高涨的影响下,争取政治经济权利的"部落解放运动"也开始兴起。1922年成立"全国水平社",作为统一的部落民解放组织。

与此同时,也出现了社会主义运动和共产主义运动,成立了社会党和日本共产党,但在日本,社会主义是允许的,但禁止共产主义,所以日本共产党在战前一直是非法的。

尽管存在以上不同形式的运动,但社会各个阶层有一个共同的目标,即争取没有财产资格限制的选举权,也就是"普选运动"。自从开设帝国议会以来,选举权的财产资格也不断降低。1890年第一次选举国会议员时只有1%的人有选举权,其后几次降低财产资格,具有选举权的人数也不断增加。

但是,与其说普选权是1924年第二次护宪运动最大的争论焦点,倒不如说实施什么样的选举制度更是各个政治势力冲突的焦点,因为在"护宪三派"内阁之前的两届内阁已经制定了《普通选举法案》,而且在各党之间的讨价还价中将小选区制改为中选区制,即将每个选区选举一名议员改为选举三到五名议员。

1925年3月,国会两院终于通过《普通选举法案》,废除选举权的财产资格限制,规定年满25岁以上的男性臣民均有选举权。正是在这种历史背景下,由议会最大党派出任政府首相的政党政治一直延续到1932年犬养毅政友会内阁倒台为止,大概经历了八年时间。具体说来,是政友会与宪政会(后来改名为民政党)两大政党轮流执政时期。

但政党政治仅存在八年时间就夭折了,为军部政治所取代,走向了法西斯主义道路。

为何如此？按照成田龙一的解释，在整个大正民主运动时期，前半期是"民本主义"风潮，后半期是"改造主义"运动。即以第一次世界大战为契机，从民主主义的潮流批判藩阀政治的民本主义，转化为以平等主义、现代主义、民族主义为基础的改造主义，无论是行政官僚，还是政友会或民政党都采取了相关政策。但建立在传统地方势力基础上的两大政党沉溺于通过操纵选举达到执政目的而导致未来性的缺乏。换句话说，大正民主运动在扩大政治参与方面取得了成果，但没有对未来提出切实的蓝图，甚至成为走向战争之路的起点。

详细说来，其主要原因有以下几个方面：

最主要的因素也是最不幸的是经济危机一直伴随着政党政治，直到其结束。第一次世界大战结束后第二年，日本对外贸易转为入超，企业生产困难。卷土重来的欧洲产品对日本重化工业给予沉重打击，1920年股票市场暴跌，棉纱、生丝等价格下降一半。当时的原敬首相未能出台有效对策，政友会所属政治家又不断卷入政治资金丑闻，1921年，原敬被暗杀在东京站头。

其后经济仍然没有起色，外贸赤字不断增加，1923年的关东大地震再次严重打击日本经济。许多银行不能兑现持有的票据，日本银行向那些拥有"震灾票据"的银行融资，但没有彻底解决问题。1927年爆发金融危机，共有37家银行停业，28家银行倒闭。政友会内阁颁布三个星期之内不能取款的银行停业令，同时印刷大量纸币分发各银行，暂时平息金融危机。

1929年初民政党内阁采取财政紧缩政策，实施产业合理化，提高日本产品的国际竞争力。但减少雇员、降低工资的产业合理化政策遭到工人的反对,特别是同年 10 月爆发的纽约股市大暴跌引发了世界性经济危机,持续萧条的日本经济在世界经济大危机的推动下,遭受到更加严重的打击。在经济危机的打击下,中小企业因无法维持生产纷纷倒闭,结果进一步推动了失业工人的增加。

当时农业经济的两大支柱——生丝和大米的价格都暴跌到生产成本以下,1931 年的农民所得不足 1926 年的一半。农民迫于生计,只好逃荒或卖儿卖女,民众及军部对政党政治的不满达到顶点。

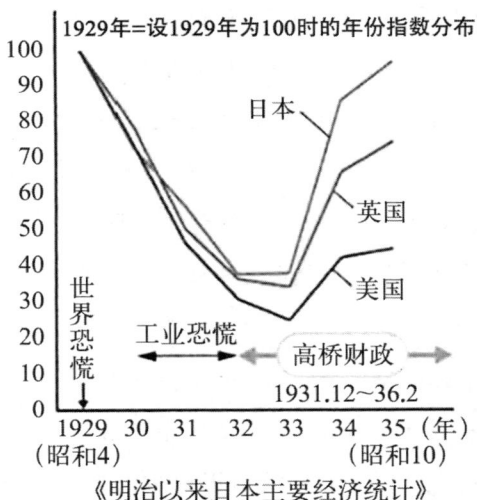

图 2　1929 年世界经济大危机对日本的影响

第二,政党政治的不成熟,其中也有几个方面的因素,首先是制度性约束。政党组阁无法律依据,元老推荐制依然存在,非元老推荐不能组阁。官僚、军部、元老、重臣(首相经历者)仍是党外的独立

政治势力,限制政党内阁的运行;

其次,战前日本政党与藩阀官僚有千丝万缕的联系,其首脑也大多是官僚和大资产阶级转化而来,带有浓厚的官僚政党化和政党官僚化色彩,因而软弱无力;

另外,政党领袖本身民主意识不强,领导水平低下,惧怕工农群众,在国民中没有树起威信。面对国内政治、经济危机,政党内阁束手无策,应付无能,得不到民众的拥护和支持,再加上政客们热衷于本身利益,离合无常,腐败横行,在军部法西斯势力的进攻下,夭折成为必然。

第三,针对政党的社会恐怖活动不断出现。20 世纪 20—30 年代,是日本法西斯主义产生、发展和形成期,一些法西斯团体利用社会对政党内阁的不满猛烈攻击政党政治,甚至不断展开暗杀行动。早在 1921 年 11 月,原敬首相被暗杀在东京站头。1929 年 7 月,民政党总裁滨口雄幸成为首相,因签订伦敦海军裁军协议引发军部的激烈攻击。1930 年 11 月,滨口首相在东京站的月台上遭右翼青年的枪击身负重伤,第二年 8 月去世。

特别是在 1932 年 5 月 15 日,犬养毅正在首相官邸休息,海军叛乱军人闯入房间,首相说服叛军失败,其中一人大喊道"问答无用,射击",首相遭到枪杀,集中体现了"对话方式"的政党政治转为"问答无用"的军部政治的历史瞬间。

概括起来,近代日本政治发展可分为三个阶段,最初的元老政治,其后的政党政治,最后的军部政治。元老逐渐去世后,军部尚六形成气候,政党政治发展起来。但由于市民阶层不够强大,政党政治的社会基础不稳,在加上一连串的经济危机,政党本身的缺陷及其相互攻击,民众对其失望,国际间民族主义浪潮兴起,于是军人对内暗杀,对外扩张,绑架政府走向法西斯主义体制,政党政治结束。

近卫文麿与新体制运动

日本学术界目前反思这样一个问题,近代支配日本的政府官员们也大多是精英,为什么会不断对外扩张甚至与世界最强的国家发生战争? 其实,即使精英也不见得做出的决策完全合理乃至比较合理,而且有些决策现在看起来是合理的,但当时却非如此。日本在关键时刻也选择了不那么睿智的国家领导人,其体制及社会氛围进一步限制了其行动,因而大家一起走向毁灭,该人就是引起大规模对外战争、连任三届首相的近卫文麿。

如果说谁是含着金钥匙出生,近卫文麿就是一个。平安时代有名的大贵族家族自然非藤原莫属,摄(政)关(白)顶峰是藤原道长,物极必衰,其子藤原赖通时,权力回到上皇手里,即历史上的"院政政治"。尽管藤原家族风光不再,但摄政、关白的职务仍然保留到明治维新之前。道长其后 7 代,家族分为五大摄政家,近卫家族为首辅。明治维新后设华族及爵位,近卫家自然是最高的公爵。文麿是近卫家族第 29 代家主,也是与德川家康闹得不太愉快的后阳成天皇第 12 代孙。

文麿之父笃麿为著名的亚洲主义者,组织"东亚同文会",与康有为、张之洞等清朝高官往来密切,获得清朝赐予的勋章。1900 年创办南京同文书院(后来的东亚同文书院,战后为爱知大学),1904 年在中国感染细菌,42 岁去世,当时文麿只有 12 岁。文麿年幼时生母去世，由其姨母（也是继母）扶养，成人后得知真情冲击较大。而且父亲去世时留下一大笔债务，虽说头山满等暴力团头子吓退了债权人，但对年少的文麿来说仍然是沉重的精神负担，也许成为后来其性格不稳定乃至叛逆的原因。

本来文麿中小学在学习院，但受新渡户稻造的影响进入第一高等学校，顺利进入东京帝国大学学习哲学，对课程不满，遂转到京都帝国大学就学于社会主义经济学家河上肇，甚至翻译了社会主义的文章发表在《新思潮》杂志上，但其杂志遭到禁止发行的处分。1916年满25岁的文麿作为公爵世袭成为贵族院议员，1918年在《日本及日本人》杂志上发表"排除英美本位的和平主义"，指出英、美提倡的以维持现状为前提的和平主义，是一种利己主义的表现。第二年，文麿参加巴黎和会，因自己参与起草的《取消人种歧视法案》遭到否决而对西方国家埋下仇恨的种子。

1927年与德川家族第十六代家主德川家达在贵族院组成"火曜日"会派，不仅稳固了在议院的政治地盘，而且成为革新势力的中心人物。出身名家，"一高"及两个"帝大"的学历，再加上180厘米的身高，相貌堂堂，俨然一副政治领袖的风度。明确反对与英美协调外交，在民众中声望骤起。1933年担任贵族院议长职务，同年组织"昭和研究会"，网络当时一批著名的学者对各种问题进行研究，并提出咨询报告。1934年访美归来，在记者招待会上指责美国总统罗斯福完全不懂远东的事情。

1936年"二二六事件"后，元老西园寺公望推荐近卫，天皇亦准可，表面上以身体不适加以拒绝，实质原因为比较亲近的皇道派遭到清洗,心存不安和不满情绪。广田弘毅内阁和林铣十郎内阁之后,转眼到了 1937 年 6 月,西园寺再次推荐,此次近卫当仁不让,就任时 45 岁零七个月,成为仅次于伊藤博文的第二年轻首相。军部也不反对,财界、政界、社会人士均支持,舆论自然十分看好。本来近卫想为皇道派的朋友开脱,搞个大赦,但因西园寺的反对,也只好放下。

一个月后爆发"卢沟桥事件",军部下达"不扩大事态"的命令,但近卫内阁发表派兵声明,其后又回到不扩大的方针,但在军部没有要求的状况下连续三次追加军费。历史学家秦郁彦指责"完全是煽动民众战争狂热的政治表演",评论家山本七平更是指出:"政府不能干预统帅权,但掌握预算权",明确指出近卫有不可推卸的战争责任。

在石原莞尔等人的推动下,中日首脑计划南京面谈,但上飞机之前近卫变卦,后改为特使出访,但遭到陆军的扣押。"上海事变"发生后,近卫内阁发表强硬声明,放弃"不扩大政策",将"北中国事变"改为"中国事变",更是在 1938 年 1 月发表"不以国民政府为对手"的声明,战争脚步停不下来了。

接下来近卫开始建造国内集权主义体制,当然,这也不是近卫的首创。借鉴第一次世界大战的总体战模式,1918 年日本制定《军需工业动员法》,调查军需产业的实际状况,扶助其发展,以便战时政府对其进行管理。为此,专门成立"军需局",1920 年设置调查国力的"国势院"。但因裁军风潮,两年后废除国势院,但第二年军部成立"军需工业协定委员会"承担其功能,1927 年田中义一内阁时正式设置"资源局"。1937 年初又将"内阁调查局"改组为权限更大的"企画厅"。

"卢沟桥事件"爆发后,"军需局"与"企画厅"合并为"企画院"。

1938年初帝国议会审议《国家总动员法案》,做法案说明的陆军省军务课政策班长佐藤贤了喋喋不休,曾为其士官学校教员的议员不耐烦地提醒,佐藤却大喝一声"住嘴",史称"住嘴事件"。在此次议会上,社会大众党议员西尾末广为激励近卫首相,在演说中呼吁首相"像墨索里尼、希特勒、斯大林那样大胆前进",结果遭到解职的处分。此时还发生了右翼团体"防共护国团"为建立"举国体制"占领民政党、政友会总部的"政党本部推参(不太礼貌的造访)事件",据说也有近卫的影子在里面。

近卫在京都帝国大学研修到的社会主义经济学现在派上用场,本人也推崇苏联的经济模式,不仅在1937年颁布了《临时资金调整法》《进出口商品等临时措施法》,1938年颁布了《国家总动员法》《国家管理电力法》,由此开始实施统制经济与国家社会主义化。作为经济领域的措施,近卫内阁还在1939年颁布了《国民征用令》《价格等统制令》,1940年内阁决定《经济新体制确立要纲》。在思想文化领域,1941年颁布了《报纸等消息刊载制限令》《生活必需物资统制令》《国民学校令》等。

尽管1938年末近卫内阁发表"东亚新秩序"的第二次声明和"近卫三原则(中日睦邻友好、共同防共、经济合作)"的第三次声明,但未能得到中国方面的积极响应,因而在1939年1月,近卫内阁全体辞职。接下来的平沼骐一郎内阁、阿部信行内阁、米内光政内阁持续时间不长,到1940年7月,近卫再次就任首相,但这一次最后的元老西园寺拒绝推荐。

在赋闲期间,近卫也没有闲着,积极策划建立新党。结成"贯彻圣战议员联盟",甚至起草了"组建新党备忘录",目标是苏联共产党或德国纳粹党那样的独裁性政党。1940 年 6 月发表"新体制声明",议会中各政党做出响应,纷纷解体。同年 7 月,第二届近卫内阁登台亮相,立即发表《基本国策要纲》,开展"新体制运动"。

实际上,在当时的日本社会也有这样的舆论背景。苏联、意大利、德国等均产生了一党独裁的"举国体制",逐渐克服 1929 年世界大危机带来的经济困难,似乎废除私有制的全体主义是世界未来发展潮流。近卫本来就有类似倾向,其内阁成立后,整个社会氛围是:作为将要主宰世界的四大势力(苏联、德国、意大利、日本),日本应迅速建立新体制,"不要错过班车"的口号到处可见。

尽管一刹那间所有的政党甚至工会组织都消失了,但独裁性政党却难以成立,最后只好成立"大政翼赞会",既没有纲领,也没有宣言,无声无息地推展新体制运动(日本政治文化不适合独裁性政党的出现,即使到东条英机内阁时期也存在反对派)。即使在经济领域也遭到阻力,但日本经济领域的集团主义色彩更为浓厚,尽管最终采取的是德国模式,即企业集团基础上的统制经济。

昭和研究会经济部 1940 年 8 月提出研究报告《日本经济重组方案——形成建设时期的经济体制》,主张企业经营的目的由利润本位向生产本位转化,为缓和通货膨胀需要政府决定价格、统制利润率、资本与经营分离、全面公开技术等,有必要实施需求自主统制,提倡建立"促进全体利益"的统制经济体制。尽管其遭到大企业三们的反对,但政府仍然在 1940 年 11 月通过了《公司经营统制令》,强

图1　对外全面战争爆发后,对一般民众进行军事训练

化了对企业的控制。

由于内务大臣平沼骐一郎百般捣乱,"大政翼赞会"的骨干们也纷纷离开团体,其功能沦落为行政机构的传声筒。尽管如此,其做法为后来的东条英机内阁所继承,在1942年4月的众议院议员选举中,大政翼赞会推荐当选的议员381名,当时众议院定额为466名,选举后组成"翼赞政治会",议会中反对派的声音基本消失。在经济领域更是如此进入战时体制,以至于战争结束50年后,野口由纪雄仍撰写了《1940年体制》,认为战后日本经济体制延续了1940年近卫缔造的新体制。

进入1941年后,近卫内阁被眼花缭乱的国际局势搞得晕头转向,尽管日苏签订《苏日中立条约》,但美国没有对日本的谅解建议做出答复。德苏战争爆发后,陆海军进攻方向截然不同,御前会议只好做出模糊处理。为罢免与内阁不同步的外务大臣松冈洋右,近卫内阁只能集体辞职,因为《大日本帝国宪法》没有规定首相拥有罢免阁僚的权限。

1941年7月,第三届近卫内阁成立,外务大臣为主张南进的海军大将丰田贞次郎。9月初的"御前会议"决定《帝国国策实施要领》,以10月上旬为期限,如果达不成协议则对英美开战。近卫首相希望亲赴华盛顿,通过首脑会谈解决问题,但美国加以拒绝。参谋本部态度强硬,近卫感到压力太大,第三次组阁不到三个月再次辞职,甚至以疾病为由缺席推荐下任首相的"重臣会议"。

下台后近卫接近军部不喜欢的吉田茂,战局愈发不利的1943年,更是准备通过中立国与英美谈判,东条英机的死党佐藤贤了又来威胁,近卫不为所动,终于在1945年初提交"上奏文",建议为保护"国体",和平结束战争,并主动请求担任特使。

战争结束后,近卫担任东久迩稔彦内阁的副首相,并主动与盟军总部交涉,就修改宪法提出建议。但盟军总部最终将其列为甲级战犯嫌疑,近卫服毒自杀,54岁零两个月,是去世最年轻的首相,也是到目前为止唯一自杀的首相。

1946年《近卫文麿公手记》出版,但评价不高,多数学者、评论家认为近卫转嫁战争责任,甚至昭和天皇也感叹"只是说些对自己有利的东西"。直到今天,对近卫的评价仍然是赞否两论,从中日战争和日美开战的立场看,近卫意志薄弱、优柔寡断,但从努力避免日美开战和实现中日和平的角度看,近卫又是深思熟虑、异常执着。

近卫文麿研究有三点值得注意。第一点是大多相关资料是近卫留下的日记,但其记载的内容有些与其他史实不相符合,显然有为自己辩护之嫌;第二点是到目前为止的研究大多只是侧重近卫的特定方面,没有立体性地全面论述;第三点是近卫的政治领导能力问题,其惯常做法是"提前布置"或"暂时搁置",但第三届内阁时对日美谈判非常执着,在多大程度上发挥了其领导能力却没有很好的实证研究。

战
后
篇

占领时期的改革

2003年美国占领伊拉克后小布什总统号召伊拉克人像战后初期日本人那样,配合占领军进行改革,建设民主化的新国家。许多日本人不以为然,因为此时的日本正为如何摆脱占领时期构建的"战后体制"而苦恼。实际上,早在冷战结束后,日本学界已经在探讨占领时期改革造成的诸多遗留问题。

从制度的层次上看,占领时期的改革还是取得相当大的成果。当然,这些与反法西斯联盟的授权、几乎为美国单独占领、麦克阿瑟的个性具有较大的关系。第二次世界大战以前的战争,胜者获得赔偿,解除败者的武装以及为监督败者而占领其一部分国土,但从未实施对其进行改造。《海牙公约》其至规定在不绝对妨碍胜者的范围内,有义务尊重占领地的现行法律,战胜国对战败国的国家制度进行强制性改造的想法来自第二次世界大战中,体现在反法西斯联盟国家对轴心国采取的无条件投降政策。

尽管是否"无条件投降"存在争论,但日本接受盟国提出的条件本身就意味着无条件投降。《波茨坦公告》第七款规定"占领日本并改造其战争能力的消失",具体内容包括解散日本陆海军、审判战犯、言论宗教思想自由、禁止军需产业、确立基本人权、将来参加国际贸易等,即所谓的非军事化、民主化改革政策。该公告为占领者提供了改革的法律依据及其方向。

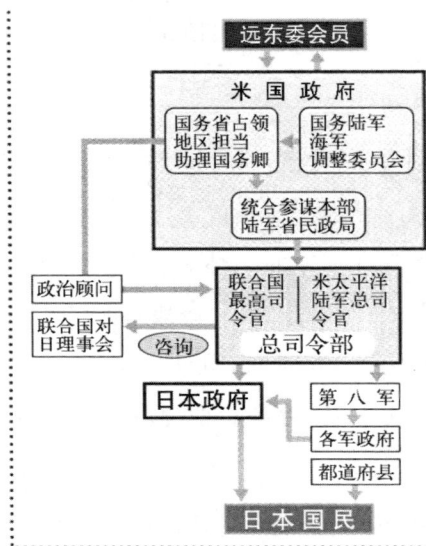

图1　占领日本机构

　　按照反法西斯联盟国家的构想,战争结束后对德国和日本实施占领,本来计划苏联占领日本的北海道。但鉴于德国分割占领造成东西德分裂、各自组织政权的结局,美国人没有让苏联人登上日本四个主要的岛屿。在50万占领军中,75%为美国军队及文职人员,其他为英联邦各国军队。本来美国也要求中国国民政府出动10万军队,蒋介石讨价还价答应派遣一个师,师长甚至知晓日语,官兵均为小学毕业。结果在宁波上船前收到调令,前去山东打内战,最后只是派遣军事代表团参加占领。

盟军总部最高司令官为美国太平洋陆军总司令麦克阿瑟,形式上最高决策机构为设在华盛顿的"远东委员会"(最初 11 个国家,1949 年秋变为 13 个国家),但其旨意须经美国政府传达给盟军总部,而且美国拥有否决权和紧急事态下的中间指令权。尽管东京设有最高司令官咨询机构的"对日理事会",由美苏中英四个国家代表组成,但麦克阿瑟只参加过第一次会议。因此,对日占领及其改革基本上由美国主导并反映其意图。

另一方面,美国对日本的占领并不直接实施军事管制,而是利用原有的日本行政机构进行间接统治。即盟军总部制定的各种政策以备忘录、文书、指令、口头指示等传达给日本政府,后者以法律、政令、条例的形式加以实施。尽管盟军总部具有"超法规"的权力,并可以撤换那些不听从其指令的日本官员,但间接统治的结果不仅几乎原封不动地保留了日本旧有的官僚机构和人员,而且在占领政策的具体内容上也给予日本政府讨价还价的机会。

喜欢深居简出的麦克阿瑟却善于表演,其到达日本厚木机场走出机仓时,大墨镜、军便服、玉米烟斗,踌躇满志的最高占领者姿态一览无余;在密苏里巡洋舰上,近百年前佩里准将到达日本时携带的美国国旗高高飘扬,显示着第二次"黑船来航";盟军总部从横滨搬到皇居对面的第一生命大楼,守株待兔地等待天皇来访。在两人的合影中,一边是军便服、两手卡腰、神态自若的麦克阿瑟,一边是大礼服、双手下垂、拘谨严肃的昭和天皇,内务省自然不同意将最高统治者不是天皇的照片让日本民众得知,但盟军总部亲自下令刊登在各家报纸上。

作为基督教徒，麦克阿瑟是理想主义者，占领初期发誓将军国主义日本改造为"东方的瑞士"。下飞机伊始就宣布给妇女选举权，理由是女人不要战争。结果妇女不仅拥有了选举权，而且在战后第一次大选中当选 39 名议员，甚至有 1 名妓女也进入了国会。有人将状告到麦克阿瑟那里，得知其获得 26 万张选票后，麦克阿瑟郑重其事地回答说，"这恐怕不会是全靠她那暧昧的职业得来的吧？"并同样发去祝贺信。

麦克阿瑟的日常生活简单得刻板，两点一线，即生活所在的美国大使馆和办公所在的盟军总部，唯一的乐趣是早上带几匹爱犬散步。为改造日本，麦克阿瑟夜以继日地工作，很少过节假日，甚至连圣诞节和复活节也不例外。从未到过东京以外的日本其他地方旅游、巡视，也从不参加晚会或者招待会，与麦克阿瑟见过三次面以上的日本人屈指可数。

朝鲜战争爆发前，麦克阿瑟仅两次离开日本：一次是在 1946 年 7 月 4 日前往马尼拉参加菲律宾独立庆典，一次是在 1948 年 8 月 15 日赴汉城参加大韩民国成立仪式。即使朝鲜战争爆发后，视察战场也是当天来回。杜鲁门总统在日本投降后曾两次要麦克阿瑟回美国庆祝胜利，但均以日本"形势复杂而困难"为由加以拒绝，极爱面子的总统大为光火，从而埋下了两者不和的种子。

在物质特别匮乏的占领时期，麦克阿瑟督促美国政府将粮食等生活必需品源源不断地运向日本，挽救了无数处在饥饿线上的日本人,同时 2 500 名传教士带着 1 000 万部《圣经》在日本传播上帝的福音。深受感动的日本人寄给麦克阿瑟的信共有 50 多万封,甚至数百名日本女性表示愿意为其生儿育女。

在麦克阿瑟的导演下,700 万日本军队瞬间被解散、军工厂的设备被拆卸并作为赔偿运往战胜国,军国主义分子的公职被剥夺,发动战争者被送上远东国际军事法庭并判处其中的 7 名为绞刑,同时鼓励工人组成工会且为保护自己的权益进行斗争。释放政治犯、言论自由、铲除军国主义教育内容、斩断靖国神社与政府的联系、解散家族式财阀、彻底的土地改革使地主阶层消失等,改革指令接踵而至。

特别是在修改宪法问题上,面对日本人的保守,麦克阿瑟干脆指示盟军总部民政局按照象征天皇制、放弃战争、废除华族的三原则起草宪法,并强迫日本政府接受,同时在宪法精神的基础上进行其他各种制度性改革。因此,在不到三年的时间内,日本发生翻天覆地的变化。

1951 年 4 月 11 日,被杜鲁门总统解职的麦克阿瑟黯淡离开日本,但 20 多万东京市民聚集在通往羽田机场的大道两侧,含泪目送其归国。国会众参两院通过感谢决议案,朝日新闻社社长和每日新闻社社长发起建造麦克阿瑟纪念馆的活动。

但麦克阿瑟在美国参议院的发言对充满怀念之情的日本人兜头一盆冰水:"从科学、艺术、宗教、文化等方面的发展来看,如果我们盎格鲁·撒克逊民族是 45 岁的壮年,日本则是 12 岁的学生。"失望、不满、抗议纷纷涌向日本的大众媒体,"麦克阿瑟热"刹那间迅速退潮，纪念馆、铜像、名誉市民等消失得无影无踪。

需要注意的有两点，一是日本社会本身的发展也需要改革，二是占领时期美国对日本政策也有阶段性变化。按照日本学者楠绫子的观点，如果从政策实施的过程上看，改革措施大致可分三种类型。第一种类型是日本政府自发进行的改革，例如女性参政权与工会法的制定。战前日本的政治发展已达到一定的水准，20 世纪 20 年代日本成年男性获得选举权和被选举权，工人结社和运动在 20 世纪初年业已出现。因此，给予女性选举权、被选举权以及工人组成工会的权利也是水到渠成的事情。在这些方面，日本政府主动地提出法案并很快形成法律。

图 2　远东国际军事法庭(东京审判)

第二种类型的改革是带有占领军的强制性，例如"解散财阀""禁止垄断法""经济力量过度集中排除法"等。美国人认为以特定家族为核心构成的财阀与农村的寄生地主制一样，是传统社会的残余,应该予以铲除。尽管日本政府意识到农村中的寄生地主制是日本经济发展的桎梏,战时已经策划限制地主权利及提高佃农的权利,但主张统制经济的日本官员从未意识到财阀存在的经济问题。在宗教自由以及将神社神道回归宗教、政教分离改革上也带有占领军的强制性。

第三种类型的改革既有日本政府的主动性,也有占领当局的意图,还有盟军总部中途插手使改革更为彻底,其中典型的事例是修改宪法和农地改革。如同前述,盟军总部民政局起草宪法,并强迫日本政府接受。农地改革也是如此。日本政府早早提出第一次方案,但盟军总部认为很不彻底,最终接受"对日理事会"的建议,基本消灭了地主土地所有制。另外确立国会优于行政机构的《国会法》、内务省解体基础上真正地方自治的《地方自治法》、警察分权化的《警察法》、教育自由化的《教育基本法》等。

另外注意的一点是占领的阶段性,即美国对日政策的变化。整个占领时期为六年零八个月,可分为三个阶段,1945年9月到1948年10月是第一个阶段,为非军事、民主化改革时期,应该说其改革力度较大,也取得许多成果;1948年10月到1950年6月为第二个阶段,为美国从减轻财政负担和冷战体制转而扶植日本经济自立时期,中止了带有浓厚统制经济色彩的"倾斜生产方式",实施完全市场化的"道奇计划",推动日本企业革新,在提高劳动生产率的基础上增加出口;1950年6月到1952年4月是第三个阶段,为重新军备日本时期。朝鲜战争爆发,美军上战场,麦克阿瑟授意日本成立警察预备队,应付国内治安。尽管吉田茂消极抵抗,但逐渐建立了保安队、自卫队。

继麦克阿瑟任盟军总司令的李奇微指示日本政府重新审查盟军总部发布的改革指令，可以加以修正或废除。日本政府借机采取了一系列称为"逆流"的反民主化措施，例如解除了被剥夺公职者的处分，使大批旧政治家重返政坛；重建中央集权式的警察制度，加强对社会的管理与控制；修改有关劳动法规，限制工人的合法斗争权力；废除各级教育委员会的公选制度，改为任命制，在学校加强所谓的"爱国心"教育；终止解散财阀的改革，大企业集团得以重新出现等等。

学界也开始深入挖掘过去不为人知的占领时期的事情，例如占领当局指令日本实施言论自由，同时也实施言论控制，即不准批判联合国、东京审判、占领军的政策，不准报道战时盟军不人道行为、原子弹爆炸、占领军的犯罪等。在整个占领时期，至少发生了2536件占领军士兵杀人事件和3万多起强奸事件。

尽管如同前述，占领后期日本政府修正了许多改革措施，但麦克阿瑟的制度性改革基本保留下来，例如和平宪法、象征天皇制、农地改革、竞争性政党政治等。与此同时，由于没有改革日本的官僚体系，因而政府通过行政指导干预经济社会的体制性规则延续下来，例如产业政策、金融体制、流通领域等。无论如何，占领时期的改革提高了各个领域的自由度以及国民财富的对等性，奠定了战后日本经济高速增长的基础。

吉田茂与战后日本

2006年9月,日本最大的报纸《读卖新闻》在网上进行战后首相评价的民意调查,结果吉田茂以44％的得票荣获第一名。确实,"重经济,轻军备,在美国得保护下发展"的吉田路线至少为日本迅速发展为世界性经济大国奠定了基础。尽管现在有人抱怨对美一边倒的外交政策使日本成为"经济上的巨人,政治上的侏儒",也有人替吉田茂喊冤,说其晚年已经放弃了"轻军备"的想法。

尽管吉田茂不算是含着金钥匙出生的孩子,也算得上碰到金钥匙的儿童。生父是高知县的竹内纲,出生时其父作为板垣退助的得力助手积极推动自由民权运动,被逮捕入狱。也因是家中的第五个男孩,不受待见,竹内的朋友、横滨的富商吉田键三收其为养子,因而5岁时改姓吉田。过了六年养父去世,留下一大笔遗产,成为富二代,因而养成了一副清高甚至傲慢的性格。

尽管在寄宿学校经常受欺负,但养母具有很高的儒学修养,吉田的学习成绩不错,辗转各个高等学校。先是去现在的一桥大学,觉得自己没有商人气质,退学;又转到现在的东京理科大学,做不了科学家,退学;转去华族的学习院大学科,计划成为外交官,结果学科暂时停办,于是在1904年幸运地免试进入东京帝国大学法学科。两年后从政治科毕业,同时外交官考试合格,一起进入外务省的还有广田弘毅。

吉田茂再次遇见贵人，毕业三年后结婚，岳父是"明治维新三杰"之一大久保利通的儿子、外务省元老牧野伸显，翁婿一起参加了第一次世界大战后的巴黎和会。吉田茂最初的工作大部分是在中国，任天津、沈阳、丹东、济南等地的领事和总领事，对中国比较了解，但态度强硬，主张利用武力维持日本在满蒙的权益。在"东方会议"上大出风头，随后任田中义一内阁的外务次官。

1936年，广田弘毅组阁时准备任命吉田为外务大臣，但遭到军部的反对，认为其为自由主义英美派。结果只好外放，做驻英大使。气愤之余，在伦敦过着花天酒地的生活，将遗产挥霍得一干二净。三年后退休回国，伙同近卫文麿等人策划结束战争，被军部抓去拘留，蹲了四十多天班房。尽管上边有人关照，没有遭太大的罪，但成为战后初期做首相的资本。那位想提拔吉田的同学广田弘毅，却成为唯一一名上了断头台的文官甲级战犯。

尽管战后初期做了两任外务大臣，但作为传统的精英官僚，对政治家没有好感。鸠山一郎组织的自由党获得战后首次大选的胜利后，兴致勃勃地准备组阁时遭到占领当局剥夺公职的处分，只好委托吉田茂担任党的总裁及政府的首相。吉田百般推诿，最后很帅气地约法四章：鸠山筹措自由党的资金、自由党及政府的人事完全由吉田茂决定、吉田茂不想干时随时辞职、鸠山一旦恢复公职就退让等。1946年5月，吉田茂组阁，既是大日本帝国宪法下的最后一次内阁，也是最后一位没有经过选举的贵族院议员担任首相。

第一届吉田内阁不到一年，1947年4月战后第二次大选，尽管吉田茂顺利在故乡高知县当选众议院议员,但自由党选举失败,吉田茂不屑于社会党的联合政权,只好下野。继续组织民主自由党并担任总裁,在 1948 年 10 月卷土重来,组织第二次内阁。1949 年 1 月民主自由党选举大胜,组织第三次内阁。

吉田茂在第三次担任首相期间连续改造内阁,被讽刺为"大臣制造商"。1952 年 10 月大选后第四次组阁,因在国会质询中骂在野党议员混蛋,在野党动议惩罚首相,结果"混蛋"解散众议院。执政时间太长出现审美疲劳,再加上重返政坛的鸠山一郎的对立,1953 年 4 月大选后,吉田的自由党变为少数党,挣扎到第二年年底,吉田茂交出政权,但议员做到 1963 年,1967 年 10 月去世,为战后第一次"国葬"。2022 年,安倍晋三也获得"国葬"的荣誉,但争议较大。

吉田茂担任首相七年多,正值占领与改革时期,因而留下许多制度建设的业绩。除《日本国宪法》《教育基本法》外,比较重要的法律有《劳动基准法》《禁止垄断法》《工会组织法》《公职选举法》《生活保护法》《地方公务员法》《防止破坏活动法》《厚生年金保险法》《警察法》《自卫队法》等,涉及政治、经济、社会等各个领域,奠定了战后日本国家治理的基本框架。

实际上,吉田茂最大的功绩还是在战后日本发展方向上,即所谓的"吉田路线",就是与世界最强的国家——美国结成同盟关系,发展经济,恢复日本的国力。吉田茂作为政治家并不是十分合格,但在对外战略的策划及其外交活动还是非常老道。英美派的形象、曾遭军部打压的经历、良好教育与气质、流利的英语和交涉能力,让盟军总部对其印象颇佳。他在前三次担任首相期间,均兼任外务大臣的职务，平时也在外务大臣官邸坐班，表面上是这里的风景不错，实质上与麦克阿瑟接触比较方便。

吉田茂的口才并非上乘，甚至在旧金山和会上演讲时也拿着卫生纸那样的纸卷，一边展开一边照本宣科，但有时也不乏机灵。例如将自卫队解释为"没有战斗力的军队"，将盟军总部英文简称GHQ解释为"快回家"（Go Home Quickly）等。吉田茂第一次上台前曾要挟麦克阿瑟："如果美国不援助日本450万吨粮食，会出现饿死者。"麦克阿瑟照样威胁华盛顿"要么送面包来，要么送子弹来"，结果美国紧急调拨70万吨粮食到日本，帮其渡过了1946年的冬天。麦克阿瑟抱怨日本的统计数字水分太多，吉田茂自嘲道"日本的统计数字确实水分太多，因为按照当年的统计，战争应该是我们打赢了"，两人大笑了之。

吉田茂在回忆录中清楚地写道："日本是一海洋国，显然必须通过海外贸易来养活九千万国民。既然这样，那么日本在通商上的关系，当然不能不把重点放在经济最富裕、技术最先进，而且历史关系也很深的英美两国之上了。这并不一定是主义或思想的问题，也不是所谓隶属关系，因为这样做最简便而有成效。总之，这不外是增加日本国民利益的捷径。"正因如此，吉田茂早已决定与美国为中心的单独媾和以及缔结《日美安全保障条约》。

本来外务省制定了以全面媾和为前提的A方案，但受到了吉田首相的严厉批评，指责"外务省历来只以观察客观形势为主，而不能针对上述形势考虑对策"，因而"缺乏管理国家的理论，口气象在野党，空话连篇，不值一顾，作为治世的研究需要进一步加工"。随后外务省根据吉田的指示又制定了以驻日美军承担安全保证的 B 方案、强化北太平洋地区和平与安全的 C 方案和以单独媾和为主要内容的 D 方案,后来的媾和进程基本上是按照吉田茂中意的 D 方案实行的。

实际上,吉田茂也很清楚,与美国结盟有好的一面,也有不好的一面。日本为美军提供基地,安全保障的事务委托给美国,日本专心致志地发展经济,还可以很好地利用美国的资本、技术与市场,但代价是日本的外交与安全只能听从美国的指挥。但两害相较取其轻,先填饱肚皮要紧。

因此,在 1951 年 9 月的旧金山对日媾和会议上,日本代表团正式六名团员全部在和约上签字,但赴美军军营签署《日美安全保障条约》时,吉田茂准备单身前往,吉田的优秀弟子,也是代表团成员的大藏大臣池田勇人死活也要跟着去,并强行与吉田茂挤在一辆出租车中。既是如此,吉田也没有让池田进入会议室,一个人代表日本在条约上签了字。

尽管傲慢的吉田经常口出狂言,得罪了不少人,指责主张全面媾和的东京大学校长南原繁是"曲学阿世"的书生,咒骂罢工的工人是"不逞之徒"。但为"吉田路线"能够作为国策延续下去,吉田茂不仅利用权力尽量延迟鸠山一郎重归政界的时间,而且积极动员大批高级官僚参加大选转为国会议员,组成"官僚政治家"。更重要的是作为"大臣制造商",让他们担任重要的内阁职务,迅速成长起来,例如池田勇人、佐藤荣作等人。尽管经历了 20 世纪 50 年代后半期鸠山一郎、岸信介的"自主外交"及"重整军备",但整个 20 世纪 60 年代

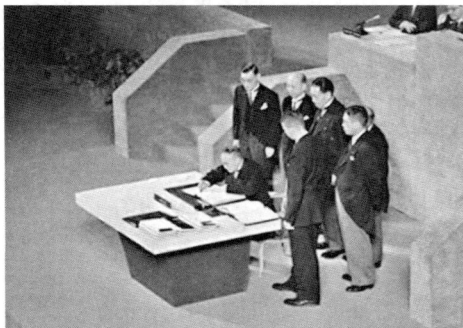

图 1　日本代表团在旧金山《对日和约》上签字

在池田、佐藤的推动下,日本迅速发展为经济大国。

冷战结束以后,日本政界、舆论界也在反思"吉田路线",有人主张吉田茂去世之前已经认为经济复兴的目标已完成,应该通过修改宪法正式创建国防军,更有人认为吉田本来就主张有条件地,即按照经济实力的增加逐渐扩充军备,但这些观点均缺乏很有说服力的材料加以证实。

在日本学术界,吉田茂为日本设计的这条外交战略基本框架得到积极评价,到 20 世纪 80 年代"吉田路线"作为专有术语确定下来。但根据最近史料的公开和研究者的再探讨,发现以前过于强调吉田外交论的经济侧面。确实,吉田重视经济复兴,将日本外交的基轴放在经济合作领域,而不是军事力量。但这不是吉田外交的全部,应该包括更为政治性的侧面。当然,在战争结束后不久,照顾到日本国民的感情,并适合当时的国际环境,从这一点上讲,吉田为战后日本外交奠定了稳固的基础。

"外交战略"包括"外交"与"对外政策",前者是与其他国家的交涉、协调,有专业的外交官加以处理,后者是协调国内各个利益集团的政治过程或决策过程。在第一次世界大战之前,前者的外交政策较多,但其后国内政治及社会舆论的影响逐渐增加分量。如果一个国家的对外政策及外交交涉能够成功,其基础则是外交战略。也就是说,外交战略所设计的内容与目标既要符合当时的国际环境,又要与国内的政治氛围相适应,同时还要考虑目标与手段之间的相互作用。

在战后初期的日本,作为战败国,国民财富丧失三分之一,战争死亡高达 300 万人,丧失所有的海外殖民地,从海外回国的人员 700 万之多,处在盟军的占领之下,被迫进行各种改革。正因如此,吉田提出的外交战略——"吉田路线"切中要害。早在 20 世纪 60 年代吉田茂在世时,国际政治学者高坂正尧就对吉田茂的业绩给予肯定性评价,1964 年和 1967 年发表两篇相关论文,1868 年出版《宰相吉田茂》。但哈佛大学的德戴尔持有不同看法,在其 1979 年出版的专著中,认为吉田茂战前是执行帝国主义政策的外交官,其自由主义式的开明派政治家形象带有较强的虚构性。

20 世纪 80 年代国际政治学者永井阳之助首先提出"吉田路线"一词并流行开来,认为经济中心主义、轻军备、日美安保是其三大支柱,成为战后日本外交的传统教义。但此时以美国为中心的西方国家因贸易摩擦开始批判日本的体制,即修正主义学派,自然对"吉田路线"也持否定的态度,认为是日本型重商主义的源泉。

20 世纪 90 年代冷战结束以后,日本国内的左右翼均对"吉田路线"持批判态度,右派认为其限制了日本民众的独立心情,左派认为其导致过度的对美从属外交。

按照日本学者中西宽的说法,最新对"吉田路线"的描述应该为"日本摆脱战败国的地位、以追求经济繁荣及非军事手段为基础的对外关系、以对称的手段对抗共产主义意识形态的威胁"。也有日本学者指出,吉田的轻军备思想除减轻国防负担外,最大的担心来自对旧军人复归的恐惧。当然,吉田茂主导的片面媾和最大的缺陷是失去亚洲。中国及朝鲜半岛的政权均没有参加旧金山和会,这是冷战结束后历史认识问题浮现的主要背景。另外,日本学界目前谈论的话题是,随着中国的经济规模超过日本,是否意味着"吉田路线"的彻底终结呢?

日本国宪法的诞生

近些年来,日本政界呼吁修改宪法的声音越来越高,特别是安倍晋三内阁总理大臣,作为内阁制度建立以来执政时间最长的首相,一直将修改宪法作为自己的历史性使命。具有理念型保守主义政治血统的政治家,其两个外祖父——岸信介、佐藤荣作均为万史留名的首相经历者,前者因修改日美安全保障条约导致声势浩大的反对运动,后者将日本导向世界第二大经济强国。安倍幼年曾陪伴外祖父渡过示威者包围之中的首相官邸日夜,也许从小就种下了为实现自己的政治理想可以奋不顾身。

实际上,日本的保守政治家之所以对修改宪法念念不忘是因为现行宪法在很大程度上是占领军给予的,而且还带有强制性的色彩。另一方面,如果从没有修改过任何一个字的角度看,日本国宪法是世界上最古老的文献,尽管其历史只有 70 多年,而且通过不断地解释宪法,其核心的和平精神早已名存实亡。

1945 年 8 月,敦促日本政府无条件投降的《波茨坦公告》同时要求日本"按照国民的自由意志决定政治形态",即民主主义、尊重人权、和平政治等。以美国军队为首的占领军进驻日本后,作为盟军最高司令官的麦克阿瑟确实体会到天皇在日本民众中的权威性,如果贸然废除天皇制将导致巨大混乱,另外也有情报透露苏联人计划在即将召集的最高占领机构及决定占领政策的远东委员会讨论在日本实施共和制，以便在混乱之际进入日本的北海道。因此，盟军总部决定尽快修改宪法，确立天皇的象征地位，以保留天皇制。

1945 年 10 月 4 日，盟军总部向东久迩稔彦内阁发出"自由指令"，即废除治安法令及思想警察、释放政治犯、自由评论天皇制等，同时暗示时任内阁副首相的近卫文麿修改宪法。东久迩作为天皇的叔父，自然难以接受其指令，内阁集体辞职。接下来任首相的币原喜重郎造访盟军总部，麦克阿瑟口头提出宪法自由主义化的必要。

于是，近卫作为内大臣府顾问组织学者进行修改宪法的调查，与此同时，币原内阁成立以国务大臣松本烝治为首的"宪法问题调查委员会"。但很快出现负有战争责任的近卫以及作为宪法外机构的内大臣府人员是否合适承担修改宪法调查工作的质疑声音，盟军总部只好否认正式委托其进行此事。结果，已经提出宪法修正要纲的近卫不仅就此止步，反而被盟军总部划为甲级战犯嫌疑，最后服毒自杀。

松本委员会在 1946 年 1 月 9 日提出《宪法修改草案》，提出"修宪四原则"，即天皇总揽统治大权、扩大议会权限、国务大臣对议会负责、扩大人民自由与权力等。随后进行过多次会议，逐渐形成松本的"私案""甲案""乙案"。2 月 7 日，松本将《宪法修改纲要》上奏天皇，第二天连同说明材料提交盟军总部。

在政府讨论修改宪法过程中，社会各界对宪法的关心随之高涨。各个政党、团体、宪法学者也提出不少宪法草案，但大多只是对大日本帝国宪法稍加修改,做较大变动的不多,其中"宪法研究会"提出的《宪法草案纲要》因主张象征天皇制而受到盟军总部的注目。政府委托共同通讯社在 1945 年 12 月 19 日所做的舆论调查表明,75％的接受调查者认为"需要修改宪法"。

本来盟军总部并没有插手修改宪法的念头,但 2 月 1 日《每日新闻》以快讯的方式报道了较为革新的"甲案",日本政府加以否认,盟军总部民政局却判断为政府方案过于保守,难以得到社会舆论的支持。在远东委员会即将成立之时,需要推动修宪过程。

麦克阿瑟在 2 月 3 日提出"制宪三原则":第一,天皇处国家元首地位。皇位世袭。天皇的职能与权限基于宪法行使,顺应宪法体现的国民之基本意志;第二,废除国权发动的战争。日本放弃作为解决纷争手段的战争,甚至作为保护自己安全手段的战争。日本将其防卫与保护委托目前推动世界的崇高理念。将来既不授予日本具有陆海空军权力,也不授予日本军队交战权;第三,废除日本的封建制度。贵族的权利,除皇族外,不再给予现在生存者一代以上。华族的地位,今后不伴随任何国民的或市民的政治权力。

民政局立即组成起草宪法的团队,包括局长惠特尼在内共有 25 人,其中 4 人为律师出身,但没有宪法学专业人士。团队分为立法、行政等 8 个起草委员会和综合业务的运营委员会,参考日本民间起草的宪法和各国现行宪法。从 2 月 4 日开始,到 10 日汇总成共 92 条款的宪法草案,提交麦克阿瑟。麦克阿瑟稍加修正后,13 日提交日本政府。看到完全不知情的外务大臣吉田茂似乎拒绝样子,惠特尼恫吓道:"如不接受将会审判天皇。"

日本政府只好按照民政局草案制定宪法,随之加进一些私货,在翻译英文版时,双方产生激烈争论,最终达成妥协。3月6日,日本政府颁布《宪法修改草案纲要》,麦克阿瑟立即发表给予支持的声明,社会舆论反映较好。同时,应"国民国语运动"的要求,将宪法的行文口语化。

1946年4月10日举行的战后第一次大选带有对宪法做出判断的国民投票色彩,但选民似乎对食物的关心超过宪法。一个月后吉田茂内阁组成,按照大日本帝国宪法第73条有关修改宪法的规定启动相关程序。在得到枢密院的认可后,6月20日提交众议院审议,8月24日众议院稍加修正后以压倒性多数(429票中赞成421票,反对8票)通过。贵族院8月26日开始审议后也稍加修正,10月6日通过,7日众议院再次通过贵族院修正案。

在国会审议过程中,"帝国宪法修改案委员小委员会"对草案中放弃战争的第9条进行了修正。原文是"永久废除以国家主权发动的战争及以武力威胁或行使武力作为解决与他国之间纠纷的手段。不保持陆海空及其他战争力量,不承认国家的交战权"。委员长芦田均提出修正案,即"日本国民真诚希求基于正义与秩序的国际和平,永久放弃以国家主权发动的战争及以武力威胁或行使武力作为解决与他国之间纠纷的手段。为达前项目的,不保持陆海空及其他战争力量,不承认国家的交战权"。

但这样一来,日本有可能重新军备。芦田均本人也承认:"我担

图 1　众议院全体会议通过宪法草案

心第 9 条第 2 款原封不动,就会出现剥夺我国防卫力的结果……由于加入'为达前项目的'这样的词句,原案中无条件地不保持战争力量就变成在一定条件下不保持战争力量。"

《宪法修正草案纲要》公布后,远东委员会对发表完全赞成宪法草案声明的麦克阿瑟非常不满,认为这是越权行为。经过几次会议后,远东委员会做出三项决定,即要求占领当局随时向远东委员会报告国会审议宪法草案的进程、在宪法正式生效前必须给予远东委员会审议最终草案的机会、国会也可以自由讨论《宪法修改草案纲要》以外的宪法草案。其后远东委员会再次通过《新宪法成立的诸原则》,即应给予充分讨论及审议新宪法诸条款的时间与机会、应保障 1889 年宪法与新宪法之间完全的法的继承性、应采取简明扼要的方式积极表明新宪法为日本国民的自由意志。

特别是"芦田修正"在远东委员会引起较大争议,负责宪法问题的第三委员会认为"第 9 条修改成日本有可能保持陆海空及其他战争力量",因而要求负责"废除日本军备"的第七委员会对此加以注意。中国代表指出:"众议院对第 9 条进行的修正,可以解释为在第一项规定的目的之外日本能够保持陆海空军队……如果允许日本保持这里记述的目的之外的军队,就意味着日本有可能在某种借口之下,例如利用自卫的借口而拥有军队……过去这种自卫的语言多次被恶用。"结果,宪法草案增加第 66 条第 2 款,规定"内阁总理大臣及其他国务大臣须为文职人员",远东委员会各国委员表示认可。

1946 年 10 月 29 日,枢密院再次通过新宪法草案,同日内阁会议通过,31 日上奏天皇得到认可。11 月 3 日正式颁布日本国宪法,按照新宪法第 100 条规定,颁布 6 个月后、即 1947 年 5 月 3 日正式实施。

远东委员会在新宪法公布前的 10 月 17 日做出决定,即要求国会在新宪法实施后一年以上两年以内进行审查,可以采取国民投票的手段。因此,1948 年 6 月,芦田内阁的法务厅向众议院议长提出"探讨是否需要修改宪法"的申请,并组成"宪法修改研究会",但社会舆论较为消极。同年 10 月芦田内阁倒台后,其动向随之消失。1949 年 4 月 20 日,吉田茂首相在众议院外务委员会发表讲话时说:"目前政府没有修改宪法的意思。"在积极主张修改宪法的鸠山一郎上台之前的 1954 年 1 月,135 个团体组成以社会党为中心的"拥护宪法国民联合",并在 1955 年 2 月举行的大选中,护宪派获得阻止修改宪法的三分之一以上议席。因此,成立宪法调查会并开展调查活动的鸠山一郎政权以及岸信介政权均未能在修改宪法问题上取得实质性进展,战后以《日本国宪法》为基础的宪政体制最终确立。

尽管日本舆论认为"国民主权""尊重基本人权""和平主义"等是日本国宪法的三大特征,但其最大特色是放弃战争的条款。尽管经过历届政府的解释,这一条款也名存实亡了,但重要的是,对安保相关问题的宪法解释不在司法部门,是在行政机构,即"政府统一见解",其根据是所谓的"统治行为论"。日本政府"解释"来"解释"去,不仅使日本自卫队成为仅次于美国的军事力量,而且也将自卫队派到海外正在进行战事的地区。行政机构解释宪法的做法来自"伊达判决",即砂川美军基地斗争过程中的司法审判。

当时警察以"冲击美军基地"的名义逮捕25人,其中7人以违犯《刑事特别法》的罪名被起诉。1959年3月,东京地方法院的法官伊达秋雄对上述诉讼做出宣判,判决驻日美军违背宪法第9条,因为美军驻扎在日本,只有日本政府的请求与合作才成为可能,其目的是用于针对来自外部的武力攻击,因此,不论日本是否拥有军队的指挥权或者美军是否拥有出击义务,都违背了宪法第9条第2款的规定,属于被禁止的"陆海空军及其他战争力量"范围。另一方面,为维护其设施而将较轻犯罪重判的《刑事特别法》也违背宪法精神,因而判决在砂川事件中起诉的全部被告均无罪。

检察机关立即越过高等法院直接上告到最高法院。最高法院不仅认可其越级上诉,并认定宪法第9条第2款禁止的所谓战争力量指的是日本本身的战争力量,外国军队即便是驻留在日本本土也不适用于第9条;另一方面,《日美安保条约》是涉及日本国家存在基础的高度政治性的问题,其内容违宪与否的法律判断原则上是不适用以纯司法性机能为使命的法院审查事件。换句话说,《日美安保条约》是否违宪的法律判断应该委托给拥有条约缔结权的内阁以及对条约拥有承认权的国会,最终应取决于主权在握的全体国民的政治判断。因此,最高法院推翻一审判决,将该案发回地方法院重新审理。1963年12月,地方法院最终判决全部被告有罪,但仅处予2 000日元的罚款。

尽管如此,安倍首相追求的是真正的修改宪法。

有泽广巳与战后日本经济体制

    20世纪80年代,日本成为经济强国,但作为加工贸易型工业化国家,出口成为经济增长的主要动力,于是与欧美国家特别是美国发生贸易摩擦、冲突甚至"战争",欧美学术界也出现修正主义学派,其学说成为"敲打日本"的理论基础。例如美国学者查莫斯·约翰逊在1981年出版的《通产省与日本奇迹》一书,将日本描述为一个"发展指向型国家",正如书名所体现的那样,通(商)产(业)省在日本经济发展中起到重要的作用。因此,日本是与欧美国家不同的"异质"国家。说得准确一点儿,日本是一个统制经济模式,其形成与日本学者关系较为密切,其代表性人物是有泽广巳。

    1922年,有泽广巳自东京帝国大学经济学部毕业,担任该学部的教学助手。第二年,精通奥地利经济学派理论、研究马克思主义经济学的德国社会民主党成员、海登堡大学教授雷迪拉到经济学部任教,有泽担任其助手,并受其影响,热衷于研究奥地利经济学和马克思主义经济学。

    1926年,有泽到德国柏林大学留学,在为期两年的时间里,有泽系统地研究了战争经济到和平时期经济的过渡、赔偿问题、通货膨胀、稳定式危机、产业合理化、金本位复活等第一次世界大战后德国和世界经济面临的各种问题。同时,广泛阅读世界政治经济研究所的《世界经济年报》和柏林景气研究所的《景气四季观》等著名经济学家主编的杂志，从中学到了利用团队统计分析现状的研究方法。他还旁听德国社会民主党大会，参加留学生读书会，由此逐渐接近社会主义学说。

　　1929 年世界性经济危机爆发后，有泽不仅组织学生进行课堂讨论，分析从萧条走向世界性危机的现状，而且与年轻研究人员组成相关研究会，对经济危机进行深入分析，并以"世界经济批判会"的名义在《中央公论》《改造》等一流杂志上发表观点鲜明的学术论文，既包含丰富的事实与数据，也从马克思主义理论立场出发阐明其意义。

　　需要指出的是，与经典马克思主义主张的国际主义相比，有泽广巳的观点带着强烈的民族主义倾向，它强调在民族国家之间，尤其是西方国家与非西方国家之间的竞争中，增强日本的竞争力。相应地，这种观点强调基于技术的生产力的重要性，强调大企业在创新中的作用，而不是强调生产关系，也不将大企业作为垄断资本的代表来对待。而且，有泽广巳式的马克思主义学者认为，要避免阶级冲突，就要提倡管理层与劳工的合作，尤其当国家处在危机中时更要如此。

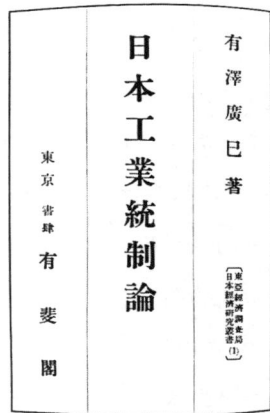

图 1　1937 年有泽广巳出版《日本工业统制论》，1950 年以此书获得博士学位

　　在军国主义化色彩日益浓厚的氛围下，有泽等人的马克思主义

理论式研究方法和活动逐渐为政府所不容。1938 年 2 月,政府以与"劳农派"密切联系并提供理论为借口逮捕东京大学教授大内兵卫及副教授有泽广巳、法政大学教授美浓部亮吉等 38 名学者,史称"第二次人民战线事件"或"教授集团事件"。有泽遭到 14 个月的监禁,直到 1939 年 5 月被保释回家,他拒绝了学校提出的辞职要求,而是以停职的名义继续进行研究。

在此期间,有泽广巳参加了近卫文麿的私人咨询机构——昭和研究会经济部门的研究活动,并作为主要执笔者在 1940 年 8 月提出研究报告《日本经济重组方案——形成建设时期的经济体制》,主张企业经营的目的由利润本位向生产本位转化,为缓和通货膨胀需要政府决定价格、统制利润率、资本与经营分离、全面公开技术等,有必要实施需求自主统制,提倡建立"促进全体利益"的统制经济体制。尽管其主张遭到大企业主们的反对,但日本政府仍然在 1940 年 11 月通过了《公司经营统制令》,强化了对企业的控制。

1939 年 9 月陆军省经理局秋丸次郎主持组成"陆军省战争经济研究班"(简称"秋丸机关"),其宗旨是"详细综合分析假想敌国家的经济战争能力,掌握其最弱之点,准确把握我方经济战争能力的持久程度,提出攻防之策"。有泽利用投入—产出分析方法进行研究,在 1941 年 7 月提出中间报告,并举行了面向陆军省、参谋本部首脑的说明会。该报告认为一旦开战,日本的国民消费将降低 50%,美国将降低 15%—20%,盟国能够筹措的战费将达 350 亿美元,是日本的 7.5 倍。从经济力量上看,日本是英美的 1/20,开战后两年内依靠储存的物资还可以坚持，但其后日本的战争能力将急速下降，难以进行持久战。

战争结束后，有泽广巳恢复了东京大学经济学部的教职，他充分利用自己对第一次世界大战后德国经济恢复历史的深厚研究，对日本经济的复兴提出了自己的主张。吉田茂（首相兼外务大臣）内阁在 1946 年 8 月设置了"经济安定总部"，负责经济稳定紧急对策的制定与实施，同时召集包括有泽广巳在内的经济学家在外务大臣办公室举行每周一次的午餐会，讨论如何复兴日本经济。正是在这午餐会上，有泽首次提出作为迂回生产政策的"倾斜生产方式"。吉田首相根据其建议成立了首相私人咨询机构"煤炭小委员会"，有泽任委员长，制定了年产 3 000 万吨煤炭的倾斜生产计划。

从结果上看，"倾斜生产方式"的实施使以煤炭、钢铁为中心的日本经济在 1948 年出现复苏现象，当年煤炭生产达到 3 500 万吨，完成生产计划的 96.6％，但为刺激生产提供的巨额贷款与价格补贴等做法导致本来已经非常严重的通货膨胀进一步加剧。1948 年，不仅冷战格局日趋明显，而且远东局势也发生重大变化，南北朝鲜各自建立政权，中国大陆共产党逐渐占据优势，远东两大阵营对立局面形成，加之美国有意减轻占领负担，需扶植日本经济自立。

1949 年 3 月，盟军总司令部编制预算方案并提交给日本政府。该方案以结束通货膨胀为基础，量入为出甚至出现结余，即所谓的"超平衡预算"，其中大幅度削减公共事业费和失业对策费，终结了"倾斜生产方式"政策的实施。

目前学界对"倾斜生产方式"的评价褒贬不一。例如，1987 年 11

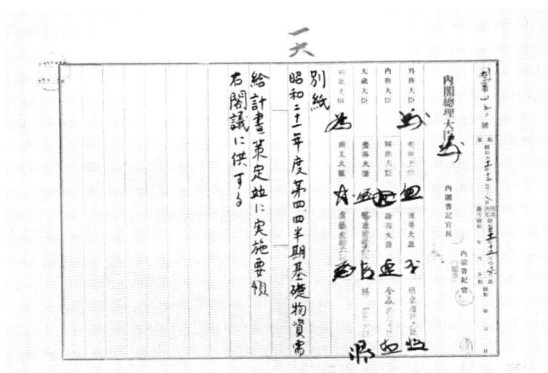

图 2　内阁会议决定实施"倾斜生产方式",内阁成员签名页

月 18 日的《日本经济新闻》认为,即使考虑到通货膨胀恶化以及昭和电工贿赂事件的负面影响,也应在至少将工矿业生产水准提高到最低需要程度这一点上给予积极评价,是"后世应给予肯定评价的三项政策之一",其他两项为池田勇人内阁时期的"国民收入倍增计划"和中曾根康弘内阁时期的"三大国营企业民营化"。

永江雅和在《日本经济史 1600—2000》指出:"由日本政府主导的复兴计划得到美国的对日重油进口许可,在战后日本重工业复兴的起爆剂这一点上应该给予评价。"高桥洋一却指出:"倾斜生产方式作为政治策略,在导致美国提供援助上较为成功,但在经济学意义上几乎没有任何效果。"

三轮芳郎等人也从没有实施倾斜生产方式政策的实体、现实中难以发挥倾斜生产方式这种统制经济的有效功能、从数十年的历史来看也不能期待统制经济取得较好效果等三个方面否定了"倾斜生产方式"。

　　毫无疑问,作为介入型经济运营的"倾斜生产方式"是一种统制经济,其实施不仅意味着战时经济体制的延续,同时也意味着战后经济政策乃至经济发展的开端,因而该政策作为战时与战后有机连接的一个重要环节,有泽广巳在关键时期发挥了关键作用。

　　随之而来的问题是,如果没有重视市场作用的"道奇计划"出现,这种经济统制政策是否能够继续贯彻并取得成功。客观地讲,占领初期盟军总部对日本进行了较为彻底的非军事化、民主化改革,从制度上看,战前与战后出现了一个断层,但占领中后期美国对日政策发生较大变化,开始扶植日本经济自立甚至允许日本重新武装军备。与此同时,日本政府也大幅度修改了盟军总部下达的各种指令,因而从体制上看,战前与战后的连续性较强。

　　换句话说,占领结束后日本在很大程度上恢复了统制经济体制,形成了政府主导经济社会发展的模式。正如中村隆英所强调的:"战前和战后不能跳过战争期间而联系起来。许多社会制度、经济制度、技术、生活方式和习俗都产生于战争期间,并在战后得以延续。尽管当初并不是以长远眼光建立了这一切,但它们最终确立了战后的企业、产业组织及生活方式的形态。"

　　虽然在采用市场经济体制的资本主义国家中,需要政府时常干预经济活动,以防止"市场的失败",并在道路、港口、教育、卫生等基础设施建设方面弥补社会资本的不足,解决市场经济在资源合理筹集及配置方面的局限性。但有别于其他资本主义国家的是,日本政府还在制定具体的经济增长计划与产业政策、通过优惠胜者的方式刺激特定产业部门乃至具体企业、改变市场激励机制的间接鼓励等方面起了推动经济社会发展的作用。

学者和评论家围绕日本政府的这种作用究竟有多大程度的效果问题争论不休,其原因在于这种政策并非由法律明文规定,"而是一个负责任的政府机构或官员在不具有明确的合法权利情况下,能够而且确实可以指导或诱导私营企业或个人采取或不采取某些行动",也就是说日本政府对经济活动的干预大多是通过被《伦敦经济学人》杂志界定为"没有写成条文的命令"的行政指导来实现的。

尽管行政指导是通过非强制性语言表现的,例如"劝告""期望""指示""希望"以及"建议"等,但其仍具有较强的约束力和可操作性。究其原因,首先来自相关制度上的保证,具体体现为政府所拥有的公共资金的分配权限、许认可权限、财政投融资权限以及政策性减税权限等。虽然日本政府的财政规模比较小,但较小规模的政府雇员、较小规模的社会保障费用及较小规模的军费开支仍然可以使行政机构拥有较多的公共资金,只是为实现特定政策目标而交付第三者且无须偿还的补助金在 20 世纪 70 年代以前就占到了政府一般会计预算的 1/3。

其次,行政机构拥有被称作"规制"、为数甚多的许认可(审批)权限,这些通过规定某种行业的厂家数量、设备标准、产量与价格以期达到公平竞争目的的"经济性规制"和保护消费者及劳动者安全、促进环境保护、维护社会稳定的"社会性规制"多达一万多项,甚至一直到 20 世纪 90 年代初,日本 40％ 的国民生产总值还处在这些"规制"的控制之下,而同时期的美国只有 6.6％。

再次,行政机构还可以将邮政储蓄、简易保险、国民年金等国营金融机构筹集的资金放贷给民间企业,这是一种长期低息贷款。由于政府贷款在相当程度上起担保的作用,企业在获得该项贷款后容易再获得民间金融机构的贷款。这种被称作"财政投融资"的贷款规模相当大,是重要产业的主要资金提供者。除了这些可以引诱民间企业进入政府所设轨道的"胡萝卜"外,日本政府还拥有对那些不听从指导的企业加以惩罚的"大棒",当然,这些"大棒"也是隐形的。

需要强调的是,尽管这种"被组织的市场"和"被组织的社会"模式对日本的赶超型现代化进程发挥了巨大作用,但其成为第二大经济体后应尊重市场的功能,如果不能及时地加以改革,则会对经济持续发展带来较大的负面影响,正如泡沫经济的出现及其崩溃所体现的那样。

经济高速增长的背景

中国改革开放之后经济高速增长，世人瞩目。实际上，在 20 世纪 60 年代，东亚地区曾出现过类似的状况，首先是日本，然后是被誉为"亚洲四小龙"的韩国、中国台湾和香港地区、新加坡，再往后是称为"亚洲四小虎"的泰国、马来西亚、印度尼西亚、菲律宾，包括后来的中国和越南，均呈现出高速增长的局面，被称为"东亚奇迹"，作为一种模式成为学界的研究对象。

尽管说是从 1955 年到 1973 年之间 18 年的经济高速增长，但也有四个或五个周期，即繁荣、危机、低迷、繁荣的循环。日本称为"景气循环"，即经济周期。

第一个繁荣时期是在鸠山一郎执政时期，具体时间在 1955 年到 1956 年，年均增长率为 12%，日本媒体以日本神话中的第一代天皇命名，称为神武景气。虽然作为战前政治家，鸠山一郎的目标是修改宪法、重整军备，同时实施多元外交，与苏联实现邦交正常化，但在日本加入国际货币基金组织和关税及贸易总协定、进口价格稳定、出口急剧增长、设备投资急剧增加的因素下，出现了高速增长时期的第一个经济繁荣。

第二个经济繁荣是在岸信介执政时期，时间是从 1958 年到 1960 年，经济年均增长率超过 10%，日本媒体以日本神话中天照大神躲避骚乱的地方命名为"岩户景气"。岸信介也是战前的政治家，其最大的执政目标是修改《日美安全保障条约》,结果引起了大规模的反对运动。但由于农村居民收入大幅度提高,技术进步与批量生产造成家用电器价格下降,超级商场出现引发流通革命,大量生产大量消费的方便食品(1958 年方便面出现),洗衣机、电冰箱、黑白电视机"三件神器"的消费热,石油化工新兴产业的出现等因素,导致了此次经济繁荣,其中最重要的因素是投资引发投资,也就是消费资料部门的增长引发生产资料部分的投资,而生产资料部门的增长又引发了基础设施部门的投资,致使这一时期的设备投资年均增长 24%。

图1　1957 年著名商企"大荣"在大阪的第 1 号超市,因商品价格便宜,遭到周边商家的反对

第三次经济繁荣是在池田勇人执政时期,此次经济繁荣的时间是 1963 年和 1964 年,经济增长率均为 10% 以上,由于是为 1964 年东京奥运会大规模投资引发的经济繁荣,所以日本媒体命名为"奥林匹克景气"。池田是"吉田学校"的优秀学生,所谓"吉田学校"是指吉田茂将许多高级官僚转化为政治家,也就是让他们辞去行政职务,参加国会议员选举并当选,自然很忠实地执行吉田茂为战后日本制定的发展路线,即"轻军备,重经济,在美国保护下发展"。池田当首相后提倡"宽容与忍耐"政治,并亲自调节煤矿劳资纠纷,同时提出著名的《国民收入倍增计划》(在十年时间内让每个人的收入增加一倍,结果六年就实现了这个目标),同时周游世界各国,推销日本的工业产品。当然,最主要的因素是为1964年东京奥运会大规模增加公共投资,修建高速公路、城市列车、新干线、运动会所需场馆等,因而出现了此次经济繁荣。由于经济实力大幅度增加,日本在1964年加入"经济合作与发展组织"(OECD),也就是富国俱乐部。

图2 1964年东京奥运会开幕式,日本代表团入场

第四次经济繁荣是在佐藤荣作执政时期,佐藤也是"吉田学校"的优秀学生。此次经济繁荣的时间是1965年到1970年,年均增长率为12%。其原因主要有积极的财政政策、新的消费革命,即"3C

革命"——彩电、空调、汽车,另外还有越南战争特需等,日本媒体以日本神话中的创造日本国土的神命名为"伊奘诺景气"。由于此次经济繁荣,1968 年成为资本主义世界第二位经济大国。1970 年日本举行了"大阪世界博览会",有 77 国、6 400 万人次参观了博览会,当时日本人口为 12 000 万,意味着每两个日本人中就有一个人参观了博览会。大阪世界博览会的参观者主要是看美国馆,也就是几块从月球上带回来的石头。

图 3　1970 年大阪世界博览会

也有人将 1972 年到 1973 年日本的经济看作第五次经济繁荣,即田中角荣执政后大力推行"日本列岛改造计划",即在日本各地建造一批 25 万左右居民的城市,用新干线等高速运输工具将其联结起来，以改变日本工业过于集中特定地区的局面，因而被称为"列岛改造繁荣"。但此次繁荣主要因土地投机形成的非实体经济繁荣，因而是否高速增长，其认可度不是太高。

除上述经济背景之外，还有其他因素造成了日本战后的经济高速增长。归纳起来大致可分为宏观因素和微观因素。在宏观因素方面主要有两点：第一是美国的因素。战后世界贸易体制和金融体制，即关贸总协定与布雷顿森林体制都是在美国主导下建立的，作为美国的盟国，日本顺利地加入了这两大体制，受益匪浅。其次，美国在技术与市场扶植日本，实际上早在20世纪50年代初日美就存在贸易纠纷，日本生产的纺织品以低廉的价格倾销美国，美国为了维持冷战体制对此加以忍耐。另外，日本的安全有驻日美军承担，日本的国防费很少，因而称为"免费安保"，也为经济增长创造了条件。

实际上，在战后初期，日本学界也没有预测到会出现高速增长的局面。例如在战败的一年后，外务省调查局出版了《外务省特别调查委员会报告：日本经济重建的基本问题》。这个委员会集中了绝大多数马克思主义经济学者和近代经济学者，进行了热烈的讨论，结论是经济恢复的目标暂时预定在1930年时的经济水平，恢复的手段是制定详细且综合的年度重建计划。该委员会高度评价计划经济，例如苏联的五年计划、美国的新政、英国的战后重建计划等，显然受到战时统制经济的影响，反映在政策上则是经济安定本部推行的"倾斜生产方式"。

上述报告对未来的日本经济充满了悲观色彩，认为战后中国和印度等将出现急速的工业化现象,日本则因战败赔款等重工业弱化,而且殖民地的丧失造成原料缺乏,因而很难与其他国家竞争。尽管认识到美国的重要性,但仍然强调东亚地区的分工合作为日本经济发展基础,正是这种意识使知识界主张"全面媾和"的声音比较大。

即使到了 1956 年《经济白皮书》那句有名的"已经不是战后",本质上不是预告高速增长的到来,而是体现了战后恢复阶段结束后对未来经济前景茫然不安的心情。但正如后来的历史发展所展现的那样,中国和印度的工业化低迷,反而在美国扶植下,日本获得急速的增长。

目前日本学界争论的一个焦点是高速增长是贸易立国还是内需主导。通常的印象是出口导向,但正如"三件神器""三 C 革命"所体现的那样,国内存在旺盛的消费需求。其实在加入"关贸总协定"前后,日本学界也存在争论。都留重人、有泽广巳等人认为贸易摩擦导致了战争的爆发,因而主张"内需发展",中山伊知郎等人则认为国内市场有限,需要海外资源,而且战后世界市场较为开放,因而提倡"贸易主义"。

尽管日本经济高速增长得益于世界自由贸易体制,但在整个 20 世纪 60—70 年代,日本的贸易依存度(进出口占国民生产总值的比例)并不是很高。相对于英国和德国的 30% 以上,日本不到 20%。即使在高速增长的 1955 年到 1973 年,经济增长对净出口的依存度不过 1%。

第二,政治体系的因素。从表面上,日本政府将经济发展之上主义作为宗旨,在市场经济基础上的加以"行政指导",除每届内阁均提出经济发展计划外,著名的产业政策也是由政府确定未来产业,给予各种优惠条件,保持适度竞争,推动其顺利发展,正如 20 世纪 50 年代的钢铁、60 年代的石油、70 年代的电子产业那样。

对这种体制日本学界也存在争论,是战时体制的延续还是占领改革的因素。经济领域的改革包括解散财阀、禁止垄断、农地改革、保障劳动者权益、教育改革等。市场原理导致竞争应该是经济高速增长的一个因素,农地改革提高了农民的积极性,但企业内工会却成为经营三大法宝之一。

正如野口悠纪雄在《1940 年体制》中所主张的那样,战后仍然是战时体制的延续。雨宫昭一也明确指出"表面上看,占领时期的改革与总体战体制针锋相对,但也有延续、完善总体战的侧面",例如厚生省的设立和国民健康保险制度的建立。中村隆英则认为战时的军需产业为战后的重化工业奠定了基础,战后通产省和运输省的行政指导也继承了战时军需省的统制手段。从这一点上看,在战前与战后的关系上,政治领域的断绝性较强,经济领域的连续性较强。

但如何评价这种体制,国际学界也有争论。作为唯一实现了现代化的非西方国家,在欧美国家看来,日本的企业内工会、企业系列承包制等显示了落后性。但成功克服第一次石油危机后,美国学者傅高义在《日本名列第一》中列举了日本的优点,例如"政府基于实力的指导与民间的自主性""企业与社员的一体化"等。按照宫城大藏的说法,本来傅高义并不想在日本出版这本书,其理由是:因为该书的副标题是"对美国的教训",容易导致日本人的自我陶醉。

由于日本与欧美国家产生贸易摩擦，因而敲打日本成为时髦，最具代表性的是荷兰驻日记者沃尔弗伦的《日本权力结构之谜》，主张日本是一种特殊的国家体制，例如没有政权更替、市场排斥外来者等。好在随着中国的崛起，强调日美具有共同价值观的多了起来，仍然是"政经分离"。

在微观因素方面有：第一是高等教育率的因素。早在明治时代末期日本已经实现了义务教育的普及，高等教育发展也很快。战后20世纪50—60年代更是高等教育发展的迅猛期，当时经济界人士要求培养高素质的劳动人才，所以私立大学迅速增加，因而很快实现了大学四年只是提高素质的大众教育。

第二是能源革命的因素。战后石油大量生产，特别是在20世纪60年代初期，石油成为主要能源，而且价格低廉，日本迅速适应这一转化，石油化工产业迅速发展，带动了其他产业的发展。

第三，同质化社会基础上的消费革命因素。1955年石原慎太郎发表了小说《太阳的季节》，描写一群在湘南海岸驾驶摩托艇、开跑车、穿夏威夷衬衫、被称为"太阳族"的摩登青年，引起强烈反响。其后一系列"太阳族"电影引发消费观念变化，即"消费是美德"，日本人从勤俭主义转化为享乐主义，促使消费革命的出现，从最初追求的三件神器到后来的3C革命，都是在20世纪50—60年代。准确地讲，1964年之前主要是内需推动日本经济发展，其后才转向出口拉动型，也就是以出口为主。

第四是固定汇率的因素。占领时期美国人将美元与日元的汇率固定为360日元兑换一美元，这一汇率一直保持到1971年。作为加工贸易国家,固定汇率对日本经济发展的好处不言而喻。也就是说,无论是日本政府还是日本企业,都可以制定较长时间的发展计划,不会受到汇率的影响。

革新自治体与环境保护

战后初期日本制定《地方自治法》，实施地方自治制度，即各级地方行政组织作为独立法人团体根据所在地区居民的意愿管理地方事务，中央政府只是给予适当的指导，因而地方行政组织被称作地方自治体，不称地方政府。地方自治体分为都道府县和市町村两级，都道府县相当于我国的省市自治区，市町村相当于我国的市县镇。都道府县共有 47 个，其他为市町村，最多时共有 3300 个地方自治体。因为偏远地区人口逐渐减少或消失，经过不断合并，目前大约有 1500 个地方自治体。从理论上讲，地方自治体完全独立、自主，与中央政府没有任何隶属关系，地方自治体都有自己的议会和首长，都道府县的首长称为知事，市町村称为市长、町长和村长，均为选举产生，每四年举行一次，称为统一地方选举。

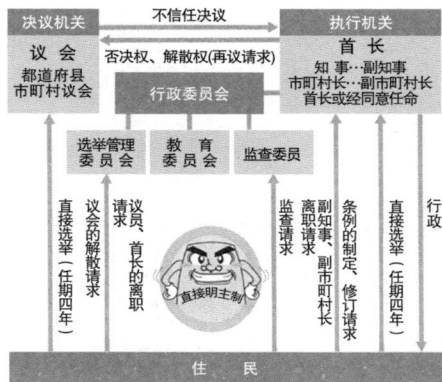

图 1　地方自治的结构

但是，地方自治名不副实。

一方面国家在地方的事务则根据相应的法律或政令委托都道府县知事、市町村长、都道府县行政委员会或市町村的行政委员会执行，这种事务被称作"机关委任事务"。其内容涉及各种数字的统计、国会两院议员的选举、社会福利制度的实施、城市及道路建设、文化教育、其他公共事业等。委任事务的经费由国家承担，但必须按照国家的统一标准执行，接受中央政府主管行政机关的指挥与监督，地方议会和其他机构无权干涉。随着日本经济的迅速发展，这种"机关委任事务"也急剧增加。1952 年时，有关"机关委任事务"的法律有 256 项，到 1994 年则达到 566 项，增加了一倍以上。据统计，都道府县一级地方自治体 80％的工作是中央政府的机关委任事务，市町村一级地方自治体也达到 30％—50％。

另一方面，由于中央行政机构掌握财政大权，即日本税收分为国税与地税两部分，大部分税收为国税，也就是中央行政机构的收入，然后以地方交付税、地方让与税、补助金等名义交付地方自治体，地方自治体征收的居民税等地方税收入不到其财政开支的40％，因而地方自治被戏称为"三分自治"。

那么，什么是革新自治体呢？

所谓革新自治体是指革新政党掌控的地方自治体，也就是得到社会党、日本共产党等革新政党推荐而当选的自治体首长所在的自治体。那么，什么是革新政党？为什么它们能掌控地方自治体？在战后日本政治史中，通常将 1955 年到 1993 年的政治体制称为"1955年体制"，因为在 1955 年，左右两派社会党合并，自由党与民主党合并为自由民主党(简称"自民党"),构成社会党与自民党两党抗争的政治体制,因而称为"1955年体制"。其后日本共产党恢复国会席位,又出现了民社党、公明党,国会中的主要政党为五个政党,但在"1955年体制"时期自民党一直是执政党,其他政党均为在野党。由于自民党以维持自由主义经济体制为纲领,因而被看作保守政党,社会党和日本共产党追求社会主义或共产主义,因而被称为革新政党,民社党和公明党介乎与保守政党与革新政党之间,因而被称为中道政党。所以,革新自治体是由日本共产党和社会党掌控的自治体。

为什么会出现革新自治体呢?其背景是急速的城市化以及过度的人口集中造成严重的交通与住宅问题,城市中心房价过高,普通市民难以购买,而远离城市中心地区存在交通不便;汽车的普及又引发交通事故频繁发生,而且也造成噪声、大气污染等公害问题,同时还有交通堵塞问题。正因如此,引发了保护环境以及追求个人生活的大规模市民运动。在野党借机攻击自民党执政的失败,从而受到广大城市选民的欢迎,从20世纪60年代后半期开始,较多的地方自治体被社会党或日本共产党等革新政党人士或其推荐的候选人所掌握,于是这些地方自治体也称为"革新自治体"。

1967年东京都举行知事选举,社会党、日本共产党共同推荐东京教育大学教授美浓部亮吉为候选人。当时东京公害问题、住宅不足问题、物价上涨问题严重,而且自民党在都议会议员选举中贿选,因其嫌疑被捕者有17名,市民开展解散议会运动并取得成功。美浓部提出"将蓝色天空还给东京"的竞选口号以及清洁的形象,吸引了众多选民,因而在选举中打败自民党推荐的候选人,当选为东京都知事。

为实现蓝色的天空,东京都在 1969 年制定了《公害防止条例》,赋予企业最大限度地防止公害义务,甚至超过日本国家制定的基准。中央政权对东京都施加压力,但在舆论和市民运动的推动下,国会被迫修改了《公害对策基本法》,其内容与东京都的条例相同。1971 年的选举,美浓部再次打败自民党推荐的候选人,成功连任。1975 年打败自民党推荐的候选人,第三次当选东京都知事。当时东京人口约占总人口的 20%,因而产生巨大影响。从中也可看出,日本治理环境在很大程度上是地方自治体的倒逼,也就是说,首先是地方自治体的严格标准,才有了后来全日本的环境治理,正如今天我们到日本所看到的那样。

1971 年是革新自治体遍地开花时期。除东京外,社会党、共产党联合推荐的大阪府知事候选人打败自民党的现任知事,获得选举的胜利。另外在川崎、吹田、高松等 10 个城市均产生了革新市长。1973 年,加盟革新市长会的城市有 123 个,约占日本全部城市的 20%。由于东京、大阪、横滨等特大城市均为革新自治体,因而在 20 世纪 70 年代中期,生活在革新自治体的国民约占总人口的 40%。

那么,革新自治体做了些什么值得肯定的事情呢? 革新自治体率先实施生活性政策,也就是针对居民生活方面的对策。首先是制定了防止公害条例、环境保护计划、公害受害者救济制度等。战后日本很快进入经济高速增长时期,日本政府为解决地区发展不平衡问题,将产业布局尽可能扩展到整个日本列岛,但带来全国性的公害现象,例如水俣病、痛痛病、哮喘病等知名公害,因而各地出现反对公害的民众运动。

早在1949年东京都就制定了"防止工厂公害条例",是战后第一个防止公害的条例,内容包括企业主负有防止公害的义务以及政府可以实地调查有公害疑惑的工厂等。1968年东京都将所有公害对策综合为"东京都防止公害条例",结果引起连锁反应,到1971年所有的都道府县均制定了防止公害条例。

同时,自治体与企业签订防止公害发生的协定也逐渐推广开来。最早是岛根县与企业在1952年签订的协定,因为同年纸浆工厂和纺织工厂在该地落户。根据协议,各个企业按照县厅的技术指导完善废水处理设施,如果排水导致渔业发生损害则给予赔偿,其数额由各方组成的委员会决定。1970年,共有106个自治体(27个都道府县、79个市町村)与496家企业签订防止公害协定。与此同时,为防止经济发展破坏自然,1970年北海道制定"自然保护条例",其他自治体纷纷仿效。

尽管日本政府在20世纪50年代后半期制定了保护水源的法律,但综合治理公害措施迟迟没有出台。有人指出,其原因在于政府过度重视经济发展,围绕治理公害政府各个机构之间意见分歧,调整需要时间。正是受到地方自治体的影响和推动,1967年中央政府制定了《公害对策基本法》,算是正式迈出治理公害第一步。在其基础上,1968年制定了包括《防止大气污染法》等一系列法律。在1970年召集的临时国会上,通过了14项治理公害相关法律,奠定了防止、治理公害的基础,因而此届国会也称为"公害国会"。1971年设置实施国家环境政策的环境厅,1972 年制定了综合保护自然环境的《自然环境保护法》。

图2　日本曾为"公害大国",有著名的四大公害病

　　另外,革新自治体比较注重民众的生活,例如大幅度地增加托儿所、幼儿园及养老院等公共设施,并实施老年人医疗免费制度。另一方面,革新自治体比较重视市民的政治参与活动,从最初的对话会议、市长信箱、评论员制逐渐过渡到市民参加听证会或审议会、共同制定自治体的各种计划、公共设施的建设及运营、设置市民委员会或居住区协议会等,并将其制度化。甚至在一些由自治体首长或自治体议会任命的区长、教育委员会委员等职务,革新自治体实施预备选举制度,即首先由市民选举其人选,然后再由有关部门加以任命。

　　在上述过程中,产生了许多自发性的市民组织,例如各种专家组织、宗教组织、知识人组织、工会组织、学生组织、妇女组织、环境保护组织或其他社会组织。与活动在社会领域的传统组织不同,这些新兴市民组织更多地参与公共领域的活动,通过组织与政治机构相联系,积极监督政治权力的行使过程,强调政权组成的正统性和合法性,不仅推动了政治过程民主化的发展,而且也有助于市民社会的真正形成。

具体说来,所谓的市民社会是指普通民众通过参与自己身边的政治活动,逐渐明确自己的政治权利,并由此形成相对独立的市民社会。也就是说,尽管市民社会通过各种群体与组织将自身同国家及其政治机构相联系,但具有较为独立的活动领域,处在政府控制之外。

但是,1975 年以后,革新自治体逐渐衰退,市民社会的发展受到阻碍。1978 年的京都府、冲绳县、横滨市以及 1979 年的东京都、大阪府,其首长职位均被保守势力夺回。其直接原因是"石油危机"引起的经济危机以及由此而来的财政困难。在 20 世纪 70 年代的经济危机和财政危机时期,地方自治体的税收严重减少,只能依靠来自中央政府的地方交付税和以补助金为中心的公共事业费,结果自民党推荐的原高级官僚很容易成为自治体首长,从而掌控地方自治体。

保守政治的回流带来两个负面的影响,一方面加强了利益诱导体制、即权力与利益的交换下的金权政治盛行,从而为经济持续发展带来损害,正如泡沫经济崩溃后日本经济长期低迷那样;另一方面,市民社会没有得到正常发展,在很大程度上半途而废,也就是说,市民社会遭到夭折,从而严重打击了普通国民参与政治的积极性,即使在 20 世纪 90 年代政权不断替换时期,各种选举的投票率都比较低。

江田三郎的"结构改造论"

战后初期世界形成以苏联为首的社会主义与以美国为首的资本主义两大阵营,从而构筑了冷战国际格局,当然也出现了朝鲜战争这样的"热战",这种格局反映在日本国内就是保守系的自民党与革新系的社会党两极对立。

国际社会有自"第二国际"延续下来的社会党国际,多数社会党主张走第三条道路,战后中间阶层急速扩大形成的橄榄球型社会也为其成为执政党奠定了社会基础,因而欧洲的许多社会党成为执政党,这也是战后福利国家形成的政治基础。日本社会党也参加了社会党国际,自然也受到其理论和实践方面的影响,最具代表性的就是江田三郎的"结构改造论"。

江田三郎 1907 年生于冈山县的手工业家庭,年轻时热心马克思主义学说,1929 年进入东京商科大学,1930 年夏天因病回家修养时应邀参加农民运动,并在 1931 年退学加入全国大众党。多次被捐并被判刑,1943 年为躲避军警的迫害到中国,在华北政务委员会工务总署任水利治理监督,甚至接触过八路军。

1946 年 4 月,江田三郎回国后担任冈山县"日农"书记,同时加入社会党,积极参与农民运动。1950 年当选为参议院议员,1951 年社会党分裂后担任左派社会党的总务部长,并当选为中央执行委员会委员。为对抗右派社会党,同时扩大左派社会党在国民中的影响,江田三郎不顾党内外的强烈反对,甚至放弃选区的活动,全力以赴地在1952年4月1日创刊日报《社会时报》。其后为"五一节流血事件"以及"反对破坏活动防止法事件"发行的专号均达到30万份,但很快就因资金困难陷入经营危机,创刊两年半后被迫停刊。

1955年左右社会党统一后,江田三郎当选为社会党的中央统制委员、中央执行委员,并陆续担任农民部长、组织委员长、组织局长等职务。为适应"反对美军基地斗争""反对勤务评定斗争""反对警察职权法斗争"等群众运动,同时迅速扩大社会党的成员规模,在组织委员长任内,江田成功地提出社会党机构改革方案并在16届党大会上通过,其主要内容包括《社会新报》独立核算制、创建社会主义青年同盟、中央执行委员会职位选举、确立组织干部制度、废除国会议员自动成为党代表制度等。

1960年3月,为推动"反对安保斗争"的发展,社会党召开第17届临时大会,江田三郎当选为社会党书记长。同年6月15日,学生组织"全学联"的游行队伍包围国会并与防暴警察发生冲突,东京大学学生桦美智子死亡,在现场指挥反对斗争的江田浑身是水,声音嘶哑。同年10月12日,社会党委员长浅沼稻次郎被右翼青年杀死。13日,社会党召开第19届临时大会,决定江田代理委员长职务。

在其后举行的自民党总裁池田勇人、社会党代理委员长江田三郎、民社党委员长西尾末广三党首电视讨论会上,柔软语调娓娓叙说,加上满头白发的潇洒,江田的风姿征服了许多观众,因而在同年11月20日举行的大选中,社会党在众议院的席位从122个增加到

144 个。

在 19 届临时党大会上,作为社会党的路线方针,江田三郎在提交大会的《为取得大选胜利和党的发展》文件中首次提出"结构改造论",其主要内容是通过"生活的提高(消灭贫困和失业,打破双重结构)","反垄断(限制垄断的权力及其活动)"以及"贸易结构的变革(中立)"实现"国民各阶层生活水平的提高",实施"在现存的资本主义经济框架内能够实现的变革"。

实际上,"结构改造论"最早由意大利共产党总书记陶里亚蒂提出,1955 年该理论由日本共产党的佐藤升等人介绍到日本,社会党内以江田三郎为中心的少数人士也接受了其观点并加以补充。

江田三郎在 1961 年 1 月号的《月刊社会党》上撰文对"结构改造论"进行了较为详细的阐述,他指出"以前社会党的政策是将重点放在取得政权后的做法上,却没有明确取得政权之前的过程。结果导致了主张以战争以及恐慌为客观条件才可能发生革命的所谓'贫困革命论',以及主张通过改良完成革命的所谓'渐进革命论'的产生,结构改革路线就是要明确取得政权之前的过程","也就是说,不是停留在反对垄断资本推出的政策上,而是积极限制权力支配,进行要求转变政策的斗争"。

这种和平过渡式的民主社会主义受到社会各界的关注,《世界》《中央公论》《朝日周刊》《经济学人》等主要杂志几乎每期刊登"结构改造论"的文章,各家大报也给予大篇幅的报道。社会党内部围绕"结构改造论"的讨论刊登在社会党机关杂志、机关报《月刊社会党》和《社会新报》上,《月刊社会党》的发行量从 4 000 份上升到 1 万份,

《社会新报》的发行量增加也很快。

1961年3月,江田三郎在社会党第20届大会上无竞争地再次当选为书记长,"结构改造论"也成为舆论的焦点,但这一观点遭到党内主流派的批判,"社会主义协会"代表向坂逸郎撰文批判其具有改良主义的危险,社会党主要支持团体——"总评"议长太田薰也提出七点疑问。尽管在1962年1月举行的第21届社会党大会上江田三郎以326票对260票的较大差距击败竞争者佐佐木更三,第三次当选为书记长,但大会决定"结构改造论是日本实现和平过渡的多样化战术之一,不会作为战略路线立即成为党的基本方针"。

1962年6月,江田三郎在全国地方组织召集人会议上发表"江田构想",他指出:"人类社会到目前为止实现的主要成果有四个,即美国的高平均生活水准,苏联彻底的社会保障制度、英国的议会民主主义、日本的和平宪法,如果将四个成果结合起来就会产生与大众相结合的社会主义。"

随后江田在《经济学人》杂志上发表论文,进一步阐述了其构想,结果引起党内绝大多数人的激烈批判,认为将苏联、美国、英国相提并论,是"对资本主义体制的认可",即使支持"结构改造论"的人也未能理解江田的思路。因此,在1962年11月召开的第22届社会党大会上,以232票对211票的表决结果通过了批判"江田构想"的决议案——《关于强化党领导体制的决议》,江田愤而辞去书记长的职务。

社会党甚至在1966年第27次党代表大会上通过了题为《日本走向社会主义道路》的纲领性文件,该文件将社会党规定为"领导社会主义革命"的阶级性群众政党,并强调指出"现在是从资本主义向社会主义过渡的时代";战后日本的国家垄断资本主义得到空前迅速的发展,但资本主义的基本矛盾也开始激化,出现了"繁荣中的贫困"现象;福利国家"不过是一种延缓资本主义寿命的政策","社会主义制度日益显示出其优越性";在工人阶级取得国家政权初期,"必须实行某种形式的阶级统治"等。这份纲领性文件以其"科学社会主义理论"以及"承认无产阶级专政"的观点显示出社会党在 20 世纪 60 年代的革命性和激进性。

尽管江田在 1968 年再次担任书记长,但在党内的影响力急剧下降。进入 20 世纪 70 年代以后江田三郎除继续坚持"结构改造论"和"江田构想"外,提倡社会、公明、民社三党联合,但遭到党内的冷遇和嘲讽,甚至在党的大会上受到集体攻击。失望之极的江田被迫在1977 年 3 月脱离社会党,准备参加当年举行的参议院议员选举并组织"社会市民联合"政治团体,但在同年 5 月不幸去世。

实际上,当时也有欣赏"江田构想"的政治家,甚至包括自民党的田中角荣。1968 年 12 月任自民党干事长的田中这样评价道:"自民党不可能永远执掌政权,在社会党中最可怕的是江田三郎。如果江田担任社会党的委员长,自民党有可能输掉政权。"当时积极反对"结构改造论"的社会党成员广泽贤一在 1996 年回顾说:"批判江田是错误的,如果社会党采纳结构改造论,也许不会衰退。"

社会党没有接受江田三郎的"结构改造论"一方面是该党在组织上的局限性,即过于依赖"总评"工会。在 20 世纪 50—60 年代的群众性运动中,"总评"与社会党建立了牢固的合作关系,社会党被称作"总评"的政治部。直到 20 世纪 80 年代,社会党 70% 的党员是工会会员,来自"总评"工会的众议员占总数的 54%,参议员的比例是 63%。正因如此，在党员以及各级议会候选人的补充、政治资金的募集、选举时的集票活动、大众运动时的组织者均严重依赖"总评"工会，结果难以扩大社会基础。

另一方面，"结构改造论"没有成为社会党的指导性理论与党内派系、人事有关。早在战前的 20 世纪 30 年代，领导

图1 "总评"（日本劳动组合总评议会）成立大会，为日本最大工会组织，1989 年改组为"联合"工会

农民运动的著名人物有"东日本佐佐木更三、西日本江田三郎"，成为其后两人宿命性对立的渊源。尽管两人均为社会党内的左派，但佐佐木不甘心比自己年轻 7 岁的江田提前成为社会党领导人，因而比起理论方面的分歧来，个人感情更成为抗争的重要因素。

正是由于佐佐木派的干扰，尽管在第 21 届社会党大会上江田以 326 票对 260 票的结果击败佐佐木第三次当选为书记长，但"结构改造论"基本遭到否决。在 1962 年 11 月的社会党第 22 届大会上，同属"结构改造派"的成田知已当选为社会党书记长，江田也成为党的组织局长，但佐佐木逐渐掌握了党内的主导权。

1965 年 5 月，佐佐木更三当选为社会党委员长，并在此后的两次委员长选举中击败江田。尽管 1968 年出现了成田知已委员长、江田书记长的党领导机构，但此时的成田已经成为党内主流佐佐木派的成员。1970 年 11 月，江田第三次竞选委员长职务败北，自此以后

在党内失去影响力。

另外,20 世纪 70 年代社会党仍然没有大幅度地改变传统的意识形态以及路线方针,其原因主要是革新势力继续发展以及党内左派仍占主流地位。首先,从 20 世纪 60 年代末期开始,随着经济高速增长带来的大城市及周边地区交通状况恶化、环境污染及居民中毒等公害问题严重、住宅拥挤不堪等状况,使国民对长期执政的保守政党自民党产生不满情绪,以大城市市民为中心的选民大多将选票投向当时被称为"革新政党"的社会党或日本共产党,因而较多的地方自治体为社会党或日本共产党所掌握,于是这些地方自治体也被称作"革新自治体"。

直到江田去世后的 20 世纪 70 年代末,社会党开始转换其政策。特别是在 1986 年 1 月社会党大会通过了全面改变路线的《日本社会党新宣言》。新宣言放弃了以往的科学社会主义,吸收了"结构改造论"的某些观点,将走向社会主义的道路看作是社会改革的过程。尽管新宣言未提社会民主主义,但实质上试图向西欧型社会民主主义路线转变,如同联邦德国社会民主党在 1959 年的转变那样,却在时间上晚了 26 年。

尽管如此,由于体制上的局限性,社会党向"市民政党"的转变仍然没有成功。1996 年改名为"社会民主党",势力进一步弱化,进入新世纪以后成为仅拥有个位议会席位的微型政党。"结构改造论"的口号反而被保守的自民党接过去,成为小泉纯一郎执政时期引人注目的业绩。

田中角荣与日本列岛改造论

中日两国均有一句谚语,"吃水不忘挖井人",也就是说懂得报恩。对于推动实现中日邦交正常化的日本政治家田中角荣,中国人始终对其抱有很高的评价,即使其在洛克希德丑闻中被判有罪,中国政府领导人访日特意去看望,甚至邀请访华,即使因中风坐着轮椅也到中国转了一圈。

田中角荣 1918 年出生在日本海一侧的新潟县,虽是农家,但也不算贫穷,其父经商失败,因而小学毕业后到东京谋生。很有志气的孩子,因病落下口吃的毛病,拼命练习曲艺得以纠正。到东京后一边在建筑公司打工,一边上夜校学习土木知识,19 岁创办"共荣建筑事务所"。

1939 年征兵入伍,在中国东北黑龙江富锦的第 8 师团所属盛冈第 8 骑兵旅团第 24 骑兵联队服役,主要负责后勤工作。患病后回国被诊断为结核,1941 年 10 月解除兵役,两年多的军营生活有 10 个月是在医院渡过,也有人怀疑为故意逃兵役之举。

田中回到东京后既接受了东家"坂本组"的女儿,也接受了其公司,成立"田中土建工业株式会社"。正如后人所称"推土机加电脑"那样,脑袋好使再加上能干,其公司营业额很快进入全日本前 50 名。

刚到东京时结识"理化学研究所"(新兴财阀"理研")社长大河内正敏,得其关照,也是田中事业发展的主要基础。1945 年,"理研"委托田中在朝鲜半岛建立新工厂,刚拿到巨款,战争已接近尾声,事先得到消息的田中不仅将军票换成现金,而且登上海军护送女性和儿童回国的舰船,迅速撤回日本。如何登船,存在各种版本说法,田中自己解释为名字写错成"菊荣"。

田中公司顾问、政治家大麻唯男劝说田中角荣参加战后第一次大选,投票结果,在 37 名候选人中排名第 11 位,选举 8 名议员的选区,自然落选,但竞选口号深入人心。"将新潟和东京之间的三国岭削平,雪吹到太平洋,免遭大雪之害,挖出的土石填新潟的近海,联结佐渡岛。"1947 年,他参加第二次大选,在选举 5 名议员的新潟三区,在 12 名竞选者中以第 3 名的排位当选。

虽然所在民主党与社会党组成联合政权,但田中反对煤炭管理国有化,并因接受贿赂而遭到起诉,尽管最终判其无罪,但政治资金丑闻一直伴随,最终还是跌倒在这个问题上。因田中无所畏惧地大喝一声"尽管处在占领之下,选举首相还是自己的事情",吉田茂堂而皇之地第二次当上首相,且越来越强势,田中自然也顺势而上,成为法务政务次官,顺便为自己做些辩护。

其后以"吉田学校"的学生自居,利用议员立法通过许多对自己捞取政治资金大有好处的法律草案,也就是大多法律与基础设施建设有关。田中成立许多皮包公司,事先在政府计划开发的地区购买土地等生产资料,然后大赚其钱。同时在家乡组织自己的后援会,利用政治影响力将政府资金引导到选区。

1957 年以 39 岁的年龄担任邮政大臣,为战后最年轻的内阁成员。1962 年担任掌握国家钱袋子的大藏大臣,三年后担任自民党干事长,权势大得惊人。干事长室硕大的办公桌五个抽屉,从上到下分别放着 10 万、20 万、30 万、50 万、100 万现金的信封，每个拜见田中干事长的议员纷纷请求田中弯腰到最下面，趁势形成"田中军团"。

长期执政的佐藤荣作公开声明福田赳夫做后任首相，而且处处压制田中。但在 1972 年 7 月 5 日举行的自民党总裁选举中，第一轮投票田中就获得 156 票，福田获得 150 票，大平正芳获得 101 票，三木武夫获得 59 票。按照田中与大平的约定，在前二位得票者再次选举时互相支持，结果田中获得 282 票，大胜福田的 190 票，得意忘形的田中甚至没有赶去看望在事务所等待的福田，从此种下相互厮杀的伏笔。

1966 年底，佐藤荣作首相将田中从干事长位置上打发到自民党新组成的"国土政策调查会"赋闲，但田中不仅将其名称改为"自民党城市政策调查会"，而且趁机纠集了 100 多名行政官僚、新闻记者、学者集中讨论，最后形成《城市政策大纲》，主要内容为在改造大城市和发展地方的基础上，高效率、均衡地建设国土。具体地说，就是城市高层化发展的同时，重点开发地方，例如明确提出建设从最北面的旭川到最南面的鹿儿岛长达 4100 公里的新干线。

各大报纸高度评价《城市政策大纲》中提倡的"公益优先"理念，体现了田中应对高速增长带来的社会结构变化的政治能力。大纲的基本方针不仅纳入政府颁布的《新全国综合开发计划》，也构成了后来出版的《日本列岛改造论》的基础。

1971 年解决了日美纺织品贸易的田中通产大臣指示自己的秘书召集数名通产省内年轻行政官僚（包括成为著名评论家堺屋太一的池口小太郎）及数名《日刊工业新闻》记者组成的写作班子），三、四次汇集在大臣室，每次田中口述几个小时，讲自己对开发公路、铁路、河流、住宅、农政等的设想。《日刊工业新闻》从 1972 年 1 月 10 日开始连载其内容,名称为"建设新国土——日本列岛改造论"。正式出版上市在同年 6 月 20 日,自民党总裁选举 15 天之前。半年销售超过 80 万部,成为当年的畅销书。

《日本列岛改造论》的主要内容是在全国范围内调整工业布局,从过密城市迁出工厂到地方或新建工厂;在全国建设 9 000 公里以上的新干线和 10 000 公里以上的高速公路等,扩大"一日行动圈";在各地建设 25 万人口规模的核心城市;制定单年度的财政均衡政策,立足长期事业中的积极财政,灵活运用诱导税制;维持 10% 的年均增长率等。

田中内阁成立后立即召开首相私人咨询机构"日本列岛改造问题恳谈会",本来计划 30 人,但众多学者、官僚出身者、地方自治体首长、企业界人士纷纷要求参加,最后委员多达 70 人。另一方面,两个月后,田中首相访问中国并实现中日邦交正常化。尽管如此,由于高速

图 1　中文版《日本列岛改造论》

增长带来的公害、交通、住宅等问题尚未得到解决,选民对自民党政权不满,在同年 12 月举行的大选中,自民党在众议院的席位从 288 个减少到 271 个,为 1955 年结党以来的最低数字。

更为严重的是,此时已经出现土地投机的现象。以《日本列岛改造论》中出现的开发地区为中心,预期地价将会上涨,拥有富余资金的企业和个人圈占土地,待价而沽。但田中内阁在编制 1973 年度政府

预算方案时仍然比上一年度增加 24.6％的幅度,新干线、高速公路等公共事业费急剧膨胀,被称为"列岛改造预算",直接推动了物价迅速上升。1973 年 2 月的主要城市地价比上一年度增加 30.9％。

祸不单行,1973 年 10 月爆发第一次石油危机,引发深刻的通货膨胀,日本经济陷入战后最大萧条。打击再次来临,11 月田中首相的最有力干将、积极财政推进者大藏大臣爱知揆一突然去世,被迫无奈的田中首相只好启用仇敌、稳定增长论者福田赳夫。

从选区赶回东京的福田见到田中就问"造成狂乱物价的原因是什么?"田中回答是石油危机,福田立即反驳道"如果不停止罪魁祸首日本列岛改造,是不能收拾事态的"。田中首相考虑一个晚上,第二天决定撤回日本列岛改造计划,并保证有关经济问题完全委托新大藏大臣福田赳夫。福田在就任大藏大臣的记者见面会上表示:"日本列岛改造是首相个人的见解,不是政府决定的计划。"实际上,在田中辞去首相职务以后,列岛改造论提出的一些项目也得到实现,不过,为此实施的道路工团方式、特定财源制度等成为"金权政治腐败"的温床,也是 21 世纪结构改革的对象。

尽管有人认为田中角荣迅速实现中日邦交正常化引起美国人的不满,但石油危机爆发后田中首相到处拓展石油能源,特别是核能源的来源地是引起美国人不满甚至愤怒的最主要因素。立花隆揭露田中角荣政治资金来源的文章本来没有多少杀伤力,但美国人的推波助澜迫使田中不得不在 1974 年 10 月下台。即使如此,美国人还是不依不饶,在 1975 年 2 月曝光洛克希德贿赂案,将原首相逮捕入狱。

1975 年 12 月,举行战后首次众议院议员任期届满的大选,已退出自民党的田中角荣以独立候选人参加竞选,个人后援会发挥威力,田中以选举得票第一名的成绩当选。在经历了三木武夫内阁、福田赳夫内阁之后,在田中支持下,1978 年 12 月盟友大平正芳赢得自民党总裁选举,田中本人在 1979 年、1980 年的两次大选中均以第一名的得票数当选。其后支持铃木善信、中曾根康弘政权的戎立,被称为"首相制造者"。

1983 年东京地方法院洛克希德贿赂案第一次审判,判决田中四年有期徒刑、追缴五亿日元现金,田中立即提出上诉。同年 12 月大选,田中获得选票 22 万张,超过后面四位当选者选票的总数,批判田中政治的获选人落选。但因田中一直支持其他派系成员参加自民党总裁选举,自己派系成员难以成为首相,以竹下登为中心脱离田中军团,田中一怒之下患中风倒下,不仅动作发生障碍,语言也难以表达。在 1986 年 7 月的大选中,田中再次以第一名的得票数当选,但在其后近四年的任期内田中没有参加任何政治活动。

1987 年 7 月东京高等法院判决维持一审判决,田中再次上诉。1990 年大选时宣布退出政界,连续当选 16 次、43 年的众议院议员生涯落下帷幕。1993 年 7 月大选,其女田中真纪子第一次出马竞选,田中拖着病体前往选区声援,真纪子获胜,加入自民党,但该党丢掉政权,成为在野党。同年 12 月,田中因肺炎去世,享年 75 岁。

按照惯例,任首相一年以上者去世时获得天皇赠予的正二位、大勋位菊花大绶章,但因田中在受审中,未能实现。1995 年 2 月,最高法院认定田中有罪。

2009 年,《朝日新闻》舆论调查,"谈到昭和时代的人物最先想到的是谁"的提问,回答田中角荣者占 21％,仅次于昭和天皇。2011 年《读卖新闻》的舆论调查,同样的问题,第一位的是田中角荣。当时书店里摆满了有关田中角荣的书籍,大概读者觉得新时代需要类似的政治家,但普通人很难意识到后来的问题大多来自 20 世纪 70 年代,至少田中政治促成了金权政治、派系政治、政官勾结体系的制度化。

田中角荣与原配之间育有一男一女两个子女,长男夭折,长女是真纪子。她于 1993 年第一次当选众议员,任村山富市内阁科技厅长官;2001 年任小泉纯一郎内阁的外务大臣;2009 年转入民主党,并在 2012 年野田佳彦内阁任文部科学大臣,但在同年底举行的大选中惨败,遂退出政界。

田中真纪子的丈夫为原众议院议员铃木直人三男,做了上门女婿后改名为田中直纪。1983 年,他在福岛县当选为众议员,曾两度落选。1998 年,他又转到田中选区当选参议员。他曾任野田内阁的防卫大臣。2016 年,他再次落选。田中家长达 69 年的国会议席丧失。

另外,田中角荣与东京神乐坂艺伎辻和子之间育有两男一女,女孩夭折,母子出版过回忆田中角荣的书籍,但均未入户籍。田中与选举秘书佐藤昭子之间也有一女,但没有公开承认。因此,田中角荣被称为"今太阁",即当今的丰臣秀吉,两人都是从社会最底层奋斗到位极人臣,均只有一代辉煌。

中日邦交正常化：民间交流与大国博弈

过去一度十分流行的观点是：中日邦交正常化是在"以民促官"的方式，也就是通过民间交流的不断扩大基础上得以实现的。具体说来，由于战后冷战体制的形成，日本在美国的压力下选择台湾当局作为媾和的对象，中华人民共和国与日本处在没有外交关系的状态，因而两国的交流及贸易只能通过民间交流的方式进行，而且正是在民间交流的推动下，最终实现了关系正常化。

但现在学界的基本看法是："'民间交流'是在中日双方政府支持下进行的，民间交流对中日邦交正常化只是一种量变的'积累'，中日邦交正常化不是'民间交流'水到渠成的结果。如果没有中美关系的改善和尼克松的访华乃至中国的主动，田中角荣即便当了首相，也没有访问中国的理由和勇气。"

上述观点具有很强的说服力，也就是说，中日邦交正常化是国际格局，也就是大国关系变化的结果。首先是美国改变对华政策。

那么，美国为什么改变对华政策呢？

二战结束以后美国是世界上最强的国家，不仅对许多国家进行援助，甚至在 20 世纪 50 年代和 60 年代分别参与了朝鲜战争和越南战争，对其国力损害较大，在 20 世纪 60 年代末出现财政、贸易双赤字，因而尼克松上台后准备从越南撤兵，需要中国的支持与合作，同时也是为应付来自北方苏联的威胁，当时苏联咄咄逼人。因此，才有了基辛格秘密访华、尼克松正式访华的结果。

其次,由于美国改变对华政策,从而为日本对华关系正常化创造了条件,因为至少进入 20 世纪 50 年代以后,历届日本政权均表现出对华关系正常化的动向。对缺乏近代工业几乎所有资源与能源、加工贸易立国的日本来说,难以想象断绝与中国大陆的经贸关系。即使在旧金山对日媾和会议后的占领即将结束时期,吉田茂首相1951 年在国会答辩时强调指出与中国大陆进行交往的可能性。在接下来的鸠山一郎内阁时期,以自主外交为方针,不仅中日民间贸易获得发展,而且政府间关系有所进展。

对于提出著名的"国民收入倍增计划"(十年内每个人的收入增加一倍)、将经济增长极大化作为政策目标的池田勇人内阁来说,很自然地积极发展与中国的经贸关系,甚至动用政府系银行向中国出口成套设备。

战后执政时间最长的佐藤荣作最初也将改善中日关系放在第一位,1964 年 5 月以内阁成员的身份秘密会见了正在日本访问的中国国际贸易促进委员会主席南汉宸,并表示如果掌握政权,将为改善中日关系尽最大努力,同时还表示"政经不可分原则"的主张。

但上述积极行动并没有实现邦交正常化的目标,因为日美之间签订《日美安全保障条约》,美国在日本驻扎大量军队,毫不夸张地说,战后日本的外交及安全政策掌握在美国手中。美国不同意,日本什么也做不了。但 1971 年的两次"尼克松冲击"不仅为日本对华关系正常化提供了可能性,而且也产生了必要性。

第一次冲击是在同年 7 月 15 日,美国突然宣布尼克松总统计划访问中国,作为盟国的日本,事先毫不知情,只是在宣布消息前 20 分钟才得到美国的通知,所以也称为"越顶外交"(美国飞到中国需要越过日本上空)。

另外一次冲击是在 8 月 15 日尼克松总统宣布的"新经济政策",主要内容是美元与黄金脱钩,其目的是迫使日元升值,以便解决日美之间的贸易不平衡问题。结果,当年日元升值 17％,从 360 日元兑换一美元上升到 308 日元兑换一美元。美国同时对日本加大压力,表示如果不签订日美政府间贸易协定,美国不仅单方面实施纺织品贸易限制措施,而且还要对汽车及彩色电视机等其他日本产品实施限制。其结果推动日本必须寻求新的市场和能源、资源来源地,具有辽阔领土和众多人口的中国自然成为其对象。

作为中国本身,也希望与日本邦交关系正常化。因为中国当时的外交环境十分恶劣,20 世纪 60 年代中苏关系破裂,1969 年甚至在珍宝岛发生武装冲突,苏联准备对中国实施核打击,因此,中国也需要在发达国家中寻求盟友。客观地讲,20 世纪 70 年代以后,应对苏联威胁是中日美相互接近的一个重要因素。

1971 年 8 月,很早以前就积极推动中日关系正常化的三木武夫曾与到日本参加松村谦三葬礼的中国中日友好协会副会长王国权会谈。同年 9 月,以藤山爱一郎为团长的推动中日恢复邦交议员联盟访华团到达北京,与中日友好协会发表共同声明,确认中日邦交正常化四原则,即中华人民共和国是代表中国人民的唯一合法政府、台湾是中华人民共和国领土不可分割的一部分、应废除非法且无效的日台条约、应恢复中华人民共和国在包括联合国安理会常任理事国在内所有机构的合法权利等。

在地方自治体中，1971 年 6 月冈山县议会首先表决了恢复中日邦交正常化的决议，到 10 月已有 20 个府县通过相同的决议，其他 26 个县也通过了恢复邦交的"意见书"，另外包括横滨、京都、名古屋、神户在内的市町村也通过了相同的决议。

财界从通过中国市场推动经济发展的立场出发，也开始推动中日恢复邦交的活动。1971 年 4 月，经济同友会木川田一郎发表"代表干事所见"文章，提出应努力推动中日两国交流的发展。过去拒绝"贸易四原则"（即拒绝与援助韩国和台湾、在韩国和台湾投资、为美国制造武器弹药、美国合办企业或子公司的工商企业进行贸易往来）的三菱重工、石川岛播磨重工业、川崎重工业、日立制作所、新日铁等大型企业也断绝与台湾、韩国的经济关系而转向中国。从决策者特别重视舆论一致的日本政治文化角度看，上述动向就为对华关系正常化的政策提出奠定了社会基础。

特别是 1972 年 2 月美国总统尼克松访华并发表中美上海联合公报，进一步推动了日本政界对恢复中日邦交正常化的积极性，同年 4 月，三木访华并与中国政府总理周恩来会谈。与此同时，社会党、民社党、公明党代表团相继访华，了解中国恢复邦交正常化的原则。在自民党总裁选举过程前夕，田中角荣、大平正芳、三木武夫等三位候选人达成政策协议，即通过政府间谈判与中华人民共和国恢复邦交正常化。7 月 7 日，田中首相在第一次内阁会议后发表了"迅速与中华人民共和国恢复邦交正常化，在激烈变化的世界形势下大力推进和平外交"的谈话。

值得一提的是,在中日邦交正常化过程中,公明党起到较大作用。早在 1968 年,作为公明党母体的创价学会,其会长池田大作在会员大会上公开提出恢复中日邦交正常化。1969 年 1 月,公明党大会又提出《公明党的外交、安全保障政策》,并发表《实现日中邦交正常化的方法途径》,引起中国政府的高度关注。1971 年 6 月以后,该党委员长竹入义胜数次访问中国,传递了诸多重要信息。

1972 年 9 月,担任首相只有两个月的田中角荣访问中国,经过几天的艰难谈判,由于中国放弃战争赔款,双方最终在战争状态结束、战争责任、台湾问题上达成妥协。在战争状态结束问题上接受双方意见,即联合声明前言中附有中方提议的"战争状态的结束"字样,在正文中附有日方提议的"迄今为止的不正常状态宣告结束";在战争责任问题上,取代"日本军国主义",使用的表述是"日本方面痛感日本国过去由于战争给中国人民造成的重大损害的责任,表示深刻的反省";在台湾问题上,对中华人民共和国政府重申台湾是中华人民共和国领土不可分割的一部分,"日本国政府充分理解和尊重中国政府的这一立场,并坚持遵循《波茨坦公告》第八条的立场"。

在谈判过程中也出现许多插曲,例如田中角荣在欢迎晚宴的致辞中说"过去数十年间中日关系经历了遗憾且不幸的历史,在这一期间我国给中国国民添了很大的麻烦,我对此再次表示深切的反省之意",周恩来总理表示强烈的不满,认为这会引起中国人民强烈的反感,在中国,"添麻烦"只是用在小事情的场合。同时周总理对高岛局长对《日台和平条约》的发言非常气愤，这个局长申辩日本与台湾已经签订和平条约，因蒋介石放弃了赔偿要求，也就没必要赔偿。周恩来总理严厉批驳了高岛的观点，指出蒋介石放弃赔偿是"慷他人之慨"，根本不代表中国人民。

另外，毛泽东主席在会见田中首相时送了一套古籍《楚辞集注》。据日本横滨大学的学者考证，这套书中有关于"迷惑"的解释，因为田中在晚宴致辞中的"麻烦"是从日语的"迷惑"翻译过来，日语的"麻烦"有谢罪的意思，因为日本人做人的原则是不给别人"添麻烦"。

由此可见，中日两国最高行政机构不是通过法律解决方式，而是通过政治解决方式实现了两国的邦交正常化，自然留下了诸如民间战争赔偿、日台关系、领土领海等问题。因而近些年来，在国内学术界出现了批判性反思1972年中日邦交正常化给其后中日关系带来的负面影响，例如有学者就认为由于日本保守政治势力拒绝侵略战争责任的谢罪、赔偿，两国不可能"法律式解决"邦交正常化问题，只能经过政府间谈判，达成"政治解决"式的"联合声明"，结果决定了中日关系仍然不正常的周期性恶化。

尽管日本学者毛里和子认为在中日邦交正常化的谈判中，中国方面做出更多的让步，例如战争状态的结束以"不正常状态的终结"表述、删除"赔偿请求权"中的"权"字、日台断交也是按照日本希望的方式实施、共同声明没有涉及日美安保和"台湾条款"等，但在日本也有批判性评价日本政府邦交正常化政策的声音。早在20世纪90年代，原日本的外交官就认为日本在中日邦交正常化时抛弃台湾，致使日美协调出现混乱，给予中国各个击破的机会；前东京外国语大学校长中岛岭雄也批判说，在当时中苏对立之际，日本未能迫使中国让步，反而抛弃台湾，田中政权的中日邦交正常化是落入中国圈套的"拙速外交"。

客观地讲，上述国际政治学式的结论并非客观、准确的历史性定位，在当时的国际背景下，通过"政治解决方式"解决邦交正常化问题是中日两国领导人的高度政治智慧和果断行动，虽然也有遗留问题影响至今，但更多的是后来主、客观环境发生巨大变化所导致。例如中国改革开放后经济迅速发展，国内生产总值在 2010 年超过日本，引起两国民众心理上的不同反映；再如现在日本 70％ 以上的人口是战后出生，完全没有战争体验和对外侵略的负罪意识等。

因此，历史研究必须将研究对象放在当时特定的环境中加以考察，这样才能得出比较客观、恰当的结论，否则就是人为的历史。

第一次石油危机后的日本

　　2020 年新型冠状病毒引发各国的抢购风潮,尤其是卫生纸等生活用品一抢而空,超市货架空空如也,似乎有历史再现感。近半个世纪之前,日本也曾上演过类似的场景,被造词高手福田赳夫称为"狂乱物价"。但 1973 年第一次石油危机引发的经济危机对日本既有好的一面,也有不好的一面。中国有句俗话,"三十年河东三十年河西",战后 70 多年,从积极面开始向消极面转化的时间点在 20 世纪 70 年代。

　　1973 年 10 月,第四次中东战争爆发,石油输出国组织为打击以色列及其盟国,宣布减少石油产量,同时将石油价格提高四倍,称为"石油冲击"。受其影响,已经为通货膨胀困扰的日本国内物价如脱缰之马飞速上涨。也就是说,早在石油危机之前,日本已经出现了通货膨胀,其背景是 1971 年的尼克松新经济政策和 1972 年田中角荣的日本列岛改造论,前者宣布美元与黄金脱钩,动机是迫使日元升值,解决日美贸易不平衡问题,后者是计划在日本建一批 25 万人规模的城市,解决过大城市的住宅、交通问题,但引发了土地投机,两者均推动了物价的上涨,而石油危机则是进一步加快了其速度。

　　正因如此,也许是偶然,石油危机爆发的同时,大阪郊外千里小区 200 名家庭主妇看到超级市场降价出售卫生纸的小广告后,在开门时间涌入店内,一个小时内将一个星期的库存手纸抢购一空。当地一家报纸刊登了一篇题为"主妇抢购两年使用量的卫生纸"的报道,结果"商品不足"的传言迅速蔓延日本各地,掀起一阵"抢购风潮"。抢购的对象也很快波及到洗涤剂、砂糖、食盐、煤油及煤气等物品,其骚动持续到 1974 年 2 月。与上一年度同一时期相比,此时的批发物价上升 35%,消费物价上升 30%,为战后经济恢复以来的最恶状态。

图 1　石油危机引发的抢购风潮

第一次石油危机对日本经济的严重打击是在第二年显示出来,生产过剩与通货膨胀同时出现,1974 年度的经济增长率为负数,从 1973 到 1975 年,工矿业生产指数下降 20%,私人企业设备投资减少 27%,商品库存增长 47%,股票价格下跌 30%,倒闭的企业达 12 000 家,官方公布的失业人数达到 120 万人。

针对"抢购风潮",政府指示卫生纸、砂糖、洗涤剂的生产厂家加紧生产与出售,并指定防止囤积的商品名单。同时决定《石油紧急对策大纲》，开展节约运动、抑制石油能源消费、强化物价对策、确保能源供应等。然后颁布、实施《石油供求合理法》及《稳定国民生活紧急措施法》，这两个法律从提出法案到国会审议完毕仅用两周时间，可谓空前绝后的高速度。在强有力的行政指导下，霓虹灯、办公室的灯光、深夜电视节目及风俗娱乐业逐渐消失，政府官员及企业管理人员不坐电梯爬楼梯，甚至首相带头穿节省能源的服装等。据说这样一来，可以节省 25％ 的石油消耗量。

政府一方面发行"赤字国债"增加公共投资，刺激经济恢复景气；另一方面则制定诸多法律，促进开发节省能源技术，同时推动产业结构的升级。另外，政府积极开发替代能源，特别是原子能的利用。尽管日本在 1955 年制定了《原子能基本法》、1966 年第一座原子能发电站正式开始营业性运转，但由于其安全性受到质疑，因而进展较为缓慢。1974 年，以"石油危机"为背景，完善了电力相关法律，加强安全措施并对当地居民采取优惠政策，从而加快了核电站的建设。从 1973 年到 1978 年，原子能发电量的比例从 3％ 急速上升为 11％，原子能发电站也从 1970 年的 3 座增加到 1981 年的 23 座。

更重要的是企业的努力，也就是企业通过实现节省能源与节省劳力的投入要素的最佳配合来提高劳动生产率、全面贯彻质量管理、适应多样化需求改进产品与开发新产品、适应产业结构的变化并向经营多样化转换、促进产业向尖端技术领域发展、扩大旨在实现上述目的的研究开发投资等，克服了经济危机及其后经济低速增

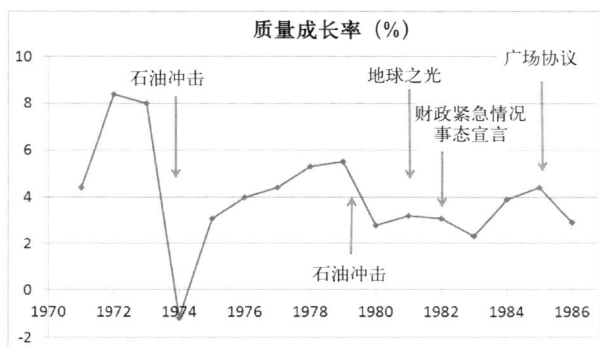

图 2　石油危机对日本经济的影响

长下的生产与销售困境。例如在西日本制铁君津工厂,对石油的依
赖率从 1973 年的 20％下降到 1983 年的 2％,也就是只有原来的十
分之一。

正是在政府与民间的努力,不仅克服了经济危机,出现了较
好的经济稳定增长,日本成为更具竞争力的经济强国,而且也
出现了其他变化,具体所来,"石油危机"对日本产生了如下的
影响:

第一,日本产业结构升级,成为名副其实的经济大国。石油危
机爆发以后,政府与企业均重视技术改造,推动了资本集约型产业
向技术集约型产业的转化,例如在 1975 年到 1979 年之间,钢铁、石
化等资本集约型产业的固定资本投资呈下降趋势,而精密仪器、数
控电机等技术集约型产业的固定资本投资则呈上升趋势,在产品形
状上也从"重厚长大型"向"轻薄短小型"转变。例如我国改革开放
之初,中国人特别喜欢的日本家用电器、随身听、电子计算器等,

尤其是日本产的汽车。1980年的日本汽车产量达到1 100万台，为世界第一。不仅劳动成本较低，而且节省能源，1980年一台日产轿车出口到美国，交纳关税后的价格仍然比美国车低1 700美元。同年日本对美出口汽车182万台，在美国市场的占有率从1976年的10％上升到21％，增加一倍多，结果导致了20世纪80年代的日美贸易战争。

图3　日本汽车在港口装船出口美国

从整体上看，日本经济不仅很快从石油危机的影响中摆脱出来，而且在20世纪70年代后半期基本处在稳中上升的状态。例如从1973年至1980年，日本经济的年均增长率为4％，远高于西方发达国家。1970年到1979年，日本的国民生产总值增加近五倍，人均产值与美国相等。1980年日本的汽车产量超过美国，1981年日本的外汇储备超过联邦德国，均居世界第一位。美国著名日本问题专家沃格尔(中文名字"傅高义")在1979年撰写出版了《日本名列第一》一书，主张美国向日本学习。该书出版后在日本和美国均引起较大反响，仅在日本就销售了50多万册。

第二，政府权限加强，政官勾结、金权政治泛滥。正如著名美国学者查默斯·约翰逊所指出的那样,《石油供求合理法》及《稳定国民生活紧急措施法》两个法律给予行政机构广泛的权力,使日本从"自我控制"重新向"国家控制"重新,本来应当削弱的行政机构经济权限反而出现增强的趋势。尽管很快地解决了经济危机,但对其后的经济发展带来许多不利的影响。具体地说,后发型现代化国家政府的权限大有助于经济的迅速发展,但一旦到达一定程度、例如日本成为世界第二大经济规模体时必须削弱政府的经济职能,最大可能地发挥市场的作用,这样才能有利于经济的顺利发展。

不幸的是,执政的自民党却陷入高速增长时期形成的分配体系中而不能自拔,而且开始主导决策过程的该党为维护自己的选举地盘反而加强了政府主导经济发展的模式。作为执政党,自民党最大限度利用了政府拥有的资源,并将其转化为自己的执政基础。即通过地区开发计划及其实施、农业保护政策、公共投资、补助金等形式建立了一套维持其政权稳定的"利益诱导体制"。

简单地说,执政党的国会议员通过对行政机构的政治影响力,将有关地区或团体承包的公共投资项目纳入政府预算方案,将政府资金引导到自己的选区或支持自己的利益集团,从而形成稳固且可以时代相传的选举地盘。在政治家的干预下,日本公共事业投资大多成为到处散发的钱财,不仅失去了其应有的合理性,而且它的实效性也大打折扣。由于没有及时改革,20 世纪 80 年代以后出现了政府财政危机、行政官僚腐败、金权政治横行、内需严重不足、农业与流通领域生产力低下等问题。

第三,阶级对抗式工人运动逐渐消失。日本大企业的三大经营法宝是终身雇佣制、年功序列工资、企业内工会，即使在经济危机时也采用"减量经营"，就是减少人力、物力、资金、组织等措施，不解雇职工，因而得到工人的支持，这一时期"窗边族"和"过劳死"成为流行语。也就是说，即使没有业务可做，中年职员仍然留在企业，只不过办公桌从房间中央搬到窗户旁边，意指不受重用。但因为不解雇，无论是窗边族的职工，还是那些不是窗边族的职工，都玩命为企业工作，结果"过劳死"也随之成为流行语。即使是国营或公营企业的工人在 1975 年曾发动"为罢工权的罢工"，但也没有成功。

第四，自治革新体衰落。革新自治体是指 20 世纪 60 年代中期到 20 世纪 70 年代中期出现的革新政党推荐的候选人当选为自治体首长的自治体，其背景是急速的城市化以及过度的人口集中，造成严重的交通与住宅问题，即汽车的普及不仅引发交通事故频繁发生，而且也造成噪音、大气污染等公害问题，同时还有交通堵塞问题。与此同时，城市中心房价过高，普通市民难以购买，而远离城市中心地区存在交通不便等问题。因此，公害、交通、住宅等问题引发了保护环境以及个人生活的大规模市民运动。

在野党借机攻击自民党政权的失败，从而受到广大城市选民的欢迎，较多的地方自治体被社会党或日本共产党等革新政党人士或其推荐的候选人所掌握，于是这些地方自治体也称为"革新自治体"。1973 年，加盟革新市长会的城市有 123 个，约占全部城市的20％。由于东京、大阪、横滨等特大城市均为革新自治体，因而在 20世纪 70 年代中期，生活在革新自治体的国民约占总人口的 40％。

1975 年后，革新自治体逐渐衰退，其直接原因是"石油危机"引起的经济危机以及由此而来的财政困难,其制度性原因则是战后日本的中央地方关系。由于中央行政机构掌握财政大权,即大部分税收为中央所得,然后以地方交付税、地方让与税、补助金等名义交付地方自治体。

在 20 世纪 70 年代的经济危机和财政危机时期,地方自治体只能依靠来自中央政府的地方交付税和以补助金为中心的公共事业费,结果自民党推荐的原高级官僚成为自治体首长也就毫不奇怪了。但重要的是,这种状况一方面加强了利益诱导体制下的金权政治盛行,从而为经济持续发展带来损害,正如泡沫经济崩溃后日本经济长期低迷那样。

另一方面,市民社会没有得到正常发展,严重打击了普遍国民参与政治的积极性,即使在 20 世纪 90 年代政权不断替换时期,各种选举的投票率仍然不高。尽管政治家呼吁改革的声音如雷贯耳,但由于广大国民的缺席,因而步履艰难。

第五,贸易摩擦与海外投资。由于物价上涨,国内需求下降,政府与企业均重视扩大对外贸易。在其后的 12 年中,经济年平均增长率为 3%,但出口年均增长率为 9%,而且以汽车、家用电器为中心的机械产品在出口中不仅增长速度最快,所占比例也最高。结果不可避免地带来贸易摩擦,为解决摩擦,同时克服日元升值带来的经营困难,对外投资也随之迅速增加。1971 年对外投资额只有 9 亿美元,1973 年骤然增加到 35 亿美元,同年日本对外投资余额超过 100 亿美元,被称为“投资元年”。

大平正芳与中国的改革开放

中国的改革开放 40 多年了,成绩斐然,有目共睹。现在回过头来看,决定改革开放实际上是很困难的。改变国家发展方向,不仅压力很大,而且还有一个重要的技术性问题,也就是没有钱。尽管很响亮地说既无内债也无外债,但建设大型基础设施项目,引进外国的成套设备,需要的资金可谓巨大。最早是日本人提出来,有一种政府间贷款,称"政府开发援助"(ODA),可以尝试。因此,第一笔国外资金就是来自日本。

中国在 1979 年接受日本第一批日元贷款,又在 1981—1983 年先后与澳大利亚、加拿大、德国和比利时等国签订了双边发展合作总协定或议定书,与荷兰、挪威和新西兰签署了无偿援助的双边框架协议,与瑞典、芬兰和卢森堡等国建立不定期的发展合作关系。除此之外,英国、法国和西班牙等国也对中国提供了各种方式的援助。但与这些国家的援助方式相比,日本的贷款是中国改革开放后接受的首笔双边政府间贷款,具有效率高、时间长、利率低、数额大、没有附加条件等特征,因而对于弥补改革开放初期中国的资金短缺提供了至关重要的帮助。

从 1979 年到 1984 年,在经济合作与发展组织(OECD)下属的发展援助委员会(DAC)的所有成员及国际组织对华经济援助总额中,日本对华 ODA 金额占 45%,居第一位。国际货币基金组织

(IMF)占 14％,居第二位。联合国各机构占 12％,居第三位。

ODA 包括贷款、无偿援助、技术合作三部分,其中贷款占绝大部分。例如日本的对华援助到 2008 年结束,共 36 313 亿日元。其中贷款 33 161 亿日元,无偿援助 1 510 亿日元,技术合作 1 638 亿日元,其中贷款比例为 91％。

按照目前的汇率来看,日本对华援助全部金额约为 300 多亿美元,对近年来每年接受 1 000 亿以上外来投资的中国来看算不上较大规模,但在改革开放之初,其重要性也可以用“雪中送炭”来形容。从某种意义上讲,改革开放基础上的中国经济没有外来日本的援助也可以得到发展,但能否发展到今天这样的状态存有疑问。因此,日本的对华援助较为重要,而始作俑者是当时的日本首相大平正芳。

大平正芳 1910 年出生四国岛的香川县,家中兄弟姐妹较多,生活十分艰苦,就学多经波折,最后进入现在的一桥大学,文官考试合格,进入大藏省工作。1939 年作为兴亚院的官员,在中国张家口的蒙疆联络部就职两年。在大藏省工作到 1952 年,期间担任两任大藏大臣的秘书,参与经济复兴事业。受池田勇人之邀,参加众议院议员选举且成功,其后连续 11 次当选。

大平正芳表面上口拙、木讷,回答提问时总是“嗯……啊……”半天,绰号为“嗯啊首相”“赞岐(香川古地名)钝牛”,但作为知名的读书家、具有哲学思想的知性政治家,逻辑严密,用词谨慎,自己解释为“嗯”时思考,“啊”时组词。老搭档田中角荣评价,除去那些“嗯啊”,就是一篇非常漂亮的文章。周恩来也说过:“大平诚实无欺,不善言辞,是个内秀而博学的人。”直到安倍晋三执政时期的岸田文雄外务大臣之前,大平正芳是担任外务大臣时间最长的政治家,曾参与过日韩邦交谈判过程,最为著名的就是在任期间恢复中日邦交正常化,亚太经济合作组织最初的设想也来自大平正芳。

大平正芳对中国具有浓厚的兴趣,尤其喜欢中国古典书籍,并从中汲取了许多政治智慧。对近代日本的侵略战争有着清醒的认识,"我认为最近日本的潮流不是这样的,没有从加害者的立场和被害者的角度出发,公正地看待我国是加害者,中国是受害者这样一种日中关系。……作为一个加害者,必须进行的反省还没有做够,更不能说是卑躬屈膝了"。目前尚无资料证实大平正芳首相是否将政府开发援助作为战争赔偿的替代物,但与其战争时期曾作为兴亚院官员在中国张家口任职并管理鸦片生产、贩卖事务的不无关系,曾表示在中日战争中形成一个罪恶意识,其嫡系加藤紘一也指出:"大平年轻时曾在兴亚院工作过,其经历成为其后来建立良好的中日关系的基础。"

当然,以大平正芳为首相的日本政府向中国提供政府开发援助既有确保能源供应、推动中日经贸发展、开拓中国市场的经济因素,也有推动中日双边关系全局发展、扩大国际影响、减少历史问题对两国关系形成负面影响的政治因素。对于日本来说,对华日元贷款不仅有利于中国煤炭的出口,更有利于整个中日经贸关系得到进一步加强;其次,随着经济实力迅速增长,日本开始追求与之相适应的国际政治地位,特别是在日美贸易摩擦不断加剧的背景下扩大外交空间。

另外,日本向中国提供政府开发援助也包含着对过去侵略中国的历史负罪感和对中国放弃战争赔款进行补偿的心理,同时也有从人道主义立场向人口众多的中国给予特殊考虑的成分。需要补充的一点是,中国因财政问题一些利用日本成套设备的大型建设项目暂时下马也有相当的关系。

1977 年 8 月召开的中国共产党第十一次代表大会决定在 20 世纪内实现农业、工业、国防和科学技术的现代化。为此,国家计划委员提出在 1978 年到 1985 年的 8 年时间内引进总额 65 亿美元的成套设备,但仅在 1978 年就签订了 63.6 亿美元的技术引进合同,其中成套设备占 95%。当时中国没有足够的外汇储备,面临支付能力不足的问题。1978 年初中国的外汇储备约有 20 亿美元,由于以现金支付外国成套设备的进口,当年年底外汇储备只剩下 12 亿美元。

1978 年 2 月,中日之间签订《长期贸易协定》,规定双方基于中日两国政府联合声明及贸易协定的精神,在平等互惠、互通有无、进出口平衡的基础上,在各自政府的支持下缔结协定。具体内容在 1978 年到 1985 年之间,中国向日本出口约 100 亿美元的石油、煤炭,日本向中国出口约 100 亿美元的机械、成套设备等。尽管该协定规定决算方式原则上采取延期付款,但因中国仍然坚持不接受援助、借款、投资等金融三原则,日本担心中国方面的支付能力。

尽管中国改革开放的总设计师邓小平早在 1978 年 5 月 30 日就指出"现在的国际条件对我们很有利。西方资本主义国家从它们自身的利益出发,很希望我们强大一些。这些发达国家有很多困难,它们的资金没有出路,愿意把钱借给我们,我们却不干,非常蠢"。但国务院副总理李先念在 1978 年 7 月 13 日会见访华的日本三井物产总裁池田芳藏时表示:中国即将迎来一个经济建设的高潮,很需要外国（包括日本）的资金，但如果利率太高就不好办了。中国只有在具备了偿还能力时，才会接受外国的贷款。

日本方面比较积极，例如1978年7月，日本贸促会关西本部会长木村一三向中国政府介绍说日本政府有一笔向发展中国家贷放的"海外经济合作基金"（ODA），利率较低，借贷时限长，本息偿还期长，中国可以争取使用，但借款须由中国政府提出。其后中日经济协会会长、新日铁会长稻山嘉宽以及经团联会长土光敏夫分别访华时均提出类似建议。同年10月邓小平出访日本，在记者招待会正式表示：尽管现在还没有考虑，但今后中国方面"愿意研究"日本政府对华ODA的有关问题。

图1 第一次日元贷款大（同）秦（皇岛）铁路复线电气化项目

1978年年底，中共中央召开十一届三中全会，决定将全党全国工作的重点转移到社会主义现代化经济建设上来，实行改革开放政策："在自力更生的基础上积极发展同世界各国平等互利的经济合作，努力采用世界先进技术和先进设备。"但在1979年2月，负责成套设备进口的中国技术进口公司突然通知日本的大型商社,暂时停止实施双边签订的成套设备合同。其对象包括 1978 年 12 月 16 日以后签订的合同,其中有上海宝山钢铁厂 2200 亿日元的相关设备、石油化工、水泥等各种成套设备,总额超过 4200 亿日元。中国方面对此解释道:"是因支付准备不足导致的纯粹经济原因。"

1979 年 5 月 31 日,邓小平会见日本自民党国会议员铃木善幸时表示:中方正在考虑接受日本政府提供的贷款,希望日方予以考虑、加以研究。在此背景下 1979 年 9 月 1 日,中国政府派遣谷牧副总理率领代表团访问日本,正式提出日元贷款的申请。内容共包括八个建设项目,即石臼所港、兖州石臼所之间铁路、龙滩水力发电站、秦皇岛间铁路扩建、衡阳广州间铁路扩建、秦皇岛港口扩建、五强溪发电站、水口水力发电站等,资金总额为 55.4 亿美元。大平首相会见了代表团,表示在中日两国的经济关系上,继续保持和发展民间交往的同时,日本政府也将尽力予以协助和支持。

但在日本政府内部,围绕是否向中国提供政府开发援助,负责外交政策的外务省、负责贸易产业政策的通产省存在不同意见。通产省的态度较为积极,但外务省考虑到与欧美、东盟、苏联的关系,态度较为消极。欧美国家对于日本向中国提供政府开发援助抱有疑虑,认为日本有可能利用日元贷款独占中国的潜在市场。作为日本主要援助对象的东南亚国家担心日本突然提供巨额对华 ODA 会减少原应提供给东盟国家的 ODA,另外东盟国家担心中国利用日本的 ODA 加速现代化,将成为东南亚各国市场的有力竞争对手。另外,苏联也对日本实施对华 ODA 表示强烈的担忧。

大平正芳首相对向中国提供政府开发援助持积极态度,早在1979年1月23日就公开表示日本政府准备大规模推进中日经济合作。在3月的一次谈话中暗示如果中国希望利用政府贷款,日本政府将批准海外经济协力基金的融资。同年9月,大平首相明确表示如果中日双方的谈判进展顺利,年内将携带对华提供日元贷款的草案访问中国。

大平首相对外务省提出的对华援助方案提出两点修改意见,一是希望使用更恰当的措辞和方式,能够明确传达日本持续合作的意愿和对贷款总额的承诺;二是对华日元贷款应采用非限制性原则。最终确定的政府方案为:对华政府贷款采用非限制原则;贷款项目确定为六个,综合医院为无偿援助项目;第一年为500亿日元,利率3%,偿还期为30年(其中包括10年宽限期);不承诺贷款总额,但以非正式方式传达15亿美元的总体规模;第一年以后的年度贷款数额由每年召开的协商会议决定等。

1979年12月5日,大平正芳首相正式访华。12月7日,中日两国政府发表联合新闻公报,日本政府承诺向中国六个建设项目提供日元贷款。为消除欧美国家对日本将垄断中国市场的担心以及其他亚洲国家,特别是东南亚国家担心来自日本的援助可能减少,大平首相在政协礼堂进行的题为"面向新世纪的中日关系——追求更深更广"演讲中,详细地说明了对华日元贷款三原则,即对中国现代化事业的经济合作与欧美各国协调、顾及与东盟各国的平衡、不进行军事合作等,同时强调"双方再次相互保证日中两国按照两国间的联合声明与和平友好条约这两项文件上所写明的原则和精神,作为善邻,将长久地维持和发展和平友好的关系。我们双方还表示不仅在80年代,而且向着21世纪,应该在一切方面发展两国间良好而稳定的关系,并进一步寻求深度和广度"。

从某种意义上讲,中国取得今天的经济成就,与大平正芳有一定的相关关系。

日本人的原创——吃与玩

在大多数人的眼中,日本模仿能力很强,但原创性的东西不多。随着日本越来越多地获得诺贝尔各种奖项,这种印象也许会逐渐改变。战后日本至少有两大国际性贡献,也就是对人类生活产生了重大影响的两大发明——方便面与卡拉 OK。

首先谈方便面。今年是方便面诞生 60 周年,2017 年全世界共消费了 1 001 亿包方便面,按照 70 亿总人口计算,每人消费 15 包。

方便面的发明者 1910 年出生在台湾,原名吴百福,战争时期在日本大阪经商,战争末期,其经营的商社及工厂均毁于美军的空袭,重新开始的事业是经营百货和食品。他不仅加入日本籍,名字也改为安藤百福。1957 年,安藤担任理事长的信用社倒闭,由于负有无限责任,只

图 1　发明方便面的安藤百福 (1910—2007 年)

好拍卖自己所有的产业偿还债务,仅剩下大阪府池田市的一座旧宅。失掉所有资产的安藤却拥有了时间,于是在自己住宅的后院建造一间小屋,购买面条机和小麦粉,开始试制方便面。在小麦粉中加上水,然后再添加鸡蛋、淀粉或山芋粉等,进行各种实验,终于制

成了最初的方便面——"鸡汁拉面"。

1958 年 6 月,在东京出现一种从未见过的魔术食品,即浇上开水两三分钟就可以吃的"鸡汁拉面"。事先准备的 500 包方便面当天销售一空。日清公司生产的方便面在 1958 年 8 月正式上市,日产 300 包,到 1959 年 4 月时已经日产 6 000 包。有人寄信给日清公司,说是吃了方便面后治好了生理不调症,为此厚生省指定该产品为特殊营养食品,进一步推动了方便面的畅销。1966 年日清公司年产方便面达到 11 700 万包。

由于方便面大受消费者的欢迎,因而许多企业加入生产行列,到 1964 年时共有 300 家中小型企业。正是由于各企业之间的竞争,不断有新型方便面开发出来。为向海外推销方便面,1966 年安藤百福到美国做市场调查。发现美国人在品尝带去的样品时是将方便面掰碎,放在纸杯中浇上开水用叉子吃。安藤恍然大悟,欧美人不像日本人那样使用碗和筷子吃饭,如果将方便面打入欧美市场,必须寻找新的容器。

1971 年 9 月,日清公司的杯装方便面——"日清杯装鸡蛋面"上市销售,公司部分成员和批发商认为没有销路,因为袋装方便面价格为 30 日元,但杯装方便面却定价为 100 日元。出乎意料的是,经常野外作业的自卫队成员十分喜欢这种新型食品。

特别是在 1972 年 2 月,激进的学生武装组织"联合赤军"5 名成员挟持人质在长野县轻井泽避暑胜地一座别墅与警察对峙 10 余天,各电视台现场直播,其中也有防暴警察在雪地里食用"日清杯装鸡蛋面"的镜头。在零下 15 度的野外,热气腾腾的杯装方便面比冷冰冰的干面包、饭团子或咖喱饭好吃得多，记者们也纷纷将其作为食品，结果起到意想不到的作用和影响。

1971年，日清公司的杯装方便面销售额为2亿日元，1972年增加到67亿日元，1973年进一步上升到180亿日元。其后杯装方便面产量迅速超过袋装方便面。1993年，全日本杯装方便面共生产25亿个，袋装方便面共生产22亿包。与此同时，方便面的制作也不断进行革新。1976年利用纤维干燥技术的"非油炸方便面"问世，1988年大型的"超级杯装方便面"上市。

为什么首先在日本出现方便面并大行其道呢？实际上，在安藤发明方便面之前已经存在类似的食品，但其后才形成大型的产业和市场。之所以最早出现在日本，既与这个民族具有的苦干精神及善于从细微处发明创造有关，也同工业化时期高度分工的趋势密不可分。

正如1958年建成的当时亚洲最高建筑物东京塔那样，20世纪50年代后半期日本正处在经济高速增长的时期，人们争分夺秒地学习与工作，希望最大限度地减少饮食时间，因而成为方便面问世并流行的最大动力。也就是说，生活节奏越来越快，怎么方便怎么来，这些主意也许只有称得上"经济动物"的日本人才能想得出来并流行开来。

包括方便面在内的"方便食品"也随即在日本流行，因而成为1960年的流行语。当时人们将岸信介内阁变为池田勇人内阁评价为"政治季节"向"经济季节"过渡，因为岸信介追求修改宪法、重新军备的政治目标，池田勇人追求经济高速增长、国民收入大幅度增加的经济目标,这种变化与社会生活迅速变化十分吻合。

这也是自 20 世纪 60 年代以来方便食品在东亚地区大行其市的最大原因。方便面在 20 世纪 60 年代的韩国非常受欢迎,这正是经济高速增长的汉江奇迹时期;其后在东南亚;20 世纪 90 年代又在中国。在经济高速增长时期,方便面成为人们的最普通食品。

特别是进入 21 世纪以后,在经济高速增长的中国,方便面的消费数量一直占世界总销量的半数。例如在 2012 年的方便面消费总量中,中国达到 440 亿包,为世界第一,第二位是印度尼西亚 141 亿包,第三位是日本 54 亿包。从人均年消费量来看,韩国第一位 72 包,印度尼西亚第二位 57 包,越南第三位 56 包,马来西亚第四位 44 包,日本第五位 43 包。

接下来看一下卡拉 OK。从战后日本历史来看卡拉 OK 诞生过程,其发明是经济大国背景下逐渐富裕的日本人对业余精神文化生活的追求。1968 年日本国民生产总值超过联邦德国,称为世界第二大经济规模体,经历了两次消费革命的日本人物质生活基本满足,追求精神享受便成为最主要的追求目标。

20 世纪 70 年代认为自己属于中流阶层的日本人达到 90％。20 世纪 70 年代也是日本的偶像时代,默默无闻的普通人物一旦放在舞台的聚光灯下,再通过显像管传播出去,立即成为普通大众的偶像,特别具有代表性的是山口百惠,使年轻少男少女均抱有“或许自己也能成为明星”的梦想。20 世纪 70 年代中期是家庭主妇最高比例时期,外出就餐的个人及家庭迅速增加,因而形成了庞大的餐饮产业。

1970年也被认为是日本餐饮产业元年，因为同年美国的麦当劳和肯德基等快餐连锁企业开始登陆日本，另外在大阪举办的世界博览会参观人数众多，皇家股份公司经营的四家饭店利用中央厨房的方式应付了巨大规模的餐饮需求，此后以家庭餐馆为中心的餐饮产业迅速发展起来，所有这些均为卡拉OK的诞生创造了条件。

卡拉OK诞生在神户，该城市是日本近代最早对外开放的城市之一，也是在日本最早出现电影院、高尔夫、爵士乐的城市。通常的串街卖唱者不停地在各个俱乐部或酒馆自弹自唱，但在神户，弹唱者专属某个俱乐部或酒馆，而且自己不唱，是为唱歌的客人伴奏，高中毕业后参加爵士乐队在各俱乐部演出的井上大佑1970年成为其中的一位。尽管井上不识乐谱，但记忆力强，而且擅长随着客人的音调伴奏。

两年后的一天，在神户俱乐部及酒吧为客人伴奏的井上大佑为外出旅行的老顾客录制一盘伴奏录音带，效果不错。随后，井上组织小乐队录制了60首伴奏曲，放在电唱机中为客人伴奏。其后兵库有一家生产家庭音响的企业发明适合客人演唱的磁带及商业用伴唱机，受"无人乐队"名称的启发，称之为"卡拉OK"。1985年，经营拉面馆的老板将集装箱改造成卡拉OK包厢，每小时收费1000日元，客人源源不断。过去是一边喝酒一边演唱，有了专门的包厢后，那些不能喝酒的中学生和不会喝酒的家庭妇女、老年人也加入卡拉OK的大军中。1994年，卡拉OK的日本消费者达到5800万人次，也就是说，当年每两个日本人中就有一个人去过卡拉OK。

图 2 井上大佑,由于采用原有的机械组成卡拉 OK,所以没有想到申请专利,据说失去了 **100 亿日元的专利费**,面对提问井上笑答:"不后悔,如果拥有巨额款项,说不定会因泡沫经济时期过度投资而负有较大的债务。"

卡拉 OK 迅速走向世界,特别是在东亚地区,普及之快令人吃惊。无论是在曼谷,还是在马尼拉,抑或是台北,到处飘扬着卡拉 OK 的歌声。20 世纪 80 年代末北京出现卡拉 OK 歌舞厅,20 世纪 90 年代中期达到 1 000 余家。

为何日本人发明了卡拉 OK?恐怕与其模仿性发明以及性情拘谨的民族性格有关系。日本是一个集团主义文化色彩非常浓厚的民族,内部协调非常好,但不擅长与外部交流。工作场所的同事通常下班后一起去喝酒、唱歌,而且更换几个地方,直到末班车才摇摇晃晃地回家。正如 2004 年美国哈佛大学搞笑诺贝尔奖的评语那样,尽管卡拉 OK 能够回避个人之间的交流与对立,但它的出现反而使相互关系得到融合,正因如此,井上大佑因"发明的卡拉 OK 向人们提供了互相宽容谅解的新工具"而获得了诺贝尔和平奖。

但对整个亚洲来说，更多地是丰富了人们的业余生活和交际的场所，人们去卡拉 OK 不仅是娱乐，更重要的是一种社交渠道。正因如此，井上大佑不仅获得了搞笑诺贝尔奖，而且 1999 年 8 月的美国《时代

图 3　标准的卡拉 OK 包厢

周刊》杂志亚洲版评出 20 世纪给亚洲带来重大影响的 20 个著名人物，将井上大佑与中国的毛泽东、印度的甘地、日本著名导演黑泽明、丰田汽车创始人丰田英二等人并列。其评价是："如果说毛泽东、甘地改变了亚洲的白天，井上大佑则改变了亚洲的夜晚。"

与亚洲的火爆局面不同，20 世纪 80 年代中后期，美英酒吧里的"卡拉 OK 之夜"在经历了短暂的关注后，迅速成为被嘲笑的对象："没有歌唱才能的人在陌生人面前出丑。"其实最主要的原因还是欧美人的社交方式不同及其严格的歌曲版税制度。

历史教科书问题

历史(认识)问题是影响中日关系顺利发展的一个重要因素,20世纪 80 年代以来有三次较大的历史教科书事件。第一次是在 1982年,6 月 26 日的日本媒体报道,文部省在审定历史教科书时要求编者将战争时期日本军队"侵略"华北改为"进出"华北。一个月后中国外交部向日本政府提出抗议,文部大臣满不在乎地说教科书是内政问题,国土厅长官竟然说韩国的历史教科书也有问题,结果韩国也掀起抗议浪潮。

官房长官宫泽喜一出来打圆场,但中国政府表示不能接受其辩解,文部大臣只好在国会质询中答复"应考虑与邻近各国的友好关系",即所谓的"邻国条款",中、韩均表示以观后效,事态平息下来。但文部省没有做出太大的改变,据说是本来计划将日本军队侵入东南亚改为"进出",记者没有认真查对就将消息报道出去。

1986 年,右翼组织"保卫日本国民会议"(现在的"日本会议")编写的高中教科书《新编日本史》将侵华战争写成"被迫应战",掩饰南京大屠杀的真相,称其"未有定论",把日本进行太平洋战争说成是"从欧美列强的统治下解放亚洲"。这样的教科书文部省居然审定合格,再度引起邻国的抗议和批判。中国外交部照会日本政府,文部省只好再次审定,尽管最后允许其出版发行,但采用率很低。

1997 年成立的"编撰会"以现行日本初中历史教科书带有"民族

自虐"性质为借口,编写了否认侵略历史、美化侵略战争的历史教科书,并于2001年4月送交日本文部科学省审定。文部科学省(2001年文部省与科学省合并)要求"编撰会"对书稿中137处明显篡改历史、美化

图1　日本的历史教科书

侵略的记述进行修改。但"编撰会"只做了些文字修改,没有改变书稿中歪曲历史事实、美化侵略战争的实质内容。文部科学省审定合格,又引起国内外舆论的批判,虽然发行,但采用率更低。

日本教科书撰写、出版、发行、采用的流程是:教科书每隔四年重新编写一次,首先由民间人士(通常是大学教授、中小学教师)自由组成编写小组,根据文部省颁发的《学习指导要领》编写教科书,编写好的教科书提交文部省审查,通过后提交出版社出版。目前有八家出版社出版教科书,也就是说有八种教科书,至于采用哪一种教科书,由都道府县市一级的教育委员会决定。

实际上,日本的教科书问题早就存在。尽管占领初期盟军在日本进行非军事化、民主化改革,但因占领负担以及冷战格局的出现,美国很快改变对日政策,扶植日本经济自立甚至重新武装。朝鲜战争爆发后3个月,吉田茂首相在与"文教审议会"成员座谈时提出教育要"培养健全的爱国心"。同年10月,文部大臣要求学校在节假日悬挂"日之丸"国旗、齐唱"君之代"国歌,同时策划制定《国民实践要领》,其内容包括敬爱天皇、提倡爱国心、重视"家"与"孝行"等日本传统等。

1951年7月文部省修订《学习指导要纲》,高中《日本历史》课本

中的"侵略"改写为"进出"。在 1952 和 1953 年,吉田茂内阁连续两次修改《文部省设置法》,扩大了文部省和文部大臣的权力,即"文部省是国家权力机关,对学校教育所有行政事务负有责任",教科书审定权力"永久归文部大臣所有"。1955 年 8 月,保守的民主党专门发行"值得忧虑的教科书问题"小册子,攻击教科书中的和平教育。

客观地讲,日本多数编写历史教科书者具有学者的良知,较为客观,甚至为捍卫国民拥有的教育权、历史的真相而与日本政府斗争,其中特别具有代表性的是家永三郎的教科书诉讼事件。

家永三郎是著名的历史学家,业绩斐然。1937 年从东京帝国大学文学部日本史专业毕业时,因其论文受到指导教授的好评而进入东京帝国大学史料编纂所工作,五年间撰写出版了 7 部著作,其中"否定之论理"成为日本思想史学界的重要学说之一。战争结束后,家永三郎的研究领域转向近现代思想史方面,1948 年 8 月转任东京教育大学教授。从 1950 年到 1964 年,共出版《日本近代思想史研究》等著作 20 多部。

家永三郎受三省堂出版社委托编写的《新日本史》在 1952 年提交文部省审查,初审判为"不合格",理由是对日本家族制度"充满了恶意的攻击"、叙述农民暴动是"肯定非法行为"、可以省略太平洋战争的描述等。1955 年《新日本史》在文部省审查时再次受阻,家永三郎对若干文字表述做出修改后才勉强通过。1957 年,文部省开始专门配备审查教科书的官员,审查变得更为严格,因而《新日本史》第三版被判为"不合格",经过三次修改后才得以通过。1962 年家永三郎将《新日本史》第五版提交文部省审查,半年后通知为不合格,家永三郎做出修改后,1964年文部省再次提出300多处修改意见。尽管《新日本史》最后通过审查,但已是千疮百孔、面目皆非。

于是,家永三郎在1965年向东京地方法院提出以国家为对手的诉讼,认为教科书审查制度违背日本宪法精神,要求国家赔偿,史称"第一次教科书诉讼"。经过马拉松式的开庭审理,1974年东京地方法院宣布审判结果:教科书审查制度合宪合法,只是审查意见少数违法,赔偿原告10万日元损失。尽管家永三郎获得部分胜诉,但上诉高等法院。1986年东京高等法院审理的结果,不仅承认教科书审查合宪合法,而且认为审查介入属于正确。家永三郎全面败诉,再次提出上诉。1993年最高法院认定文部省审查意见没有"明显过错",驳回上诉,"第一次教科书诉讼"以家永三郎全面败诉告终。

1966年11月,应文部省的要求,家永三郎再次对《新日本史》进行修改后送交文部省审查,但被认定为"不合格"。家永三郎在1967年以文部大臣为对象向东京地方法院提出诉讼,史称"第二次教科书诉讼"。1970年东京地方法院不仅裁定文部省教科书审查制度违背宪法,同时承认国民的教育权利,因而判决家永三郎全面胜诉。文部大臣不服其判决,在一个星期

图2　家永三郎的教科书诉讼（1913—2002年）

后提出上诉。1975年东京高等法院认为"审查意见缺乏一贯性、

安定性,是随心所欲的做法,实属违法"。家永三郎仍然胜诉,于是文部大臣上诉最高法院。1982 年最高法院废除原判,送回东京高等法院重新审理此案,1989 年再次审理此案的东京高等法院以"毫无上诉利益"为由终结诉讼。

1984 年,围绕 1980 年度和 1983 年度的教科书审查意见,家永三郎再次以国家为对象向东京地方法院提出诉讼,要求给予相应赔偿,史称"第三次教科书诉讼"。1989 年东京地方法院认为审查制度符合宪法,家永三郎提出上诉。1993 年东京高等法院认为审查制度符合宪法,但对"南京大屠杀""日军对妇女的残暴行为"等问题的审查上滥用了裁量处理权。家永三郎再次上诉,1997 最高法院宣布文部省的"审查意见中四处违法",其赔偿额增至 40 万日元,长达 32 年的家永三郎教科书诉讼案以家永三郎的小部分胜诉而告终。

从表面上看,家永三郎针对教科书审查制度提出诉讼是有关历史记述内容的争论,但其实质目的是明确国民拥有教育权。也就是说,国家权力介入学术和教育违背宪法精神,文部省对教科书的审查是国家以特定学说评价或干涉其他学说,是一种粗暴侵犯学术自由的非法行为。

另一方面,尽管家永三郎个人提出教科书诉讼,但很快发展成为较有影响的大规模市民运动。各界人士组成诸多社会团体,对家永三郎进行声援,其活动不仅有力地揭露了自民党保守政权在历史认识问题上的错误倾向,而且也唤醒广大民众对历史事实的认识。

从国内外背景来看，20 世纪 80 年代末以后，国际冷战体制结束，东欧国家发生巨变，苏联解体。日本国内，在强大的经济实力基础上，支持修改和平宪法、赞成自卫队走向海外为主要特征的大国主义社会思潮兴起。受其影响，过去在教育领域具有较强影响、抵制右倾教育政策、全力支持"家永三郎教科书诉讼"并提出"国家权力不得干预教科书内容""教科书选择权在教员"等主张的"日本教职员工会"（简称"日教组"）与政府的关系也逐渐从对抗转向合作。

"日教组"转向一方面是工会组织发展变化带来较大影响。20世纪 60 年代以来，日本全国性的工会组织有四个，即"总评""同盟""中立劳联""新产别"。其中"总评"的规模最大，主要由国营、公营企业工会组成，不仅强调政治斗争，支持社会党，而且与"日教组"关系密切。"同盟"是第二大全国性工会组织，但基本上是由民间大企业工会组成，因而强调经济斗争甚至劳资合作，支持民社党。"中立劳联"和"新产别"组织规模较小，大体上分别支持社会党和日本共产党。

进入 20 世纪 80 年代以后，各工会组织之间的差别逐渐缩小，相互联合的可能性增加。1989 年四大工会组织联合组成"日本劳动组合总联合会"（简称"联合"，拥有会员 798 万，占有组织工人的 65.3％），支持社会党与民社党。支持共产党的工会组织另外组成"全国劳动组合总联合会"（简称"全劳联"，拥有会员 140 万）。另外还有"全国劳动组合联络协议会"（简称"全劳协"，拥有会员 50 万）。

另一方面，"日教组"内部本来就存在社会党系的主流派和共产党系的非主流派，相互之间经常发生矛盾、对立。1989 年，围绕是否

图 3　日本教职员组合

加入"联合"工会发生分裂,社会党系的主流派赞成加入,共产党系
的非主流派反对加入。主流派仍为"日本教职员组合",当时拥有成
员约 34 万人,占教职员的 31.8%,并参加了"联合"工会。非主流派
退出"日教组",在 1991 年组成"全日本教职员组合"(简称"全教"),
当时成员约 9 万人,占教职员的 8.8%,参加"全劳联"工会。

　　1990 年 6 月,"日教组"举行第 72 届定期大会,提出了"参加、建
议、改革"的运动方针,即积极参与整个社会的国民教育运动,以取
代过去"反对、阻止、撤回"式单纯反对政府教育政策的运动方针。
1992 年,"日教组"为取得法人资格而修改组织章程,将过去以都道
府县教职员组合为单位的单线型组织改为复合型组织,即除上述地
方组织外,全国性的国公立大学、高等中学、私立学校的教职员组合
也可以成为"日教组"的基层组织,并在章程中删除了"争议行为"。
经过数年的努力,终于在 1997 年被认定为法人团体,具有了法律上
的各种权利。

　　1993 年 8 月,执政 38 年的自民党下台。同年 10 月,"日教组"

委员长与文部大臣进行会谈,决定改善双方关系,定期进行协商性会谈。1995年4月,文部省财务课长等人访问"日教组"本部,就教育预算征求意见。"日教组"不仅与自民党就教育预算问题进行了会谈,而且决定在中央执行委员会下面成立"教育改革推进本部"和"教育复合特定产业推进本部"两个机构,与政府部门、政党进行合作,积极参与教育改革,并在此基础上发展组织力量。1996年4月,"日教组"前委员长成为第一位"日教组"出身者的"中央教育审议会委员"。1999年8月,国会通过明确规定"日之丸"为国旗、"君之代"为国歌的《国旗、国歌法案》,过去一直抵抗的"日教组"对法案采取了默认的态度。

由此可见,国内外形势以及日本社会思潮的急剧变化构成了日本历史教科书问题愈演愈烈的历史背景。

日本的新兴宗教

在现实生活中,人们总是有这样或那样的困难和烦恼,有时会借助一种精神依托努力生活下去,传统宗教向往来世,于是追求现世利益的新兴宗教便成为吸引信徒的组织。日本作为世界上对宗教最为宽容的国家之一,不仅拥有远超人口总数的各种宗教信徒,而且新兴宗教团体也为数众多,最多时达到 2 000 多个,目前拥有一定规模、持续进行宗教活动的新兴宗教团体有 350—400 个左右,信徒约占日本总人口的十分之一。

新兴宗教团体通常集中出现在社会急速发展引起不稳或动乱、普通民众生活较为困苦或思想苦恼时期。概括地说,自德川幕府末期以来,有五次新兴宗教集中出现的高潮,即德川时代(1603—1868年)末期、明治时代(1868—1912 年)中前期、大正时代(1912—1926年)后期及昭和时代(1926—1989 年)初期、占领时期及 20 世纪 80 年代。

从宏观社会背景来看,在江户时代末期,德川幕府面临内忧外患的严重局面。一方面,西方列强逐渐接近日本;另一方面,因经营北海道地区与将军子女婚姻的费用惊人,为弥补幕府财政的严重亏空,大量铸造称为"化政小判"的恶币。尽管幕府因此得到较大的利润,但引起物价的急剧上升。

与此同时,农民的分化与贫困造成社会治安等严重问题。从微观社会背景上看，进入 19 世纪以后，出现"异端"宗教的一个重要原因是新的地主阶层迅速扩大，较多失地农民流入城市，城市的神道者此时开始出现，而且剩余农民和剩余武士等"俗民"转化为宗教者。德川幕府末期出现的新兴宗教团体主要有 1814 年的黑住教、1830 年的禊教、1838 年的天理教、1857 年的本门佛立宗、1859 年的金光教等。

图 1　天理教本部主建筑

明治政权成立后实施一系列改革措施。首先是建立中央集权式的政治体制。1869 年 1 月"奉还版籍"，即藩主将领地和人民的统治权上交中央政府。1871 年 7 月"废藩置县"，将藩改为府县制单位。其次，废除传统时代的士、农、工、商身份制度，将过去的公卿诸侯等贵族改称为"华族"，将藩主以下的武士改为"士族"，废除"秽多""非人"等贱民称呼，与过去的农、工、商统称为平民。同时准许武士从事工商业，平民也可以担任文武官职等。颁布《征兵令》，规定年满 20 岁男性均有服兵役义务。

另外,改革土地制度,承认土地所有权,实施新地税,"殖产兴业",推动资本主义工商业的发展。同时提出"文明开化",在政治制度、思想文化甚至生活方式上向西方学习,结果对日本的宗教、教育、国民生活、思想文化、大众媒体等均产生了巨大的影响。从创设教团的顺序上看,明治初中期出现的新宗教团体有 1871 年的丸山教、1877 年的莲门教、1880 年的国柱会、1892 年的大本等。

图 2　1935 年治安当局拆毁大本教主建筑

第三次新兴宗教高潮是在大正年代后期到昭和年代初期,即20 世纪 20—30 年代。有两方面的原因使社会处在不稳定状态,一个是城市化背景下的追求政治、社会发展,一个是持续的经济危机。从微观社会背景上看,城市化进程的加速,在改变乡土面貌的同时,催生新的地域文化。以大公司、银行职员为主的工薪阶层登场,西装革履、手拎公事包的上班族每天乘电车、巴士在市中心的写字楼和位于市郊的独门独院自宅之间往来穿梭。

这一时期出现的新兴宗教团要有 1924 年的人之道教团、1925年的圆应法修会、1928 年的神佛真灵感应会、1929 年的解脱会、1930年的松绿神道大和山、生长之家、灵友会、创价教育学会以及 1935 年的大日本观音会、1936 年的立照阁（后来名为"真如苑"）、1938 年的立正佼成会等。据相关统计，1924 年新兴宗教团体有 98 个，1930 年为 414 个，1935 年急增到 1 029 个。

因战败后的精神空虚、政教分离与信仰自由得到保障、生活困苦等因素，占领初期出现了战后第一次新兴宗教热，不仅涌现出许多新的教团，而且也获得大量信徒。从制度性背景来看，盟军总部颁布"神道指令"后，天皇发表"人间宣言"，否定自己是"现人神"。与此同时，政府随即废除了战时制定、严格控制宗教团体的《宗教团体法》，同时制定《宗教法人令》，只要申请成为宗教法人就会得到许可，1947 年开始实施的新宪法更是规定"保障信教自由"。

因此，从 1946 年到 1953 年，每年有两位数的宗教团体登记为法人，其中以免税为目的的宗教团体增加数量令人注目。占领时期出现的新兴宗教团体主要有玺宇教和天照皇大神宫教等，其他信徒发展较快的教团大多在战前已经出现，例如创价学会、立正佼成会、生长之家、天理教、金光教、灵友会、PL 教团、世界救世教等，其中有些教团在战时受到压制或镇压，战后得以复活。

尽管战后第二次新兴宗教高峰出现在 20 世纪 80 年代，但其渊源来自20世纪70年代的经济危机。正如20世纪70年代的政治、经济处在动荡时期一样,日本社会也呈现出各种现象。首先刚刚富裕起来的日本国民对未来仍抱有不安,特别是石油危机带来的阴影。进入20世纪80年代以后,日本经济逐渐进入空前繁荣时期,社会也因此出现许多新现象。例如补习学校泛滥、考试地狱、校内暴力、拒绝上学等社会现象仍然是20世纪80年代突出的教育问题,同时日本人全部卷入泡沫经济的浪潮中。

正是社会急剧变化带来价值观念的混乱,难以适应这种变化的人们纷纷进入虚幻世界躲避,特别是那些被社会所排挤的弱者和游离于社会集团外部的人群是新兴宗教团体的热心支持者。但此次出现的新兴宗教与过去有很大不同和特征,首先是主张"世界末日论",强调超能力和"灵能"现象。其次是过去信徒大多是中年以上的女性,但20世纪80年代的新兴宗教信徒以年轻人为中心。再次,信仰的目的也不同。过去的新兴宗教信徒追求现实的利益,即幸福、健康、成功等,但20世纪80年代新兴宗教否定现实社会的价值观,提倡超越末世的未来幸福,因而年轻信徒为度过世界末日,学习超能力、超自然的技能,同时消除家庭个人化带来的孤独、寂寞。

正因如此,有人将这一时期出现的新兴宗教称为"新新宗教",例如奥姆真理教、幸福科学、阿含宗、神理之会(GAL)、崇教真光等。

尽管新兴宗教在教义甚至形式上与传统宗教有相关的侧面,例如其内容受神道教、佛教以及基督教的影响以及江户时代也有在家修行的教团等,但就差异而言,主要体现在以下几个方面:

图3　创价学会创办的创价大学

第一，新兴宗教的创始人通常是普通的社会人士出身，身体欠佳或家庭不幸，大多具有一定的神奇能力，创始人去世后教团容易发生分裂或者趋于衰亡；

第二，扩大再生产式发展信徒，信徒自主选择进入教会。尽管日本的新兴宗教团体积极传教，甚至采取带有强制性色彩，但基本上是信徒自觉加入教团。例如创价学会为增加会员而实施的"折伏"运动带有强加于人的一面，但其采取的人文关怀行为却迎合了城市新居民渴望与人交流的心理；

第三，适合现实需求的简明、易懂的教义，也就是说，传统宗教追求来世，新兴宗教追求现实利益，而且其教义通俗，大多是教祖的言语录；

第四，具有较为发达的组织机构，通常在家传教，巨大建筑物多为集体活动场所。例如天理教的最高领导机构本部设在天理市，本部下设大教会、分教会、直属教会、部属教会和一般教会，各级教会由教会长负责,定期组织宣讲教义、教化信徒、举行各种庆典仪式等活动,每名信徒必须隶属特定教会,有维护本教会和促进其发展的义务。作为横向组织,天理教按都道府县设置教区以及下属的支部和组,与此同时,会员按照性别、年龄分别编在妇人会、青年会、少年会和学生会中;

第五,积极参与政治、教育、文化、医疗、慈善、和平活动、海外传教等。

一方面,新兴宗教作为工业化、城市化的产物,为那些从血缘、地缘关系较强的区域进入茫茫人海却难以产生归属感的城市新居民提供人际交流乃至精神慰藉的机构和场所,作为特定意义上的社会控制有效地化解了某些社会风险,因而推动了社会、政治的发展乃至精神面貌的变化。

在工业化、城市化迅速发展时期,作为尚未融入城市主流社会的城市新居民只能以"边缘人"的方式存在。他们属于弱势群体,不仅遭到原有城市居民的排斥,尽管他们承担了城市生活运转的基础性功能;同时又是市政部门遗忘的角落,即逐渐建立的社会保障体系和社会福利制度尚未惠及这个阶层。如何将他们组织起来并给予适当的关照,特别是精神上的安慰,是关系到社会急剧变化过程中的稳定问题。

另一方面,经济与社会的急剧发展,对传统的价值观念也形成较大的冲击,人们常常感到无所适从,这对那些刚从农村转入城市的边缘群体成员更是如此,因而有必要对其进行道德知识和行为规范的灌输。

在 20 世纪 50—60 年代，日本学术界对新兴宗教开始进行较为深入的学术研究，其中代表性的学者有村上重良和高木宏夫等。村上重良主要从历史学的研究方法论述新兴宗教，但其使用的词汇是"民众宗教"，研究对象也主要是幕末维新时期出现的新兴宗教团体，注重与国家神道相对立的民众主导的教派神道宗教团体，因而称之为"民众宗教"。村上重良的奠基作是 1958 年出版的《近代民众宗教史的研究》，研究对象为"在幕末维新时期从民众生活中诞生、得到民众支持而出现的诸多新兴宗教中，大半是战前称之为'教派神道'的宗教，可以暂称为'近代民众宗教'"。

1959 年岩波书店出版高木宏夫撰写的《日本的新兴宗教——大众思想运动的历史与逻辑》，学术界认可并正式使用"新兴宗教"一词。高木的研究方法接近社会学，研究对象是战后急剧增长的新兴宗教团体，大多是从组织论的视角探讨新兴宗教运动在较短时期内的巨大变化机制。进入 20 世纪 60 年代后，高木宏夫将新兴宗教团体与政治社会运动的结合加以评论，即从新兴宗教作为大众思想运动成功的因素分析政界革新阵营与工人运动的问题。高木宏夫认为将新兴宗教团的教义是反动的、后进的，并从社会经济的视角加以分析，在当事人认识及组织运动方式上阐明教团内在的逻辑。

进入 20 世纪 70 年代以后，较为年轻的研究者纷纷展开新兴宗教团体的个案研究，其中最为活跃的是 1975 年到 1990 年的宗教社会学研究会（简称"宗社研"）下属研究团队，成员有井上顺孝、孝本贡、岛薗进、对马路人、西山茂、渡边雅子等学者。该研究团队时常进行学术讨论会和共同调查活动，同时最早广泛使用"新宗教"一词，其理由是当时大众传播媒体使用的"新兴宗教"多带有贬义，"民众宗教"的范畴又不够宽泛，而且近代出现的新兴宗教团体是具有时代特征的宗教，而"新宗教"一词更多带有包揽性、中立性的含义。

　　研究团队的成员来自宗教学、社会学、文化人类学、心理学、历史学、民俗学、文学等领域，反映了对新兴宗教的研究方法涉及各个方面，与研究佛教、神道教、基督教、伊斯兰教等传统宗教的方法相同，因而提高了新兴宗教的研究水平。1995 年奥姆真理教地下铁毒气事件是新兴宗教研究的一个转换点，该事件导致研究新兴宗教者明显减少，而且调查方法也被迫发生变化，完全接受宗教团体观点的研究以及为奥姆真理教开脱的研究者受到社会的严厉批判。

部落民问题

20个世纪90年代,西川长夫的"国民国家论"席卷日本学界,尽管不少学者提出质疑与批判,而且随着西川的去世该学说的影响力逐渐减弱,但因其提出近代国家形成过程中的强制性以及由此产生的"被国民化"现象,引发了学界对少数人的历史、社会性别史、国内殖民地史的研究,并由此诞生了新的学科并出现了许多优秀的相关研究成果。例如不仅研究"部落民"的学者与成果多了起来,而且主张部落歧视为前近代遗留者逐渐减少,"近代性差别论"成为主流,但该问题却复杂得很。

正如文字所示,"部落民"是指居住在部落的居民,"部落"本来是村落的意思,但慢慢演变为被歧视者居住的地方,即历史上存在的"秽多""非人"等贱民。关于这些贱民何时出现,学界存在争议。过去通常认为是在近世的德川时代,但现在已被否定。客观地讲,古代确实有很多罪犯及其后代或从事低贱职业者(处理家畜尸体或皮革业),慢慢变成一个群体的现象。中世以前存在"秽多的子女永远是秽多"的社会性歧视,因近世有士农工商身份制度,因而成为一种制度性歧视。例如在日台湾人金美龄在电视节目中顺口说出"士农工商牛马",结果引起一场纠纷,主办节目的富士电视台被迫出面道歉。

尽管明治初年政府废除"秽多""非人"等贱民称呼,将他们与过去的农、工、商统称为平民,但他们聚居在特殊部落中,生活条件十分恶劣,称为"部落民"或"新平民",在就业、生活及婚姻等方面受到严重歧视,甚至出现要求维持贱民制度的农民暴动,显然社会性歧视仍然十分严重。

由于这些部落民很少拥有土地,只能从事佃农或生产木屐、草履、皮革等传统小手工产业,因而在 1881 年"松方紧缩财政"中备受打击,出现不洁、疾病等现象,加深了社会对其"不同人种"的印象,学界此时重弹近世的"人种起源说",例如 1886 年第 10 号《东京人类学杂志》刊登藤井乾助的文章,认为古代日本人不吃肉食,但秽多吃肉,因而眼球为红色,是从朝鲜半岛来的不同人种。1889 年《民法》颁布,家族意识深入民众,从血缘上排斥不洁人种是维持自己社会地位的保障。因此,与部落民通婚乃至与其接触便成为禁忌,1906年岛崎藤村的《破戒》典型地反映了这一点。

1908 年,内务省为巩固国民整合的基础,实施地方改良运动,凸现了当时称之为"难村"的被歧视部落。由于制定相应的改善部落政策,这种"同情融合"反而强化了"不同人种说"。以至于社会普遍认为这种"特殊部落"是犯罪的温床,其居民懒惰、残忍、缺乏卫生观念,甚至生殖器与日本人也不同。自然,这种改善政策也没有取得任何效果。根据 1917 年的调查,部落民与部落外的人结婚比例只有3%。1919 年,全日本共有 5 000 多个特殊部落,近 88 万人。

第一次世界大战后,在工农运动不断高涨的影响下,争取政治经济权利的"部落解放运动"也开始兴起。1919 年,部落民工人较多的皮革业、制鞋业、竹木制品业经常爆发罢工活动,从事农业的部落民也掀起要求减轻地租的斗争，同时各地陆续出现部落民解放组织。1922 年 3 月，各地部落民代表 2 000 人在京都举行集会，并成立"全国水平社"，作为统一的部落民解放组织。该组织的纲领为争取部落民的彻底解放、争取彻底的经济与职业自由、实现人类最高目标等，并出版机关杂志《水平》。

实际上，受第一次世界大战的影响，消除种族歧视、追求人类平等与自由民主成为各国的潮流，学界对部落民的看法也有了变化。历史学家喜田贞吉从历史学的角度否定了"人种起源说"和"古代贱民起源说"，指出被差别的原因在于"有关机会和实力所在的转移、变化"，即"毕竟境遇上的问题"，从而鼓舞了部落民的斗争。他们觉悟到自己应该为改变社会地位而斗争，同时联合其他无产者，争取实现没有任何差别的社会主义社会。正是在此背景下，1925 年内务省创建外围组织"中央融合事业协会"，改善部落民的居住环境，开展"融合"的启蒙活动，但普通民众对具有斗争性的部落民抱有"可怕"意识，因而其效果仍然不佳。

"九一八事变"爆发后，对外战争的需要"国民一体"，政府提倡部落民成为大和民族的"同一血族"，同时强调日本人的包容性与多民族性，歧视部落民为"反国家行为"。但战时对部落民的歧视事件层出不穷，即使在军队中也屡见不鲜，而且为解决部落人口集中的状况，鼓励部落民向中国东北地区移民。

在战时，部落民运动通过转向国家主义解决问题。1938 年，水平社中央委员会通过"我等应贯彻国家之本义，为国家兴隆做出贡献，期待完成国民融合"决议。1940 年，全国水平社中央委员会进一

步提出:"吾等代表部落大众纯正真挚的爱国赤心,作为体现国体真
姿的东亚皇道秩序建设的行者,谋求依托军官民一体的全国民众运
动解决部落问题(国民融合),并向大和报国维新体制迈进。"1941 年,
日本通过"言论出版集会结社等临时取缔法",强化了对各类社会团体
的管制,政府要求水平社"自发解散",其后不久水平社宣布解散。

　　战后初期进行非军事化、民主化改革,"人种起源说"基本消失,
但部落内部结婚又出现伴随优生学、遗传学的偏见。1946 年,部落
代表者在京都市召开会议,成立"部落解放全国委员会",1955 年该
委员会决定将组织更名为"部落解放同盟"。

　　为应对长期以来的部落歧视问题,日本政府 1961 年设立"同和
对策审议会",1965 年该审议会提出咨询报告,认定解决部落民问题
是国家应有的责任。1969 年,正式实施"同和对策事业"。为此,政
府陆续制定了《同和对策事业特别措施法》《地域改善对策特别措施
法》《地域改善对策特定事业相关国家财政特别措施法》等,1985 年
还制定了《部落解放基本法》。

　　同和事业推进者为地方政府,而且为实施该事业需要划定"同
和地区",大部分部落不太愿意自己得到曝光,特别是经济比较发达
的地区。20 世纪 70 年代日本成为经济大国,有钱好办事,同和地区
公共投入很大,因而面貌焕然一新,难以认出与非"同和地区"的差
异。所谓"同和"是"同胞融合"的简称,部落民问题也成为"同和问
题",政府对策也称为"同和行政""同和教育"等。

　　尽管 1946 年京都会议发布的宣言声称"日本有 6 000 个部落,
300 万部落民",但 1965 年审议会的统计为 4 160 个部落、同和地区

内有 111 万部落民。按照 1982 年的调查，同和地区在北海道、东北地区、冲绳县为零，中国地区和近畿地区最多，分别超过 1 000 个。虽然没有同和地区，但也存在部落及部落民，例如属于东北地区的福岛县，出现过部落民运动的领导者。据统计，被指定为"同和地区"的部落有 100 多个，均为比较富裕的地方。

在同和事业实施过程中，出现了许多不正现象，例如贪污、贿赂、冒名顶替等，为获得政府补贴，冒充部落及部落民。例如宫城县非部落民者组成"同和会"，迫使地方政府指定为"同和地区"，从获得政府补助金。东京的一个团体 168 人为获得政府创业资金而声称自己是部落民，最后的鉴定结果只有两个人。自然，也有非部落民者成为部落民者的事例，例如在日的外国人、破产者等。

中国史专家藤田敬一 1987 年出版《"同和可怕论"考察——批判"地对协"》，既是对 1986 年总务厅所设下属机构"地域改善对策审议会"（简称"地对协"）提出的咨询报告提出质疑，也体现了现代意义上的歧视意识。20 年后，由于外部通婚的增加以及人员的流动，部落本身发生了较大的变化，"何为部落民"的意识反应了认同危机感。部落与其他少数者（在日朝鲜或韩国人、阿伊努人、冲绳人、残疾人、麻风病患者等）的联动意识也在加强，反而出现了身为部落民的优越感。

尽管 2004 年出版的《同和问题的终焉》一书认为"作为近代日本重要的社会问题存在的同和问题，在 20 世纪 70 年代中期至 80 年代这一段时间进入终结期。此后，同和问题不再是日本主要的社会问题。政府的'同和对策事业'也于 20 世纪 80 年代中期基本结束任务，虽然又改变形式存续了一段时间，到 2002 年 3 月最终彻底结束了使命"，但差别、受歧视仍然存在，其后也出现了不少部落歧视事件。例如部落民出身的政治家野中广务曾担任过内阁官房长官和自民党干事长，2001 年传言其有意竞选自民党总裁，但后来担任首相的麻生太郎讽刺道，"那样出身的人怎么可能成为首相"，结果野中所在派系推荐了桥本龙太郎作为总裁候选人。

因此，尽管自 1965 年开始实施的《特别措施法》在 2005 年废除，但在 2016 年又开始实施《消除部落歧视推进法》。该问题的称呼也发生较大变化，同和政策、同和教育为人权对策、人权教育所替代，但歧视依然存在。其根深蒂固，不仅与其历史传统有关，也源自集团主义的文化。日本人的集团归属意识很强，同样也时刻担心被排斥在集团之外，如果有"他者"的存在，无疑会加强集团的凝聚力，集团每个成员也会有一种莫名的安全感，也许正因如此，部落民是一种社会需求。

图 1　2016 年通过《消除部落歧视推进法》，图为参议院法务委员会表决该法案

部落民本身也不是铁板一块，因对特定事件的意见不同，1970年从"部落解放同盟"分裂出"部落解放同盟正常化全国连络会议"，1976年改组为"全国部落解放运动联合会"（简称"全解联"），与"部落解放同盟""全日本同和会"并列为部落民运动三大组织，相互之间矛盾重重，经常发生冲突，但均为政府的交涉对象。

作为部落民一方，也存在独特的思维与言行，即时常利用自己的特殊社会地位进行政治的、经济的、行政的、言论的斗争。例如著名的部落民运动领导者松本治一郎，出身福冈县部落民家庭，曾在中国大连冒充医生三年，后被日本总领事强制遣返回国。1925年任全国水平社第二任委员长。1928年领导福冈联队反歧视斗争。战后初期任部落解放全国委员会委员长、参议院副议长。按照惯例，副议长参拜天皇，但松本声称不能在天皇面前像螃蟹那样横走，拒绝进宫。因为当时礼仪是不能将屁股朝向天皇，所以必须横着走出房间，结果因此事取消了横走的方式。松本1953年任日中友好协会第一任会长，1955年任部落解放同盟第一任执行委员长，拒绝天皇授勋。1966年去世，享年83岁。

部落解放同盟经常与媒体产生纠纷，通常以对方道歉、赔偿等方式结束。例如著名经济学家大内兵卫、外交官谷内正太郎、电影评论家淀川长治、社会党委员长飞鸟田一雄、日本佛教协会理事长町田宗夫、政治记者早坂茂三等均因谈话中有"特殊部落"一词而与解放同盟发生过冲突，有评论认为部落民这种无差别的纠纷实际上妨碍了被歧视的消除，尤其是部落民与暴力团有着千丝万缕的联系，也不利于其权利的真正获得。

政府机构有时也不得不偏向似乎是社会弱者的部落民一侧,例如法务省也认为"确认是否歧视并加以追责本身是违法的",但实际上默认其追责。逗留日本的荷兰驻日记者沃尔夫伦(对日本十分了解,出版过许多有关日本的书籍,其中包括著名的《日本权力结构之谜》《不能使人幸福的日本体制》等)针对这一点在《日本权力结构之谜》中写道:"解放同盟的追责只能给予人们恐怖的感觉,既没有任何效果,也没有法律的根据。尽管如此,日本政府不仅没有取缔这些追责,反而与解放同盟携手,去镇压依据法律消除歧视的团体(全解联),与其政府亲自消除歧视,不如放手让解放同盟去做成本更低。"然而,遭到了部落解放同盟的追责。在双方参加的公开讨论会上,部落解放同盟坚持"是否歧视部落民的判断权在部落民",沃尔夫伦却认为这是"国际丑闻"。

泡沫经济的来龙去脉

　　日本在 20 世纪 90 年代前后经历了泡沫经济的形成与崩溃,正如"失去的 30 年"所说的那样,其影响直到今天还可以看到。近些年来,由于美国不断要求人民币升值以及国内房地产价格疯涨,也有人与日本的泡沫经济联系起来。

　　什么是泡沫经济呢? 正如倒啤酒那样,泡沫消失后仅剩下一小部分。20 世纪 80 年代后半期到 90 年代初的日本经济就是如此,因而称为"泡沫经济"。具体来说,就是土地、股票等虚拟经济的价格上涨幅度大大超过实际经济增长程度,是一种过度投机经济。另外,其崩溃过程之迅速也令人吃惊,其后积极参与者才恍然大悟,宛如南柯一梦。

　　日本的泡沫经济是如何形成的呢? 其原因主要有两个,一个是日元急速升值。进入 20 世纪 80 年代以后,日本经济在出口不断扩大的基础上持续稳定增长,导致贸易顺差也迅速增加。1984 年,日本的外贸顺差达到 440 亿美元,其中对美贸易顺差为 331 亿美元,美国国会陆续出台制裁日本的决议。

　　为解决美国与其他主要发达国家之间严重的贸易不平衡问题,在美国的要求下,1985 年 9 月,美国、日本、联邦德国、英国、法国等五国财政部长及中央银行行长在纽约广场饭店达成协议,与会国在六个星期之间投入 180 亿美元干预外汇市场,以便在美元贬值的同时日元与德国马克升值。到同年 10 月,美元对日元和马克的汇率均下降 10％左右,大致达到最初目标。

1986 年 1 月,五国财政部长及中央银行行长在伦敦再次举行会议,协商降低官定利率。日本银行率先下降官定利率,其后再三调整利率,两年后官定利率下降一半。1988 年初,日元对美元的汇率增加一倍,日本人突然发现自己手中的钱无形之中增加许多,同时废除了低额存款利息免税的规定,必须找到以钱生钱的途径,不断上升的股市是第一选择。

10 多年前美国压迫中国人民币升值,反对升值者认为《广场协议》后日元急速增值是泡沫经济产生与崩溃并造成日本经济长期低迷的主要原因,赞成人民币升值者则反对这一说法,因为同样升值的德国马克却没有在联邦德国造成泡沫经济。

其原因在于日本除不断降低官定利率外,还刺激民间活力、放松管制以扩大内需。中曾根首相积极促进日美关系的发展,与美国总统里根关系密切,对美国要求开放日本市场也较为配合。

1986 年 4 月,中曾根内阁发表了缓和金融政策、扩大内需的《前川报告》。同年 8 月成立"经济结构调整推进本部",在大力调整产业结构的同时,推动对外投资和扩大内需。同年政府制定《民间活力利用法》,放松公共事业的管制,允许民间企业参与;1987 年制定《游览地法》、1988 制定《城市再开发法》等法律,修改建筑基本规定,促进国有土地拍卖,开发游览场所,政府给予财政支援,结果推动了土地的投机和价格的飞速增长。

1987 年 2 月,日本银行将官定利率调到空前低水平的

2.5％,政府也在 1987 年制定了实施大规模公共投资的"第四次全国综合开发计划"。上述一系列政策导致政府的财政规模与权限再次扩大,例如国债发行余额从 1982 年中曾根上台时的 90 万亿日元增加到 1987 年其下台时的 150 万亿日元,政府所拥有的审批权限也从 1985 年 12 月的 10 054 项增加到 1989 年 3 月的 10 278 项。

从 1986 年 11 月到 1991 年 4 月,日本出现长达 53 个月的经济景气,年均经济增长率超过 5％。与此同时,因日元升值和金融政策缓和而产生的大量富裕资金进入股市和不动产市场进行投机性投资,由此造成股票及土地价格的上升速度远远超过经济的增长率。从 1985 年到 1990 年,日本国内生产总值名义增长率年均不到 6％,而股票、住宅用地、商业用地的价格增长率却分别高达 31％、14％和 16％。1989 年底,日本的国土面积只有美国的二十五分之一,但市价却是美国的五倍多。

除"一亿人玩股票""一亿人搞不动产"外,日本人卷入消费热潮之中。大把大把地花钱,高级轿车、名牌商品、古董字画均成为抢购的对象。1987 年,安田海上保险公司耗资 53 亿日元成功购得梵高的《向日葵》,其他公司陆续高价购买了毕加索、莫奈、雷诺阿、塞尚的名作。仅 1990 年一年,日本人收购世界名画就花了 33 亿美元。

与此同时,日本工商企业与金融机构拥有的巨额剩余资金也流往国外,特别是美国,而且大多用于购买房地产和娱乐业。从 1985 年到 1988 年,日本对美国的不动产投资从 19 亿美元增加到 166 亿

图 1　泡沫经济时期的狂欢

美元,到 80 年代末,全美国 10％的不动产已归日本所有。在洛杉矶的闹市区,几乎一半的房地产落到日本人手里。夏威夷 96％以上的外国投资是来自日本,而且投资的对象集中在不动产方面。

在一系列的交易中,最著名的是三菱地产公司以 14 亿美元的价格买下坐落在纽约曼哈顿市中心的美国象征——洛克菲勒中心,索尼公司以 34 亿美元的价格买下哥伦比亚电影公司,松下电气收购环球电影公司的控股公司 MCA 等。面对日本金融资本的大肆进攻,一些美国报刊称之为"经济珍珠港","没有军队的日本已经获得了他们发动第二次世界大战企图得到的东西——共荣圈",美国人痛心地大声疾呼,"美利坚被推上了拍卖台","日本人有朝一日会成为硅谷和华尔街的雇主"。

与此同时,日本对外贸易连年大幅度顺差,对外投资的规模也越来越大,外汇储备额迅速增加。强大的日本经济实力在世界事务中处处可见,在政府对外开发援助上,日本从 1989 年开始居世界第一位。1986 年,日本承担的联合国会费就超过原苏联,仅次于美国,居第二位。换句话说,这一时期的日本是拥有四个第一的国家,即世界上最大的对外援助国,最大的对外投资国,最大的贸易盈余国和最大的外汇储备国。

早在 1986 年,日本评论家长谷川庆太郎就出版了一本名为《再见吧,亚洲》的书,该书将亚洲国家看作是"垃圾",而日本是高耸其上的"高楼大厦",是具有自由、民主以及富裕的"世界大国",脱离亚洲是必然的,而且日本也不必拘泥于过去的战争责任,要以毅然决然的强硬态度对亚洲各国施加影响。这本反映大国主义思潮的书出版后受到日本人,特别是日本年轻人的欢迎,成为当年的畅销书。

1989 年,自民党国会议员、运输大臣石原慎太郎与索尼公司董事长盛田昭夫合写了一本名为《日本可以说"不"》的书,书中指出,作为经济实力、科技水平的一流大国,日本不能在对美关系中唯唯诺诺,应该说"不"的时候就应断然说"不",摆脱几十年来日本对美国的从属地位。该书出版后立即成为一年内销售百万册的畅销书;1990 年,石原慎太郎又在杂志上发表题为《我断然主张日本可以说"不"》的文章,再次强调日本应拥有独自的世界战略,开展不受拘束的外交,应主动且有效地发挥其经济力量,按照自己的意志独立地参与国际事务;其后石原慎太郎分别与小川和久合写了《日本还是可以说"不"》、与江藤淳合写了《日本就是可以说"不"》的书,抨击美国在贸易问题上对日本的批评,认为这是种族歧视。

泡沫终究是泡沫,但破灭速度之快令人吃惊。具体说来,从

1985 年到 1990 年是泡沫形成时期,但从 1990 年开始泡沫破裂,
1992 年泡沫最终消失。从时间上看,泡沫经济的形成用了五年,但
崩溃只有两年时光。实际上,日本政府早在 1989 年已经察觉泡沫的
危险,开始急刹车。1989 年日本银行连续五次改动利率,将官定利
率提高到 6%。同年 12 月,政府制定《土地基本法》,限制滥用土地,
并利用税收、金融等手段抑制土地投机和地价上涨。1990 年 3 月,
大藏省又对金融机构发出"抑制土地相关融资"的通知,以行政指导
手段对不动产融资实施"总量限制"。于是,泡沫开始破裂。

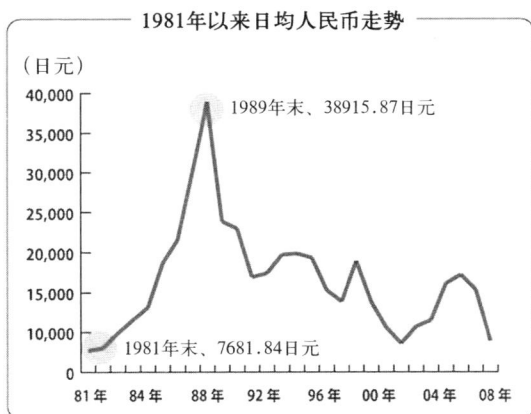

图 2　泡沫经济前后股票市场的波动

从股市来看,日经指数从 1985 年的 13 128 点上升到 1939 年
38 915 点,此后开始迅速下降,到 1992 年 8 月,竟跌到 14 309 点,跌
幅高达 63.2%,甚至超过 20 世纪 20 年代末世界经济大危机时的数
值。同时,房地产价格也在迅速下降,降幅在一半以上的地区到处
可见,土地与住宅的买卖停滞,"泡沫经济崩溃"。不动产价格迅速

下降，严重影响了为不动产提供抵押贷款的金融机构，大量呆账、坏账形成的不良资产使大批中小金融机构倒闭及大型金融机构负担过重。尽管在 1990 年和 1991 年，工商业仍然处在强劲的扩张中，设备投资、私人消费和出口均保持了较高的增长，但从 1992 年开始，连续三年的经济增长率分别为 0.4%、0.5%、0.6%，基本为零增长。企业倒闭及失业人数急剧增加，日本经济从"平成景气"转向"平成危机"。

受国内经济危机的影响，再加上大多经营不善或落入圈套，海外资本损失惨重，纷纷内撤。据估计，整个 20 世纪 90 年代初期，日本在美国的投资亏损达到 7000 亿美元左右，大致相当于整个 20 世纪 80 年代日本对美国的贸易顺差，名副其实地"陪了夫人又折兵"。破产倒闭或资金周转不灵的富商巨贾们纷纷抛售手中的世界名画，很多作品未及拆封便又被低价卖出。

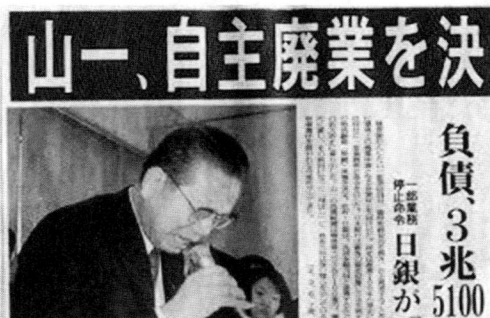

图 3　四大证券公司之一的"山一证券"1997 年倒闭

泡沫经济崩溃的后遗症就是其后的日本一直处在经济低迷、消费不振的状态，以至于有"失去的十年""失去的二十年"甚至"失去的三十年"之说,直到今天,虽然日本经济处在缓慢的恢复过程中,但居民消费一直处在停滞甚至倒退的状态,导致一些大型百货商后倒闭。也就是说,泡沫经济崩溃使得普通日本人也背了许多债务,只好降低自己的消费水平,正如我们最近经常听到的"消费降级"一词那样。

平成时代：后工业化社会的开端

2019 年，明仁天皇退位，德仁即位，平成时代结束，令和时代开始。尽管平成时代只有 30 年，但历史地位十分重要，可以说是从工业化社会向后工业化社会过渡时期。简单地讲，以计算机网络为核心的技术革命导致了工作与生活个人化社会的出现，尽管目前还难以对其进行整体描述，但从平成年间的诸多社会现象可以看出某些基本特征。

在平成时代，最引人注目的两大社会现象是超单身主义和低欲望主义。"到 2035 年，一半日本人都会是单身。"在 2017 年初出版《超单身社会，单身大国日本的冲击》一书的作者荒川和久在日本媒体上发表了题为《超单身社会的到来》的谈话。据日本国立社会保障人口研究所预测，到 2035 年，日本男性未婚率将达 30％，女性则为 20％。因此，自助式迷你 KTV 包房、一人健身、单身公寓、多功能小家电、独自旅行服务等新业态也在年轻人中迅速流行开来。喜欢独自外出就餐的人越来越多，逐渐形成市场动向，一些眼光独到的餐厅经营者已经开始行动。日本的知名拉面连锁品牌"一兰拉面"，在座位之间用隔板隔出单人空间以供独身食客使用。

另一方面，日本著名管理学家、"世界五大管理大师"之一的大前研一在 2015 年出版《低欲望社会》一书中写道："日本年轻人没有欲望、没有梦想、没有干劲，日本已陷入低欲望社会。"日本新一代年轻人没有欲望、没有梦想、没有干劲，他们没有炒房的欲望，没有炒股的欲望，没有结婚的欲望，没有购物的欲望，宅男宅女越来越多，谈恋爱觉得麻烦，上超市都觉得多余，一部手机便解决了自己的所有生活。

实际上，上述现象产生的时代背景是日本正处于社会变迁的过程之中，也就是从工业化社会向后工业化社会过渡。在工业化社会，是以汽车等巨大制造业为中心将整个社会组织为一个整体，人们对未来都有很强的预测性和计划性。但后工业社会的特点是个人化，无论工作也好，生活也好，都越来越向个人化趋势发展。尽管这样一来，包括职业、婚姻在内的选择自由度大幅度增加，但未来的非确定因素较为突出。

具体说来，在工业化时期，日本社会处在一个较为稳定的循环中，也可以称为日本式循环。过去日本企业经营有三大"法宝"——第一个是终身雇佣，也就是通常在一个企业中工作终身；第二个是年功序列，就是按照工作年限逐渐提高工资；第三个是企业内工会。在这种经营体制下，人们对自己的未来都有很强的预测性和计划性，收入多少，过什么样的生活等。

因此，在1925—1989年的昭和时代，作为逐渐成熟的工业化社会，绝大多数日本人高中或大学毕业后就职某个企业，通常根据可预测的收入有计划地购买住宅、车辆、结婚、生子。惯例是女性结婚后辞职，做专业家庭主妇，精心抚养后代，进行劳动力的再生产，努力让自己的孩子进入最好的学校，大学毕业后进入最好的企业，从而进入下一个循环。按照传统思维与习惯，日本人的理想是在郊区有一栋自己的二层小楼，分期付款，退休时也差不多还完贷款，人生步入晚年。

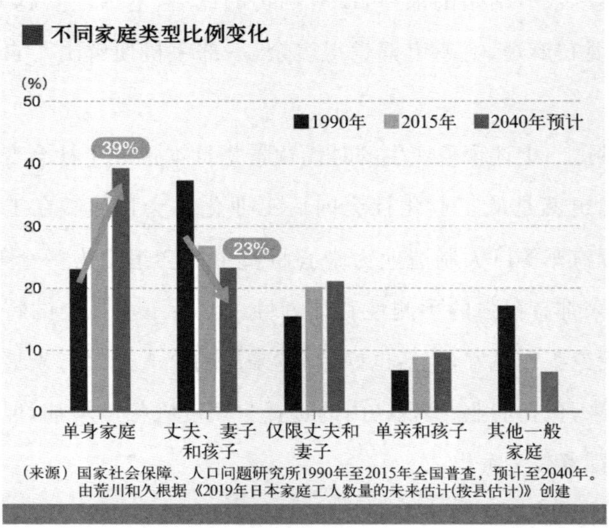

不同家庭类型比例变化

(%)

图例：■1990年　■2015年　■2040年预计

39%

23%

单身家庭　丈夫、妻子和孩子　仅限丈夫和妻子　单亲和孩子　其他一般家庭

（来源）国家社会保障、人口问题研究所1990年至2015年全国普查，预计至2040年。
由荒川和久根据《2019年日本家庭工人数量的未来估计(按县估计)》创建

图1　单身家庭逐渐增加

　　步入平成时代以后出现变化。首先是第三产业——服务业的就业人数超过第二产业，而且比重越来越大。由于个人消费从追求"社会价值"向"节省时间"转化、企业自我服务业务由专业公司承包、人口老龄化对医疗保健护理需求增大等原因，从1990年到2003年第三产业则由61.8％上升到72.2％，增加了10.4个百分点，第一产业与第二产业相应地大幅度下降；其次是非正式雇佣员工显著增多。20世纪90年代中期日本盛行"企业改革"，即通过企业的收买、合并、削减亏损部门等手段重新构成企业经营，同时终止终身雇佣和年功序列制度、减少企业主管人员并实施按照个人能力决定工资的年薪制、减少新录用人员、采用派遣人员代替正式员工、鼓励员工提前退职等，非正式雇佣员工的大幅度上升。平成时代以前非正式雇佣人员的比重不到 20％，2017 年已经接近全部就业人口的四成，增加了一倍；另外 20 世纪 90 年代巨大计算机网络世界出现后，以年轻人为主的"御宅族"更多地选择独自在家创造社会价值，而且其价值观也发生较大变化，主要体现为讨厌他人干涉自己的生活、自我判断幸福标准、熟练操纵数码工具、因不失望而不过度期望、表面消极但实际积极等特征。

　　缺少稳定的工作与收入，影响到人们对未来的计划和期望，年轻人不敢结婚，不敢生孩子，不敢消费，直接后果是造成非婚人员数量增高，十年之内非婚率上升了 10 个百分点，如今少子化在日本成为最为严重的社会问题。2005 年是日本从 1899 年有人口统计以来第一次人口自然下降，当年新生儿数量为 103 万，死亡人数为 105 万，出生的人要比死的人少 2 万。其后缺口不断扩大，到 2017 年，日本新生儿数量为 94.1 万，死亡人数却是 134.4 万人，人口自然减少超过 40 万人。

　　正如目前中国的流行语"消费降级"那样，平成时代初期泡沫经济崩溃，日本人也大大降低了自己的消费水平，甚至发展到"极简主义"。日本消费社会研究专家三浦展早在 2005 年就出版了《下流社会：新社会阶级的出现》一书，评述了平成初期无阶级化的中流阶层开始分化，上升的只是一小部分，下降的是大多数，80％的人已处于"中流以下"。大约有 40％多的人年收在 300 万至 600 万日元之间，更有将近 40％的人不足三百万日元。在日本，一家两三口人年收 300 万日元是底线，保不住这个数便是相当于"下流"的低端人口；三浦展在 2012 年又出版了《第四消费时代》一书,认为第一消费时代是少数中产阶级享受的消费,第二消费时代经济高速增长时期以家庭为中心的消费势头迅猛,第三时代消费的个人化趋势风生水起,如今日本已进入第四消费时代,即重视"共享"的社会,从私有占有转向经济分享,从追求高质化转向简单化。

三浦展在 2016 年再次出版《极简主义者的崛起》一书,他认为日本的经济在近 30 年来发展十分缓慢,因而大众,尤其是年轻的一代人转而追求对自己而言更舒适、更开心的事物。极简主义者就是只拥有必要的最小限度的东西生活之人,东西很少却能感到富足才是真正的简单一族,这一行为与日本泡沫经济时代之前东西的数量和尺寸都很充足的生活方式比起来大不相同。智能手机的普及,使得电视、收音机、立体声音响,或许连电脑都变得不再需要,也让无须多余物品的简单生活成为可能。尽管也有评论家并不赞成三浦展的观点,但其指出的消费现象确实影响到日本经济的恢复与增长。

泡沫经济崩溃以后,日本陷入了长时间的通货紧缩状态。为摆脱通货紧缩,日本先后采取了大规模的刺激政策,特别是安倍晋三 2012 年底第二次执政以后,其首要目标是克服通货紧缩,但效果依然不太明显,其主要原因是居民消费不振。引起私人消费增速放缓的原因主要为居民收入增速较低,非正式雇佣员工比例一直呈上升趋势,而且非正式雇佣员工与正式雇员之间在工资、福利等方面存在较大的差距,从而导致全社会工人的总体平均工资降低并减少了消费支出;更为重要的是,日本人口结构问题十分突出,目前日本面临着严重的少子老龄化问题,截至 2017 年,日本 65 岁及以上的人口占总人口的比例为 28％，为世界最严重的老龄化社会。其状况一方面导致现阶段的老年人消费支出要少于年轻人，另一方面又会使现阶段的年轻人增加储蓄以应对未来养老之需，从而造成居民消费持续低迷。

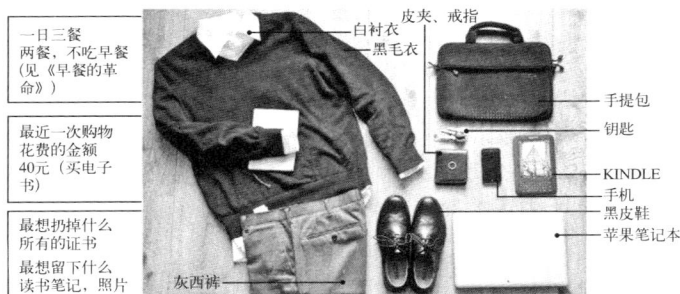

图 2　极简主义者的全部家产

正如后工业化社会所体现的特征那样，在人口自然下降的同时，年轻人宁愿降低消费也要从事更为自由的个性化事业，尽管造成就业形势不断好转的局面，但影响到企业对国内投资的意愿。

正是因为工作与生活的个人化趋势逐渐明显，社会团体的组织率降低，因而大大降低了民众，特别是年轻人的政治参与热情。如同前述，尽管第三产业就业人口急速上升，但第三产业一般中小企业居多，例如从 1991 年到 1996 年，第三产业中面向个人、企业、社会服务的狭义服务业雇佣人数增加了 196.7 万，企业数增加 79 549 家，但平均每家企业的员工不到 25 人，因而其工会组织率十分低，例如 2016 年的工会组织率为历史最低的 17.3％

（最高是战后初期的 60％），非正式员工的工会组织率就更低，只有 7.5％。

组织率大幅度降低直接导致了投票率降低，因为缺乏必要的政治动员，本来具有政治无力感的非利益集团成员远离了投票箱。正因如此，尽管泡沫经济崩溃以后进入激烈的改革以及由此而来的政局动荡时期，但其后历次大选的投票率均难如人意，即使在投票率最高且导致政党轮替的 2009 年 8 月大选也低于"55 年体制"时期的多数大选。安倍晋三第二次执政后更是如此，例如 2014 年大选为战后最低投票率的 52.66％，2017 年大选投票率也是第二低的 53.68％。

据调查，高达 81％的日本人表示不参与政治活动，年轻人更为突出。尽管未来的不确定因素较多，但目前生活的选择自由度较大，而且日本社会保障制度的完善，几乎没有绝对贫困化人口，非正式职员即使在最普通的岗位工作上每年的收入也可以超过相对贫困线，因而目前认为"幸福"的日本人比例达到了 92％。特别是在年轻人群体中，无论是对生活的满意度，还是对安倍内阁的支持率，所占比例都比较高。例如日本内阁府在 2017 年 6 月进行的"国民生活舆论调查"结果表明，对生活感到满足或大体上满足者为 73.9％，其中 18 至 29 岁的年轻人比例最高，为 79.5％；另外，2017 年 8 月《产经新闻》社进行的舆论调查结果表明，男性对安倍内阁支持率为 48.3％，不支持率为 46.1％，女性不支持率超过支持率。其中 29 岁以下年轻男性支持率最高，为 56.9％，29 岁以下女性的支持率也超过不支持率。

值得玩味的是，以年轻人为主的"御宅族"不仅越来越多，而且成为一个不可忽视的群体，其追求的亚文化具有"轻视或无视实证性、客观性"的反知性主义特征，在这一点上与安倍首相惊人的相似，似乎成为安倍长期政权的一个重要因素。这是因为，由于社会变迁过程中的诸多不稳定因素，在平成年间，政权与首相如同走马灯一样不断变换，甚至有"十年九相"之说。大多数首相任期一年左右，只有小泉纯一郎、安倍晋三是长期政权。

如果说作为在政界没有嫡系成员的"孤狼""怪人"能够执政长达五年半，小泉纯一郎依靠容易获得电视等立体媒体认可的独特个性、霸气形象、简练话语以及大刀阔斧的政治改革措施赢得了大多数选民的支持，缺乏演说才能的安倍晋三首相长期执政则是因为在政治过程乃至决策过程中具有缺乏逻辑的"随意性结论"、缺乏实证性的"情绪化心态"、无视他者的"独善主义"等反知性主义特征。从某种意义上可以说，"反知性主义"也是从工业化社会向后工业化社会过渡时期的一个主要特征。

最大的危机:人口问题

如果说眼下的日本什么是最大的危机,那就是人口问题,也就是老龄化少子化现象。

近代以来,随着工业化的急速发展,日本人口增加很快,1868 年明治维新时日本约有 3 000 万人口,20 世纪初年达到 5 000 万,战争结束时为 7 000 万,20 世纪 70 年代达到历史最高水平 12 784 万,其后增加缓慢。有孩子家庭从 20 世纪 80 年代后半期到 90 年代前半期持续减少,特别是两个孩子以上的家庭不断减少。

日本历史上的生育高峰是在 20 世纪 20 年代,即所谓的"大正时代"。1920 年的普通出生率为 36.2(千人人口出生比例,1947 年为 34.3),当年新生人突破 200 万,是 1873 年的两倍半,相同时期的人口总数从 3 481 万增加到 5 596 万,增加了 2 000 多万,为名副其实的人口爆炸。出生率高的同时,死亡率也高,超过 20(千人人口比例),即所谓的"多生多死时代"。人口急剧增加的背景是工业化的迅速进展,生活水平上升,没有必要抑制人口的生育。另外,医疗、卫生、营养等方面的改善,平均寿命增加也是一个重要因素。例如江户时代中后期,日本人的平均寿命大约 30 岁左右,20 世纪 30 年代增加到 47 岁,增幅高达 50％。

人口增加与战争时期的政策也有密切关系。中日战争全面爆发以后,陆军提出设立从质和量两个方面统制国民机构的要求,因而在 1938 年设置了厚生省主管的专门行政机构"人口问题研究所"。1940 年制定了管理人口质量的《国民体力法》《国民优生法》等,1941 年更是由内阁会议通过了人口政策集大成的《人口政策确立要纲》,其内容主要包括增加出生率、减少死亡率、每个家庭生育五个孩子、到 1960 年内的人口实现一亿的目标等。具体措施由政府出面推动适龄男女尽快结婚、尽快生育、对不育者进行检查、鼓励与负伤军人结婚、奖励多生育家庭等。甚至提倡"生育报国"的口号,奖励生育10 个以上健康儿童的家庭。1940 年第一次表彰的家庭有 10 622 个,其中 65% 为农村居民。

日本也提倡过计划生育。1947 年到 1949 年是每年出生 270 万新生儿的生育高峰(2019 年只有 86 万),日本将这一代人称为"团块世代"。到 1950 年,战后初期出生高峰时代结束,出生率急速下降与国家实施的政策有关。1949 年政府修改《优生保护法》,大幅度缓和对堕胎的限制,堕胎现象急剧增加。另外,政府在 1950 年批准生产避孕药,1952 年实施《普及调节怀孕实施要纲》,企业也大量生产避孕药和避孕工具。1954 年成立的"日本家庭计划联盟"等民间团体与厚生省合作,开展计划生育运动。鸠山一郎内阁也在 1955 年 2 月的大选中提出推广新生活运动的竞选公约,其内容包括计划生育在内的改善生活。结果每个家庭生育两个孩子成为标准家庭,因而计划生育未能形成较大的社会运动。

进入 21 世纪以后,日本少子化老龄化日趋发展。尽管日本政府在 1994 年和 1999 年分别制定了缓解少子化进展的"天使计划"和"新天使计划",2003 年颁布了《少子化社会对策基本法》《培养下一代支援对策推进法》,2004 年制定了《少子化社会对策大纲》和《支援儿童及育儿计划》,但从 2000 年到 2005 年新生儿数量连续五年下降,2005 年日本人口总数自然增长比上一年减少 2 万人,其后日本人口自然下降的速度加快,最近几年,每年自然减少的人口均在 30 万左右。

人口自然减少的首要因素是女性工作比例上升,而且工作女性未婚率逐渐上升。根据日本内阁府的调查,赞成"男性工作、女性家庭"者,1992 年男性为 66％,女性为 56％;到 2002 年,男性为 47％,女性为 37％,均有大幅度减少。也就是说,女性外出工作的意愿大幅度上升,男性持赞成态度者也在增加。与此同时,未婚及晚婚率不断上升,35 岁以下的未婚率十年内增加 10 个百分点,2000 年男性超过 40％,25 岁到 35 岁的女性未婚率也在大幅度上升。从 1995 年到 2005 年,男性的初婚年龄从 28 岁上升到 29 岁,女性从 26 岁上升到 28 岁。产生上述现象的主要原因有工作不稳定、工资收入较低、工作与家务的冲突、夫妻分工有困难、教育费用增高等。

第二个最主要的原因是经济负担问题。根据 2003 年《经济财政白皮书》推算,在大学毕业女性就业方面,持续就业者与生育退职后再就业仍然为正式员工者,其工资总额的差距约为 8 500 万日元,如果退职后再就业为钟点工,其差距为 2 亿日元。

针对上述状况,日本政府不断提出改革错数,鼓励生育。例如 2008 年日本政府开展"将等待入托儿童降低为零战役",旨在扩大保育服务,提供保育手段的多样化;确保小学生放学后的活动场所,计划性地增加保育设施和课后俱乐部数量；提供确保质量的保育服务；社会保障审议会少子化对策特别部会提交《为支援培养下一代而设计新制度体系的基本构想》报告，建议建立具有体系性、普遍性、连续性的制度，对工作方式进行改革，构筑支援育儿社会基础，实现人们结婚、育儿的愿望，使所有孩子健康成长；制定"五个安心计划"，其中第四个计划是应对少子化现象的计划；国会参议院通过儿童福利法修正案，家庭保育事业得到法律保障，同时也使"保育妈妈"制度法制化。

但总体来看，效果不太明显。一个重要的原因是日本已进入工作、生活个人化的后工业化社会，高度发达的科技手段以及完善的服务行业使得单独生活也称为可能。例如过去具有负面形象的"御宅族"也越来越为人接受的概念，其实这个群体依靠计算机网络开发时尚、动漫、电玩等产业，并以此为职业，同时利用无处不在的便利店解决吃饭等日常生活，因而恋爱、结婚、生养后代对他们来讲并不是必须解决的问题，许多男性青年甚至成为不谈恋爱的"食草男"、不过性生活的"绝食男"、只喜欢自己的"佛系男"等，"无欲望""低欲望"状态严重影响了结婚生育。

另一方面，在欧美发达国家，老龄化少子化是一个通病，与中国传统的"养儿防老"观念不同，在发达国家，生育、抚养孩子完全是一种投入、没有产出的事情，老年人基本依靠养老金度过自己的晚年，因而对结婚生孩子没有太大的热情，社会保障体系主要依靠移民解决问题，但日本到目前为止不接受移民，也是人口下降的一个重要原因。

图1 各都道府县生育人口增长率

2020年~2025年

2030年~2035年

2040年~2045年

增加率(%)
0.0
-2.5
-5.0
-7.5

0   400 km

根据国家社会保障人口问题研究所资料

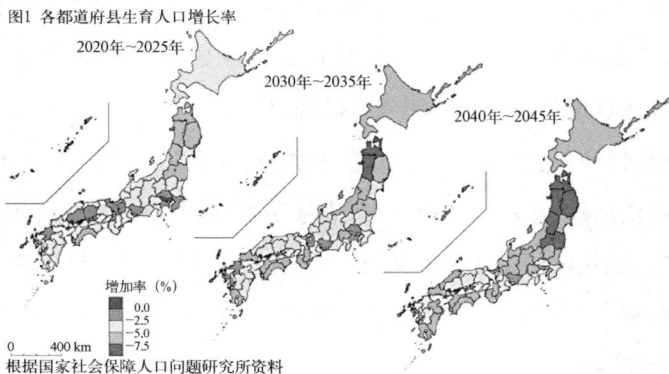

图1　各地区人口减少趋势,东北地区甚至北海道人口减少突出

　　日本总务省发布的最新人口推算数据显示,截至 2017 年 10 月 1 日,日本总人口比上一年减少 23 万人,为 1.2 700 亿人,呈连续 7 年减少趋势。其中 65 岁以上的老年人增加 56 万人,总数为 3 515 万人,占总人口比例达 28%,创历史新高。1 岁 5 至 64 岁的劳动年龄人口与上一年相比减少 60 万人,总数为 7 596 万人,占总人口的 60%,与 1951 年并列为第二少。

　　一方面,老龄化少子化的现象不断推高财政压力,社会保障费目前已占日本政策经费过半,而且每年还以超过 5 000 亿日元的速度快速增长。另一方面,老龄化少子化致使劳动力人数急剧下降,日本的劳动人口比 1995 年减少了 1 100 万。相关机构调查结果表明,到 2030 年日本将缺少 644 万人的劳动力。这种状况导致日本经济从需求不足转向供给不足,而劳动投入的减少,势必制约潜在的经济增长率。

　　为应付少子老龄化带来的严重社会问题,2018 年 6 月的内阁会议通过支撑经济发展的"未来投资战略"以及"经济财政运营及改革的基本方针"。"未来投资战略"旨在推动科技经济发展，具体内容包以下几点：加快研发和实施自动驾驶技术，为 2020 年在公共道路上开始自动驾驶开展技术配套并完善相关基础设施，争取到 2030 年实现自动驾驶区域超过 100 个；发展 IT 技术，2020 年启动医疗机构间基础信息联网共享，其中包括病历、处方等互通共用，减少不同医院间重复检查、过度用药等浪费；在支持教育、增加就业方面，提出到 2019 年 10 月份实现婴幼儿免费入托，减免低收入家庭大学生学费等。

"经济财政运营及改革的基本方针"比较引人注目的新内容是确定新的签证资格，放宽接受外国技术工人的条件和人数，以弥补日本国内的劳动力不足。实际上，日本政府和执政党内部对开放国内劳动市场存在强烈的反对声音，但在劳动力短缺问题日益突出状况之下，为社会能够继续正常运转，目前除了引进外国劳动力别无他法。

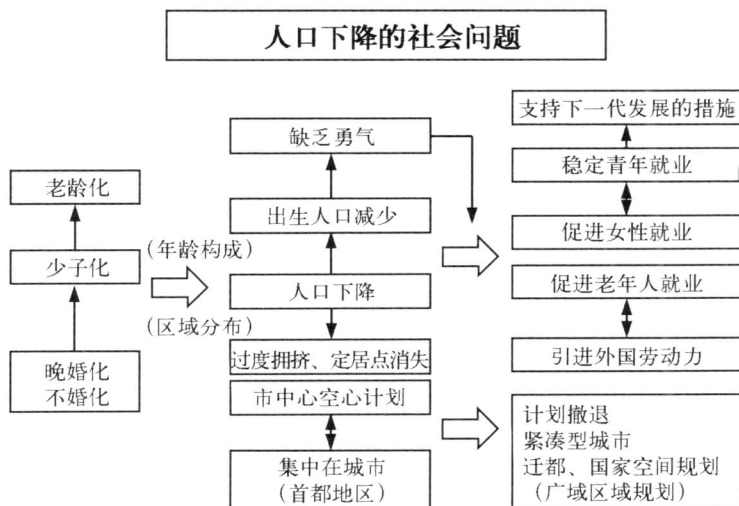

图 2　老龄化、少子化带来的问题及其对策

　　过去日本基本上不接受单纯的外国劳动者,而是通过"外国技能实习生制度",以帮助发展中国家培养技术工人的名义,从发展中国家接受劳动力,同时允许许多在日本的外国留学生利用课余时间打工,以便缓解日本劳动力不足的问题。但随着少子老龄化现象不断加速,日本的劳动力短缺越来越严重,各行各业都受到极大影响,仅靠外国技能实习生已经无法满足日本的劳动力需求。

　　为落实"经济财政运营及改革的基本方针"有关外国劳动者的规定,11 月 2 日的内阁会议通过旨在扩大接纳包括体力劳动者在内的外籍劳动者的《出入国管理及难民认定法》修正案。即在劳动力短缺的领域,将于 2019 年 4 月以拥有一定技能的人为对象,设立新的在留资格"特定技能"。修正案设置两个阶段的新在留资格"特定技能",对于具备"需要相当程度知识或经验的技能"的外国劳动者,将给予允许工作的"特定技能 1 号",在留期间总计为五年,不允许携带家属。对于通过更高级别考试、具备熟练技能的劳动者,将给予"特定技能 2 号"的资格,允许携带配偶和孩子等家属。如果在留时间达到十年、满足永久居留权的取得条件之一,将为未来的永久居留开辟道路。

　　接纳外籍劳动者仅限于努力提高生产效率、雇用女性和老年人等日本劳动者仍然存在人才短缺的领域,例如农业、看护、建筑、造船和住宿等 14 个行业。接纳外国劳动者的日本企业机构等需支付日本人同等或以上的薪酬,雇用协议需满足一定的标准。以直接雇用为原则,根据领域,按例外情况允许派遣。将制定生活和工作的支援计划,帮助外籍劳动者融入日本社会。目前国会正在审议此案,在安倍首相的说明中，预计未来五年最多可接受 34 万外国劳动者。

　　实际上，该法律通过国会审议并实施以来，进展缓慢，远远没有达到预期的目标，能否解决日本的人口结构仍存在许多问号。因此，未来日本的发展趋势还有许多不确定因素，作为一个十分重要的邻国，关注、理解日本也是我国一个重要的课题。